Tarifverträge und andere Koalitionsverträge

Europäische Hochschulschriften
Publications Universitaires Européennes
European University Studies

Reihe II
Rechtswissenschaft

Série II Series II
Droit
Law

Bd./Vol. 4427

PETER LANG
Frankfurt am Main · Berlin · Bern · Bruxelles · New York · Oxford · Wien

Myriam Boeck

Tarifverträge und andere Koalitionsverträge

PETER LANG
Europäischer Verlag der Wissenschaften

Bibliografische Information der Deutschen Nationalbibliothek
Die Deutsche Nationalbibliothek verzeichnet diese Publikation in der Deutschen Nationalbibliografie; detaillierte bibliografische Daten sind im Internet über <http://www.d-nb.de> abrufbar.

Zugl.: Hamburg, Univ., Diss., 2006

D 18
ISSN 0531-7312
ISBN 3-631-55550-4

www.peterlang.de

Meinem Vater
Horst Boeck

Die vorliegende Schrift wurde 2006 von der Fakultät für Rechtswissenschaften der Universität Hamburg als Dissertation angenommen.

Betreut hat die Arbeit mein verehrter Lehrer, Herr Prof. Harro Plander, dem ich zu großem Dank verpflichtet bin; er hat sich mit meiner Arbeit mit großer Geduld und viel Mühe befasst.

Zu danken habe ich weiterhin Herrn Prof. Dr. Joost, der die Dissertation als Zweitgutachter begutachtet hat.

Danken möchte ich auch meinem Vater, Horst Boeck, für seine Unterstützung und Hilfe.

Hamburg, im Mai 2006 Myriam Boeck

Inhaltsverzeichnis

Abkürzungsverzeichnis 13

Literaturverzeichnis 17

A. Problemstellung 33

B. Die Rechtsprechung des BAG zur Abgrenzung von Tarif- und sonstigem Koalitionsvertrag als Anlass der Erörterung 41

C. Abgrenzung Tarifvertrag und Koalitionsvertrag sui generis anhand der juristischen Qualifizierung eines Vertragspartners? 47
- I. Kritik an der Rechtsprechung des BAG 47
- II. Die Alternative: Begriffs- und Typenbildung nach der juristischen Methodenlehre 48

D. Abgrenzung von Tarifvertrag und sonstigem Koalitionsvertrag anhand der angestrebten Art ihrer Wirkungen 53
- I. Schuldrechtliche und normative Wirkung als Ausgangspunkt der Erörterung 53
- II. Verträge mit ausschließlich schuldrechtlicher Wirkung: Tarif- oder sonstige Koalitionsverträge? 54
  - 1. Rechtslage nach den Vorschriften des TVG 55
    - 1.1. Die ratio des § 1 Abs. 1 TVG 55
      - 1.1.1. Grammatische Auslegung 55
      - 1.1.2. Systematische Auslegung 57
      - 1.1.3. Historische Auslegung 57
      - 1.1.4. Teleologische Auslegung 59
    - 1.2. Die Schriftform des § 1 Abs. 2 TVG 60
    - 1.3. Die halbzwingende Natur gemäß § 4 Abs. 3 TVG 63
    - 1.4. Die Abdingbarkeit gemäß § 4 Abs. 4 TVG 66
    - 1.5. Die Nachwirkung gemäß § 4 Abs. 5 TVG 70
    - 1.6. Tarifregistereintragung gemäß § 6 TVG und Bekanntgabe nach § 8 TVG 71
    - 1.7. Die Rechtskrafterstreckung nach § 9 TVG 73

1.8. Ergebnis zu ausschließlich schuldrechtlichen Verträgen nach dem TVG 76
2. Rechtslage nach Bestimmungen des ArbGG 77
2.1. Die ratio der arbeitsgerichtlichen Zuständigkeit, § 2 Abs. 1 Nr.1 ArbGG 77
2.2. Die ratio der arbeitsgerichtlichen Rechtsbehelfe 79
3. Rechtslage nach Bestimmungen des BetrVG 85
3.1. Die ratio des Tarifvertragsbegriffs nach dem BetrVG 85
3.2. Vergleich der Abgrenzung Betriebsvereinbarung-Betriebsabsprache mit dem Tarifvertragsrecht 88
4. Rechtslage im Blick auf sonstige rechtliche Vorgaben 90
4.1. Nichtanwendbarkeit der Rechtsfolgen von Anfechtung und Rücktritt 90
4.2. Nichtanwendbarkeit der Bestimmung der Teilnichtigkeit, § 139 BGB 93
4.3. Fortwirken bei Auflösung einer Vertragspartei 95
4.4. Die Anwendung der Auslegungsregeln für Gesetze auf Tarifverträge 99
4.4.1. Auslegungsregeln für den normativen Teil des Tarifvertrags 99
4.4.2. Auslegungsregeln für den schuldrechtlichen Teil des Tarifvertrags 102
5. Stellungnahme und Ergebnis zur Begriffsnotwendigkeit der normativen Wirkung 106

E. Abgrenzung Tarifvertrag und sonstiger Koalitionsvertrag anhand der Vertragsinhalte? 115
I. Verträge mit Inhalten nach §§ 1 Abs. 1, 4 Abs. 2 TVG 116
1. Umfang der Normsetzung 116
2. Umfang der schuldrechtlichen tariflichen Vereinbarungsbefugnis 118
2.1. Art. 2 Abs. 1 GG als Grund und Grenze der Vereinbarungsbefugnis 119
2.2. Art. 9 Abs. 3 GG als Grund und Grenze der Vereinbarungsbefugnis 122
2.3. § 1 Abs. 1 TVG als Grenze der schuldrechtlichen Vereinbarungsbefugnis 125
II. Verträge, die ausschließlich Eigenpflichten der Vertragsparteien begründen sollen 128

III. Verträge über vom Wortlaut des Art. 9 Abs. 3 GG nicht erfasste Arbeits- und Wirtschaftsbedingungen 131
IV. Verträge über Inhalte, die keine Arbeits- und Wirtschaftsbedingungen betreffen 132
V. Zusammenfassung der wesentlichen Ergebnisse zur Abgrenzung des Tarifvertrags vom Koalitionsvertrag sui generis 133

F. Einstufung besonderer Vereinbarungen als Koalitionsverträge sui generis oder als Tarifverträge 135
I. Notdienstvereinbarungen 135
II. Schlichtungsvereinbarungen 139
III. Abmachungen über Gewerkschaftsrechte im Betrieb 140
IV. Mitbestimmungsverträge 141

G. Rechtliche Einordnung verschiedener Formen des Koalitionsvertrags sui generis 145
I. Abgrenzung unverbindlicher Formen der Übereinkunft vom Koalitionsvertrag sui generis 145
II. Einordnung der Koalitionsverträge sui generis nach den verschiedenen Intensitätsstufen 147
1. Richtlinienverträge 148
2. Einfache schuldrechtliche Normenverträge 158
3. Berechtigende schuldrechtliche Normenverträge 166
4. Rechte aus der Koalitionssatzung 169

H. Schlussbetrachtungen zum Koalitionsvertrag sui generis und seiner Abgrenzung vom schuldrechtlichen Tarifvertrag 171

I. Zusammenfassung der wesentlichen Ergebnisse 173

Abkürzungsverzeichnis

a.A.	anderer Ansicht
a.a.O.	am angegebenen Ort
Anm.	Anmerkung
AcP	Archiv für die civilistische Praxis
AiB	Arbeit im Betrieb
AK	Alternativkommentar
AöR	Archiv des öffentlichen Rechts
AP	Arbeitsrechtliche Praxis (Nachschlagewerk des Bundesarbeitsgerichts)
ArbG	Der Arbeitgeber
ArbGG	Arbeitsgerichtsgesetz
AR-Blattei	Arbeitsrecht- Blattei
ARS	Arbeitsrechtssammlung
AuA	Arbeit und Arbeitsrecht
AuR	Arbeit und Recht
BAG	Bundesarbeitsgericht
BAGE	Amtliche Sammlung der Entscheidungen des Bundesarbeitsgerichts
BAVC	Bundesarbeitgeberverband Chemie e.V.
BB	Der Betriebsberater
BGB	Bürgerliches Gesetzbuch
BGH	Bundesgerichtshof
BGHZ	Amtliche Entscheidungssammlung des Bundesgerichtshofs in Zivilsachen
Bl.	Blatt
BVerfG	Bundesverfassungsgericht
BVerfGE	Amtliche Sammlung der Entscheidungen des Bundesverfassungsgerichts
DAG	Deutsche Angestelltengewerkschaft
DB	Der Betrieb
ders.	derselbe
Die AG	Die Aktiengesellschaft
Diss.	Dissertation
DJT	Deutscher Juristentag

DRdA	Das Recht der Arbeit
e.V.	eingetragener Verein
EzA	Entscheidungssammlung zum Arbeitsrecht
Fn.	Fußnote
FS	Festschrift
GG	Grundgesetz
GK- ArbGG	Gemeinschaftskommentar zum Arbeitsgerichtsgesetz
GMH	Gewerkschaftliche Monatshefte
Grundl.	Grundlagen
GS	Großer Senat
HGB	Handelsgesetzbuch
hM	herrschende Meinung
IG BCE	Industriegewerkschaft Bergbau, Chemie, Energie
JbAR	Jahrbuch des Arbeitsrechts und der Arbeitsgerichtsbarkeit, vormals: Das Arbeitsrecht der Gegenwart
Jh.	Jahrhundert
JhJb	Jheringsche Jahrbücher
JR	Juristische Rundschau
JuS	Juristische Schulung
JZ	Juristenzeitung
LAG	Landesarbeitsgericht
LAGE	Entscheidungen der Landesarbeitsgerichte
MünchArbR	Münchener Handbuch zum Arbeitsrecht
m.w.N.	mit weiteren Nachweisen
NJW	Neue Juristische Wochenschrift
Nr.	Nummer
NZA	Neue Zeitschrift für Arbeits- und Sozialrecht
OLG	Oberlandesgericht
OR	Schweizerisches Obligationenrecht
PersR	Der Personalrat
R.	Rückseite
RAG	Reichsarbeitsgericht
RdA	Recht der Arbeit
RGBl.	Reichsgesetzblatt
Rn.	Randnummer
S.	Seite
SAE	Sammlung arbeitsrechtlicher Entscheidungen
SprAuG	Sprecherausschußgesetz
TVG	Tarifvertragsgesetz

TVVO	Tarifvertragsverordnung vom 23.12.1918 (Verordnung über Tarifverträge, Arbeiter- und Angestelltenausschüsse und Schlichtung von Arbeitsstreitigkeiten)
u.a.	unter anderem
v.	vom
VAA	Verband angestellter Akademiker und leitender Angestellter
VCI	Verband der Chemischen Industrie
WRV	Weimarer Reichsverfassung
WSI- Mitteilungen	Monatszeitschrift des Wirtschafts- und Sozialwissenschaftlichen Instituts des Deutschen Gewerkschaftsbundes
ZAS	Zeitschrift für Arbeits- und Sozialrecht
ZfA	Zeitschrift für Arbeitsrecht
ZfW	Zeitschrift für Wirtschaftsrecht
ZHR	Zeitschrift für das gesamte Handels- und Wirtschaftsrecht
ZIAS	Zeitschrift für ausländisches und Internationales Arbeits- und Sozialrecht
ZIP	Zeitschrift für Wirtschaftsrecht und Insolvenzpraxis
ZTR	Zeitschrift für das Tarif-, Arbeits- und Sozialrecht des öffentlichen Dienstes
ZZP	Zeitschrift für Zivilprozess

Literaturverzeichnis

Adomeit, Klaus: Rechtsquellenfragen im Arbeitsrecht, München 1969

Badura, Peter: Staatsrecht, Eine systematische Erläuterung des Grundgesetzes für die Bundesrepublik Deutschland, 3.Auflage, München 2003

Bayer, Walter: Der Vertrag zugunsten Dritter, Neuere Dogmengeschichte-Anwendungsbereich- Dogmatische Strukturen, Tübingen 1995

Belling, Detlev/Hartmann, Christian: Die Rechtswirkungen einer gegen § 77 III BetrVG verstoßenden Betriebsvereinbarung, in: NZA 1998, S.673-680

Beuthien, Volker: Unternehmerische Mitbestimmung kraft Tarif- oder Betriebsautonomie?, in: ZfA 1983, S. 141- 165

Beuthien, Volker: Mitbestimmung unternehmerischer Sachentscheidungen kraft Tarif- oder Betriebsautonomie?, in: ZfA 1984, S. 1- 30

Biedenkopf, Kurt H.: Grenzen der Tarifautonomie, Karlsruhe 1964 (Zitierweise: Biedenkopf, Tarifautonomie)

Biedenkopf, Kurt H.: Sinn und Grenzen der Vereinbarungsbefugnis der Tarifvertragsparteien, in Verhandlungen des 46. DJT, Essen, 1966, Bd. II Teil D, S.97-167 (Zitierweise: Biedenkopf, 46. DJT)

Biedenkopf, Kurt H.: Rechtsfragen der konzertierten Aktion, in: BB 1968, S. 1005-1011

Birk, Rolf: Tarifrechtlicher Vorvertrag und arbeitsrechtlicher Boykott im Ausland – zum Urteil des Bundesarbeitsgerichts v.19.10.1976, in: AuR, 1977, S.235-240

Blanpain, Roger: Soziales Europa 1992, Beiheft 4, S.97- 105

Blanpain, Roger/ Schmidt, Marlene/Schweibert, Ulrike: Europäisches Arbeitsrecht, 2.Auflage, Baden- Baden 1996 (Zitierweise: Blanplain/Bearbeiter)

Blanke, Thomas: Verwaltungsmodernisierung, Direktionsrecht des Arbeitgebers, Mitwirkungsrechte des Personalrats und Tarifautonomie, Rechtsgutachten im Auftrag der Hans-Böckler-Stiftung, Baden-Baden 1998

Blomeyer, Wolfgang: Anmerkungen zu BAG vom 11.11.1970 in: SAE 1972, S.109- 113

Bötticher, Eduard: Zur Rechtswidrigkeit von Arbeitskämpfen, in: BB 1957, S.621-623

Bötticher, Eduard: Gestaltungsrecht und Unterwerfung im Privatrecht, Vortrag gehalten vor der Berliner Juristischen Gesellschaft am 08.November 1963, Heft 17, Berlin 1964 (Zitierweise: Bötticher, Gestaltungsrecht)

Bötticher, Eduard: Die Gemeinsamen Einrichtungen der Tarifvertragsparteien, Abhandlungen zum Arbeits- und Wirtschaftsrecht, Band 16, Heidelberg 1966 (Zitierweise. Bötticher, Gemeinsame Einrichtungen)

Bringmann, Karl: Friedenspflicht und Tarifbruch, Berlin 1929

Brox, Hans/Rüthers, Bernd/ Schlüter, Wilfried/ Jülicher, Friedrich: Arbeitskampfrecht, 2.Auflage, Stuttgart, Berlin, Köln, Mainz 1982 (Zitierweise: Brox/Rüthers/Bearbeiter, Arbeitskampfrecht)

Brox, Hans/ Rüthers, Bernd: Arbeitsrecht, 16. Auflage, Stuttgart 200 (Zitierweise Brox/Rüthers, Arbeitsrecht)

Buchner, Herbert: Auslegung des Tarifvertrages, in: AR-Blattei (D) Tarifvertrag IX A II 2

Buchner, Herbert: Anmerkung zur Entscheidung des BAG v. 26.1.83, in: AR-Blattei (D) Tarifvertrag II Abschluss, Anm. zu Entsch. Nr.16

Buchner, Herbert: Inhalt des Tarifvertrags, in: AR-Blattei (D) Tarifvertrag V Inhalt, (A) II Bl.1-12 R.

Buchner, Herbert: Tarifliche Arbeitszeitbestimmung und Günstigkeitsprinzip, in: DB 1990, S.1715 - 1723

Buchner, Herbert: Tarifwille und Richtermacht, in: SAE 1987, S.45-52

Buchner, Herbert: Mitgliedschaft in Arbeitgeberverbänden ohne Tarifbindung, in: NZA 1994, S.2-12

Bundesarbeitgeberverband Chemie e.V. (Hrsg.): BAVC, Außertarifliche Sozialpartnervereinbarungen Stand Dezember 1997/ Mai 2000

Bunge, Thomas: Tarifinhalt und Arbeitskampf- Zum Problem freiwilliger, nicht kampfweise erzwingbarer Tarifnormen, Diss. Königstein/Ts, Hanstein 1980

Clausen, Uwe: Der schuldrechtliche Teil des Tarifvertrages, Diss., Regensburg 1971

Coester, Michael: Vorrangprinzip des Tarifvertrages, Diss., Heidelberg 1974 (Zitierweise: Coester, Vorrangprinzip)

Courth, Paul: Günstigkeitsprinzip und Günstigkeitsvergleich im Spannungsfeld zwischen Individual- und Kollektivrecht, Diss., Köln 1969

Däubler, Wolfgang: Das Grundrecht auf Mitbestimmung und seine Realisierung durch tarifvertragliche Begründung von Beteiligungsrechten, Frankfurt 1973 (Zitierweise: Däubler, Mitbestimmung)

Däubler, Wolfgang: Der Notdienst im Arbeitskampfrecht, in: AuR 1981, S.257 – 265

Däubler, Wolfgang: Arbeitskampfrecht, 2.Auflage, Baden-Baden 1987 (Zitierweise: Däubler/ Bearbeiter, Arbeitskampfrecht)

Däubler, Wolfgang: Verbesserungen im Sozialplanrecht der neuen Bundesländer, in: AiB 1991, S.179-180, 197-198

Däubler, Wolfgang: Tarifvertragsrecht, ein Handbuch, 3.Auflage, Baden-Baden 1993 (Zitierweise: Däubler, TVR)
Däubler, Wolfgang: Beschäftigungspakt für Lehrer an öffentlichen Schulen (Teil I)-Rechtsprobleme für Arbeitnehmer und Beamte, in: ZTR 1997, S.289-296
Däubler, Wolfgang: Das Arbeitsrecht; Band I, 15.Auflage, Reinbek 1998 (Zitierweise: Däubler, Arbeitsrecht I)
Däubler, Wolfgang: Gewerkschaftsrechte im Betrieb, Handkommentierung, 10.Auflage, Baden-Baden 2000 (Zitierweise: Däubler, Gewerkschaftsrechte)
Däubler, Wolfgang: Kommentar zum Tarifvertragsgesetz mit Kommentierung des Arbeitnehmer-Entsendegesetzes, Baden-Baden 2003 (Zitierweise: Bearbeiter in: Däubler, TVG)
Däubler, Wolfgang/Kittner, Michael/ Klebe, Thomas: BetrVG, Betriebsverfassungsgesetz mit Wahlordnung, §§ 321-325 UmwG, §§ 121- 128 InsO und EBR- Gesetz, 9. Auflage, Frankfurt am Main 2004 (Zitierweise: Däubler/ Bearbeiter, BetrVG)
Debler, Christiane: Frauenförderung in der chemischen Industrie – Die außertarifliche Sozialpartner-Vereinbarung als modernes tarifpolitisches Instrumentarium am Beispiel der Frauenförderung, in: NZA 1997, S.529-531
Dietz, Rolf: Friedenspflicht und Arbeitskampfrecht, in: JZ 1959, S.425- 431
Dörrwächter, Jan Christoph: Tendenzschutz im Tarifrecht, Berlin 1998
Dütz, Wilhelm: Gewerkschaftliche Betätigung in kirchlichen Einrichtungen, Königstein 1982 (Zitierweise: Dütz, Gewerkschaftliche Betätigung)
Dütz, Wilhelm: Kollektivrechtliche Fragestellungen im Arbeitsgerichtsverfahren, in: JbAR Bd.20, 1983, S.33 - 48
Dütz, Wilhelm: Anmerkung zu BAG vom 23.1.1986, in: EzA, § 4 TVG Bühnen Nr.2, S.26- 43
Dütz, Wilhelm: Subjektive Umstände bei der Auslegung kollektivvertraglicher Normen, in: Sozialpartnerschaft in der Bewährung, Festschrift für Karl Molitor zum 60. Geburtstag, München 1988, S.63-79 (Zitierweise: Dütz, FS Molitor)
Dütz, Wilhelm: Anmerkung zu BAG v.21.12.1982 in: EzA zu § 1 TVG Friedenspflicht Nr.1, S.17-30
Dütz, Wilhelm: Arbeitsrecht, 8.Auflage, München 2003 (Zitierweise: Dütz, Arbeitsrecht)
Düwell, Franz Jos./ Lipke, Gert A.: Arbeitsgerichtsverfahren, Frankfurt am Main 2000 (Zitierweise: Düwell/Lipke- Bearbeiter)
Eich, Rolf: Tarifverträge und Sozialpartnervereinbarungen am Beispiel der chemischen Industrie, in: NZA 1995, S.149- 155
Enneccerus, Ludwig/Nipperdey, Hans Carl: Allgemeiner Teil des Bürgerlichen Rechts, Ein Lehrbuch, Erster Halbband, 15.Auflage, Tübingen 1959

Erfurter Kommentar zum Arbeitsrecht: 5.Auflage, München 2005 (Zitierweise: Erfurter Kommentar/Bearbeiter)

Etzel, Gerhard: Die Nichtzulassungsbeschwerde wegen grundsätzlicher Bedeutung der Rechtssache, in: ZTR 1997, S.248-257

Fabricius, Fritz: Erweiterung der Arbeitnehmer-Beteiligung im Aufsichtsrat einer Aktiengesellschaft gem. § 76 BetrVG 1952 auf rechtsgeschäftlicher Grundlage, in: Festschrift für Marie Luise Hilger und Hermann Stumpf, München 1983, S.155-176 (Zitierweise: Fabricius, FS für Hilger/Stumpf)

Fabricius, Fritz/ Oetker, Hartmut/ Kraft, Alfons/Thiele, Wolfgang: Gemeinschaftskommentar zum Betriebsverfassungsgesetz, Bd. 2: §§ 74- 132 mit Kommentierung des BetrVG 1952, 7. Auflage, Neuwied 2002 (Zitierweise: GK/BetrVG/Bearbeiter)

Farthmann, Friedhelm: Zur Einführung der qualifizierten Mitbestimmung in den gewerkschaftseigenen Unternehmen, in: Die AG 1969, S.205-207

Fitting, Karl/Engels, Gerd/Schmidt, Ingrid/ Trebinger, Yvonne/ Linsenmaier, Wolfgang: Betriebsverfassungsgesetz mit Wahlordnung, Handkommentar, 22.Auflage, München 2004 (Zitierweise: Fitting, BetrVG)

Flume, Werner: Rechtsgeschäft und Privatautonomie, Hundert Jahre deutsches Rechtsleben, Festschrift zum hundertjährigen Bestehen des Deutschen Juristentages 1860-1960, Karlsruhe, 1960, Band I, S.135- 238 (Zitierweise: Flume, FS 100 Jahre DJT)

Froschauer, Bernd: Arbeitsrecht und Umweltschutz, Frankfurt am Main 1994

Galperin, Hans: Die autonome Rechtssetzung im Arbeitsrecht, in: Festschrift für Erich Molitor zum 75. Geburtstag, 1961, S.143-160

Gamillscheg, Franz: Die Differenzierung nach der Gewerkschaftszugehörigkeit, Berlin 1966 (Zitierweise: Gamillscheg, Differenzierung)

Gamillscheg, Franz: Nochmals: Zur Differenzierung nach der Gewerkschaftszugehörigkeit, in: BB 1967, S.45-53

Gamillscheg, Franz: Kollektives Arbeitsrecht, Ein Lehrbuch, Band I: Grundlagen/ Koalitionsfreiheit/ Tarifvertrag/ Arbeitskampf und Schlichtung, München 1997 (Zitierweise: Gamillscheg, Koll. Arbeitsrecht, Bd. I)

Gast, Wolfgang: Anm. zu BAG v.24.2.1985, in: BB 1987, S.1246

Germelmann, Claas-Hinrich/Matthes, Hans-Christoph/Müller-Glöge, Rudi/Prütting, Hanns: Arbeitsgerichtsgesetz, Kommentar, 4.Auflage, München 2002 (Zitierweise: Germelmann/Matthes, Bearbeiter, ArbGG)

Gift, Emil/Baur, Hansjörg: Das Urteilsverfahren vor den Gerichten für Arbeitssachen, München 1993 (Zitierweise: Gift/Baur)

GK- Kommentar: Gemeinschaftskommentar zum Arbeitsgerichtsgesetz, Neuwied 1995; Herausgeber: Reiner Ascheid (Zitierweise: GK- Bearbeiter)

Goos, Wolfgang: Der Europäische Betriebsrat- Grenzüberschreitende Arbeitnehmerbeteiligung in Europa, in: Schmidt (Hrsg.), Arbeitsrecht und Arbeitsgerichtsbarkeit, Festschrift zum 50-jährigen Bestehen der Arbeitsgerichtsbarkeit in Rheinland- Pfalz, Neuwied, Kriftel 1999, S.85-100

Gröbing, Karl: Zur Auslegung von Tarifverträgen, in: ZTR 1987, S.236 – 240

Grub, Stefan: Außertarifliche Sozialpartner-Vereinbarungen im System des kollektiven Arbeitsrechts, Diss. Hamburg 2001

Grunsky, Wolfgang: Arbeitsgerichtsgesetz, Kommentar, 7. Auflage, München 1995 (Zitierweise: Grunsky)

Hanau, Peter: Sozialverträgliche Gestaltung bei der Umstrukturierung und Auflösung von Unternehmen, in: Hommelhoff, Peter, Treuhandunternehmen im Umbruch: Recht und Rechtswirklichkeit beim Übergang in die Marktwirtschaft, Köln 1991, S.101-119 (Zitierweise: Hanau in Hommelhoff)

Hauck, Friedrich: Die Nichtzulassungsbeschwerde im arbeitsgerichtlichen Verfahren, in: NZA 1998, S.925-931

Haug, Ulrich: Tarifvorrang und innerbetriebliche Regelungsmechanismen, in: BB 1986, S.1921-1931

Heckelmann, Dieter: Erhaltungsarbeiten im Arbeitskampf, Berlin 1984

Heinze, Meinhard: Gibt es eine Alternative zur Tarifautonomie? – Thesen zur aktuellen Diskussion, in: DB 1996 S.729-735

Hensche, Detlef: Erweiterung der Mitbestimmung durch privatautonome Regelung, insbesondere in Unternehmen der öffentlichen Hand, in: AuR 1971, S.33- 45

Herschel, Wilhelm: Teilnichtigkeit kollektiver Regelungen, in: BB 1965, S.791-792

Herschel, Wilhelm: Sinn und Grenzen der Vereinbarungsbefugnis der Tarifvertragsparteien, Referat zum 46. Deutschen Juristentages, in: Verhandlungen des sechsundvierzigsten Deutschen Juristentages, Essen 1966, Band II (Sitzungsberichte), Teil D, S.7-D 34 (Zitierweise: Herschel, 46.DJT, Teil D)

Herschel, Wilhelm: Zur Entstehung des Tarifvertragsgesetzes, in: ZfA 1973, S.183-200

Herschel, Wilhelm: Der nachwirkende Tarifvertrag, insbesondere seine Änderung, in: ZfA 1976, S. 89 – 106

Hess, Harald: Maßregelungsklauseln in Tarifverträgen, in: Der Betrieb 1976, S.2469-2474

Hölters, Wolfgang: Harmonie normativer und schuldrechtlicher Abreden in Tarifverträgen, Berlin 1973

Hromadka, Wolfgang/Maschmann, Frank: Arbeitsrecht, Band 2, Kollektivarbeitsrecht + Arbeitsstreitigkeiten, 3.Auflage, Berlin, Heidelberg, New York 2004

Huber, Ernst Rudolph: Wirtschaftsverwaltungsrecht, 2.Band, 2.Auflage, Tübingen 1954
Hueck, Alfred: Das Recht des Tarifvertrages unter besonderer Berücksichtigung der VO vom 23.12.1918, Vahlen 1920
Hueck, Alfred: Normenverträge, Iherings Jahrbücher für die Dogmatik des bürgerlichen Rechts, JhJb 1923, Band 73, S.33 – 118 (Zitierweise: Hueck, Normenverträge)
Hueck, Alfred: Erweiterung des Mitbestimmungsrechts durch Tarifvertrag, in: BB 1952, S.925-928
Hueck, Alfred: Die Frage der tarifrechtlichen Zulässigkeit von Solidaritätsbeiträgen nach geltendem deutschen Recht, in: RdA 1961, S.141-149
Hueck, Alfred: Tarifausschlußklauseln und verwandte Klauseln im Tarifvertragsrecht, München und Berlin 1966 (Zitierweise: Hueck, Tarifausschlussklauseln)
Hueck, Alfred/Nipperdey, Hans Carl: Lehrbuch des Arbeitsrechts, Kollektives Arbeitsrecht, Zweiter Band, Zweiter Halbband, 7.Auflage, Berlin, Frankfurt a.M 1970 (Zitierweise: Hueck-Nipperdey, Lehrbuch d. ArbR II/2)
Hueck, Alfred/Nipperdey, Hans Carl/Tophoven E./Stahlhacke, Eugen: Tarifvertragsgesetz mit Durchführungs- und Nebenvorschriften, Kommentar, 4. Auflage, München und Berlin 1964 (Zitierweise: Hueck/Nipperdey- Bearbeiter, TVG)
Hueck, Götz: Die Betriebsvereinbarung, Wesen, Inhalt, Wirkung, Münster 1952
Hug, Walter: Koalitionsfreiheit und Tarifautonomie als Probleme der modernen schweizerischen Demokratie, in: Helmut Duvernell, Koalitionsfreiheit und Tarifautonomie als Probleme der modernen Demokratie, Berlin 1968, S.172 – 197 (Zitierweise: Hug, Koalitionsfreiheit)
von Ihering, Rudolph: Der Zweck im Recht, Band I, 4.Auflage, Leipzig 1970 (Nachdruck von 1904/1905)
Isensee, Josef: Die verfassungsrechtliche Verankerung der Tarifautonomie, in: Die Zukunft der sozialen Partnerschaft, 23. Kolloquium, München, 18. bis 20.März 1985, Köln 1986, S.159-193
Jacobi, Erwin: Grundlehren des Arbeitsrechts, Leipzig 1927
Jahn, Burkhard: Sozialpartner-Vereinbarungen haben sich bewährt, in: ArbG 1998, S.214 – 215
Jahnke, Volker: Tarifautonomie und Mitbestimmung, München 1984
Joost, Detlev: Tarifrechtliche Grenzen der Verkürzung der Wochenarbeitszeit- Das Günstigkeitsprinzip als Schranke der Kollektivmacht-, in: ZfA 1984, S.173-195
Joost, Detlev: Betrieb und Unternehmen als Grundbegriffe im Arbeitsrecht, München 1988 (Zitierweise: Joost, Betrieb)

Kämpgen, Jürgen: Die Zusammenarbeit der Sozialpartner aufgrund der bestehenden Kollektivverträge und ähnlicher kollektiver Abreden, dargestellt am Beispiel der Maschinenindustrie und des Metallgewerbes der Schweiz und der Bundesrepublik Deutschland, Frankfurt am Main 1976 (Zitierweise: Kämpgen)

Kaufmann, Arthur: Analogie und Natur der Sache - Zugleich ein Beitrag zur Lehre vom Typus, 2.Auflage, Heidelberg 1982

Karsten, Timo: Schuldrechtliche Tarifverträge und außertarifliche Sozialpartnervereinbarungen, Diss. Bonn 2003

Kaskel, Walter/Dersch, Hermann: Arbeitsrecht, 5.Auflage, Berlin, Göttingen, Heidelberg 1957

Kempen, Otto/Zachert, Ulrich: Tarifvertragsgesetz, Kommentar für die Praxis, 3.Auflage, Köln 1997

Kissel, Otto Rudolf: Kollektive Arbeitsbedingungen im Spannungsfeld zwischen Tarif- und Betriebsautonomie, in: NZA 1995, S.1-5

Kissel, Otto Rudolf: Gerichtsverfassungsgesetz, 3. Auflage, München 2001

Kittner, Michael: Öffnung des Flächentarifvertrages, in: Tarifautonomie für ein neues Jahrhundert, Festschrift für Günther Schaub zum 65.Geburtstag, München 1998, S.389-420 (Zitierweise: Kittner, FS Schaub)

Kittner, Michael/Zwanziger, Bertram: Arbeitsrecht, Handbuch für die Praxis, 2.Auflage, Frankfurt am Main 2003 (Zitierweise: Kittner/Zwanziger, ArbR)

Köppe, Hans: Der Arbeitstarifvertrag als Gesetzgebungsproblem, Jena 1908

Konertz, Wolfram: Tarifrechtliche Regelungsmöglichkeiten der Rationalisierung, Frankfurt am Main 1983

Konzen, Horst: Tarifvertragliche Kampfklauseln, in: ZfA 1980, S. 77-120

Konzen, Horst: Paritätische Mitbestimmung im Montanbereich, in: Die AG 1983, S.289- 303

Körtgen, André: Der Tarifvertrag im Recht der Europäischen Gemeinschaft, Diss., Düsseldorf 1998

Kraft, Alfons/Konzen, Horst: Die Arbeiterselbstverwaltung im Spannungsverhältnis von Gesellschafts- und Arbeitsrecht, Köln, Berlin, Bonn, München 1978

Krause, Rüdiger: Rechtskrafterstreckung im kollektiven Arbeitsrecht- Ein Beitrag zur Lehre parteiübergreifender Entscheidungswirkungen sowie zum kollektiven Rechtsschutz im Arbeitsrecht, Diss. Berlin 1996

Krischker, Dieter: Tarifverbandsauflösung und Tarifvertrag, Diss. Köln 1969

Küchenhoff, Günther: Gesamtverträge und Schiedssprüche im Kassenarztrecht, in: Festschrift für Erich Molitor zum 75. Geburtstag: 3. Oktober 1961, München 1962, S.253-281 (Zitierweise: Küchenhoff, FS Molitor)

Larenz, Karl/Canaris, Claus-Wilhelm: Methodenlehre der Rechtswissenschaft, 3. Auflage, Berlin, Heidelberg, New York 1995 (Zitierweise: Larenz/Canaris, Methodenlehre)

Leventis, Georg: Tarifliche Differenzierungsklauseln nach dem Grundgesetz und dem Tarifvertragsgesetz, Berlin 1974 (Zitierweise: Leventis)

Lieb, Manfred: Arbeitsrecht, 8. Auflage, Heidelberg 2003 (Zitierweise: Lieb, Arbeitsrecht)

Liedmeier, Norbert: Die Auslegung und Fortbildung arbeitsrechtlicher Kollektivverträge, Berlin 1991 (Zitierweise: Liedmeier)

Lobscheid, Wolfgang: Der Wegfall einer Tarifvertragspartei (Gläubigerinteresse und Vertretbarkeit des Unvermögens im Tarifvertrag), in: AuR 1972, S.289-308

Loritz, Karl-Georg: Betriebliche Arbeitnehmerbeteiligungen in Tarifverträgen und Betriebsvereinbarungen, in: DB 1985, S.531 – 539

Loritz, Karl-Georg: Tarifautonomie und Gestaltungsfreiheit des Arbeitgebers, Berlin 1990 (Zitierweise: Loritz, Tarifautonomie)

Löwisch, Manfred: Fragen des schiedsrichterlichen Verfahrens zwischen Tarifvertragsparteien nach § 101 Abs.1 ArbGG, in: ZZP 1990, 103.Band, S.22- 33

Löwisch, Manfred: Kommentar zum Sprecherausschussgesetz, 2.Auflage, Heidelberg 1994 (Zitierweise: Löwisch, SprAuG)

Löwisch, Manfred: Arbeitskampf- und Schlichtungsrecht, Heidelberg 1997 (Zitierweise: Löwisch, Arbeitskampf- und Schlichtungsrecht)

Löwisch, Manfred/Mikosch, Ernst: Erhaltungsarbeiten im Arbeitskampf, in: ZfA 1978, S.153- 178

Löwisch, Manfred/Rieble, Volker: Tarifvertragsgesetz, Kommentar, 2. Auflage München 2004 (Zitierweise: Löwisch/Rieble, TVG)

Lutz, Hans: Dürfen Wiederverkaufspreise durch ein Einzelunternehmen empfohlen werden?, in: NJW 1958, S.128-130

Mangen, Kurt: Die Form des Tarifvertrages gemäß § 1 Abs.2 Tarifvertragsgesetz, in: RdA 1982, S.229- 237

Maus, Wilhelm: Tarifvertragsgesetz, Kommentar, Göttingen 1956 (Zitierweise: Maus)

Mayer-Maly, Theo: Gemeinsame Einrichtungen im Spannungsfeld von Tarifmacht und Organisationspolitik, in: BB 1965, S.829-834

Mayer-Maly, Theo: Leistungsdifferenzierung und Tarifmachtsbegrenzung, in: BB 1966, S.1067- 1070

Maywald, Dieter: Rechtsstreitigkeiten zwischen Tarifvertragsparteien über die Gültigkeit oder die Auslegung von Tarifnormen, Diss. Hamburg 1965 (Zitierweise: Maywald)

Meyer-Cording, Ulrich: Die Rechtsnormen, Tübingen 1971

Misera, Karlheinz: Tarifmacht und Individualbereich unter Berücksichtigung der Sparklausel, Berlin 1969
Molitor, Erich: Kommentar zur Tarifvertragsverordnung von 1918, Berlin 1930 (Zitierweise: Molitor,E., TVVO)
Molitor, Karl: Jenseits vom Tarifvertrag, in: Sozialpartner-Forum Arbeitsplatz Chemie, Dokumentation, Hannover 1994, S.109 ff. (Zitierweise: K.Molitor, Sozialpartner-Forum)
Molitor, Karl: Außertarifliche Sozialpartnervereinbarungen, Arbeitsgesetzgebung und Arbeitsrechtsprechung, in: Festschrift für Eugen Stahlhacke, 70. Geburtstag, Berlin 1995, S.339- 347 (Zitierweise: Molitor, FS Stahlhacke)
Molitor, Karl: Auf dem Weg der Sozialpartnerschaft, in: Festschrift für Dieter Schlemmer, München 1998, S.103-114 (Zitierweise: K.Molitor, FS Schlemmer)
Müller, Gerhard: Der Einsatz von Beamten auf Arbeitnehmerplätzen bei einem legitimen Tarifstreik im öffentlichen Dienst, in: RdA 1982, S.86- 101
Müller, Friedrich: Strukturierende Rechtslehre, Berlin 1984 (Zitierweise: F. Müller, Rechtslehre)
Münchener Handbuch zum Arbeitsrecht: Kollektives Arbeitsrecht, Band 3, 2. Auflage, München 2000 (Zitierweise: MünchArbR/Bearbeiter)
Münchener Kommentar zum Bürgerlichen Gesetzbuch: Band 1, Allgemeiner Teil (§§ 1- 240), AGB-Gesetze, 3.Auflage, München 1993, (Zitierweise: MünchKomm/Bearbeiter, BGB AT)
Neumann, Dirk/Duesberg, Horst: Anmerkungen zu BAG, Beschl. vom 11.7.1972, 1 ABR 2/72 in: AP Nr.1 zu § 80 ArbGG 1953, Bl.1456-1457 (Zitierweise: Neumann/Duesberg, Anm. zu BAG AP Nr.1 zu § 80 ArbGG 1953)
Nikisch, Arthur: Arbeitsrecht, Band II, Koalitionsrecht, Arbeitskampfrecht und Tarifvertragsrecht, 2. Auflage, Tübingen 1959 (Zitierweise: Nikisch, Arbeitsrecht II)
Nikisch, Arthur: Zur Tarifausschlussklausel, in: RdA 1967, S.87 –90
Nipperdey, Alfred: Die Frage der tarifvertraglichen Regelung der Einziehung von Gewerkschaftsbeiträgen, Rechtsgutachten, Köln 1963 (Zitierweise: Nipperdey, Gutachten)
Oetker, Hartmut: Die Durchführung von Not- und Erhaltungsarbeiten bei Arbeitskämpfen, Heidelberg 1984 (Zitierweise: Oetker)
Otto, Hansjörg/Schwarze, Roland: Tarifnormen über gemeinsame Einrichtungen und deren Allgemeinverbindlichkeitserklärung, in: ZfA 1995, S.639
Pahlke, Armin: Kirche und Koalitionsrecht, Zur Problematik des kirchlichen Arbeitsrechtsregelungsverfahrens, insbesondere des sog. Dritten Weges der Kirchen, Tübingen 1983

Palandt, Otto: Bürgerliches Gesetzbuch, Kommentar zum BGB, 64.Auflage, München 2005 (Zitierweise: Palandt/Bearbeiter)

Paul, Willy: Preisempfehlung und wirtschaftliche Preisbindung- Zum Urteil des Bundesgerichtshofs vom 8.10.1958, in: Der Betrieb 1958, S.1319-1323

Pawlowsky, Hans-Martin: Einführung in die Juristische Methodenlehre, Ein Studienbuch zu den Grundlagenfächern Rechtsphilosophie und Rechtssoziologie, 2.Auflage, Heidelberg 2000 (Zitierweise: Pawlowsky)

Peters, Hans/Ossenbühl, Fritz: Die Übertragung von öffentlich-rechtlichen Befugnissen auf die Sozialpartner unter besonderer Berücksichtigung des Arbeitsschutzes, Berlin 1967 (Zitierweise: Peters/Ossenbühl)

Pinder, Wolfgang: Dürfen Wiederverkaufspreise durch ein Einzelunternehmen empfohlen werden? - Eine Erwiderung, in: NJW 1958, S.579-581

Plander, Harro: Flucht aus dem Normalarbeitsverhältnis: An den Betriebs- und Personalräten vorbei? Baden- Baden 1990 (Zitierweise: Plander, Normalarbeitsverhältnis)

Plander, Harro: Rechtsgutachten betr. die Entscheidung des Arbeitsgerichts Dresden- 2 Ca 8434/ 93- vom 12.9.1995; erstattet für den Vorstand des Landesverbands Sachsen der Gewerkschaft Erziehung und Wissenschaft; Hamburg, September 1995 (Zitierweise: Plander, Rechtsgutachten)

Plander, Harro: Was sind Tarifverträge?, in: ZTR 1997, S.145-152

Plander, Harro: Tarifvertrag oder Koalitionsvertrag zugunsten Dritter-Anmerkungen zu Entscheidungen des BAG und des LAG Mecklenburg-Vorpommern, in: PersR 2002, S.292-297

Plander, Harro: Arbeitsplatzsicherung trotz Stellenabbaus im Schulwesen des Landes Mecklenburg-Vorpommern: Gesetzes- und tarifwidrig?, in: PersR 1997, S.289- 297

Plander, Harro: Nichttarifliche Übereinkünfte zwischen Gewerkschaften und Trägern der öffentlichen Gewalt, in: Festschrift für Karl Kehrmann, 65. Geburtstag, Köln 1997, S.295-320 (Zitierweise: Plander, FS Kehrmann)

Radke, Olaf: Rechtsbeziehungen zwischen einer Tarifvertragspartei und den Mitgliedern der gegnerischen Tarifvertragspartei, in: AuR 1956, S.273-278

Raiser, Ludwig: Vertragsfunktion und Vertragsfreiheit, in: Hundert Jahre Deutsches Rechtsleben, Festschrift zum Hundertjährigen Bestehen des Deutschen Juristentages 1860-1960, Karlsruhe 1960, S.101-134 (Zitierweise: Raiser, FS 100. J.DJT)

Raiser, Thomas: Paritätische Mitbestimmung der Arbeitnehmer in wirtschaftlichen Unternehmen der Gemeinde, in: RdA 1972, S. 65- 73

Ramm, Thilo: Kampfmaßnahme und Friedenspflicht im deutschen Recht, Stuttgart 1962

Rebsamen, August: Die schuldrechtlichen Pflichten aus dem Gesamtarbeitsvertrag und ihre Verletzung – Eine Darstellung nach schweizerischem Recht, Zürich 1937
Rehbinder, Manfred: Die Rechtsnatur des Tarifvertrags, in : JR 1968, S.167- 171
Reichel, Hans/Ansey, Siegfried/Koberski, Wolfgang: Tarifvertragsgesetz, Neuwied, Stand November 1992 (Zitierweise: Reichel/ Bearbeiter, TVG)
Reuter, Dieter: Zulässigkeit und Grenzen tarifvertraglicher Besetzungsregelungen, in: ZfA 1978, S.1-44
Reuter, Dieter: Folgen der Auflösung einer Tarifvertragspartei für den Tarifvertrag, in: JuS 1987, S.666
Reuter, Dieter: Anmerkungen zur Entscheidung des BAG vom 3.4.1990-1 AZR 123/89, in: EzA Art.9 GG Nr.49
Reuter, Dieter: Die Grenzen des Streikrechts, in: ZfA 1990, S.535- 561
Reuter, Dieter: Entscheidungsanmerkung zu BAG Urteil v. 7.11.1995-3, AZR 676/94, in: JuS 1997, S.184- 185
Richardi, Reinhard: Kollektivgewalt und Individualwille bei der Gestaltung des Arbeitsverhältnisses, München 1968 (Zitierweise: Richardi, Kollektivgewalt)
Richardi, Reinhard: Gewerkschaften und Betrieb- ein Gegenstand der Tarifautonomie?, in: RdA 1968, S.427- 429
Richardi, Reinhard: Richterrecht und Privatautonomie, in: Gedächtnisschrift für Rolf Dietz, herausgegeben von G. Hueck und R. Richardi, München 1973, S.269-297 (Zitierweise: Richardi, Richterrecht)
Richardi, Reinhard: Arbeitszeitverlängerung nach der Tarifvertragsregelung in der Metallindustrie, in: DB 1990, S.1613-1618
Richardi, Reinhard: Empfiehlt es sich, die Regelungsbefugnisse der Tarifparteien im Verhältnis zu den Betriebsparteien neu zu ordnen?, Gutachten B zum 61. Deutschen Juristentag, Karlsruhe 1996, Band I (Gutachten) Teil B, S. B 8-101, München 1996 (Zitierweise: Richardi, Gutachten B)
Richardi, Reinhard: Betriebsverfassungsgesetz mit Wahlordnung, Kommentar, 9. Auflage, München 2004 (Zitierweise: Richardi- Bearbeiter, BetrVG)
Richardi, Reinhard: Die neue Betriebsverfassung- Ein Grundriß, 2. Auflage, München 2002 (Zitierweise: Richardi/Bearbeiter, BetrV)
Ridder, Helmut: Zur verfassungsrechtlichen Stellung der Gewerkschaften im Sozialstaat nach dem Grundgesetz für die Bundesrepublik Deutschland- Rechtsgutachten zur Frage der Verfassungsmäßigkeit (Zitierweise: Ridder, Gewerkschaften im Sozialstaat)
Rieble, Volker: Tarifnormenkontrolle durch Verbandsklage, in: NZA 1992, S.250-257
Rieble, Volker: Beschäftigungspolitik durch Tarifvertrag, in: ZTR 1993, S.54-61

Runggaldier, Ulrich: Kollektivvertragliche Mitbestimmung bei Arbeitsorganisation und Rationalisierung, Frankfurt am Main 1983

Säcker, Franz-Jürgen: Besprechung von Bötticher, Eduard, Die Gemeinsamen Einrichtungen der Tarifvertragsparteien, in: BB 1966, S.1031-1032

Säcker, Franz Jürgen: Kollektivgewalt und Individualwille bei der Gestaltung des Arbeitsverhältnisses, in: RdA 1969, S.291- 302

Säcker, Franz-Jürgen: Grundprobleme der kollektiven Koalitionsfreiheit- Rechtsquellen- und interpretationstheoretische Bemerkungen zur legislativen und judikativen Konkretisierung des Art.9 Absatz 3 GG, Düsseldorf 1969 (Zitierweise: Säcker. Koalitionsfreiheit)

Säcker, Franz-Jürgen: Gruppenautonomie und Übermachtskontrolle im Arbeitsrecht, Berlin 1972 (Zitierweise: Säcker, Gruppenautonomie)

Säcker, Franz Jürgen/Oetker, Hartmut : Grundlagen und Grenzen der Tarifautonomie, München 1992 (Zitierweise: Säcker/Oetker, Tarifautonomie)

Säcker, Franz Jürgen/Oetker, Hartmut: Höchstnormenbeschlüsse der Koalitionen zwischen Freiheitsschutz und Verbandsautonomie, in: ZfA 1996, S.85-113

Säcker, Franz-Jürgen/Streckel, Siegmar: Anmerkung zu Urteil des BAG vom 19.10.1976, in: AR- Blattei (D) Tarifvertrag II Abschluß, Nr.1550.2 zu Entscheidung 10

Schack, Axel: Gruppenarbeit in der chemischen Industrie: Gemeinsame Hinweise des Bundesarbeitgeberverbandes Chemie und der IG Chemie-Papier-Keramik, in: ZfA 1996, S.923-925

Schaub, Günter: Arbeitsrechts-Handbuch, 11.Auflage, München 2005 (Zitierweise: Schaub/Bearbeiter, Arbeitsrecht)

Schelp, Günther: Gemeinsame Einrichtungen der Tarifvertragsparteien, in: Festschrift für Hans Carl Nipperdey zum 70.Geburtstag, 21.Januar 1965, München und Berlin 1965, Bd. II, S. S.579-607 (Zitierweise: Schelp, FS Nipperdey)

Scheuerle, Wilhelm: Das Wesen des Wesens, Studien über das sogenannte Wesensargument im juristischen Begründen, in: AcP Band 163, 1964, S.429 – 471

Schlaffke, Peter: Regelungen zur Weiterbildung im Tarifvertrag – eine Untersuchung von Sozialpartner-Vereinbarungen und ihrer Bedeutung unter Berücksichtigung gesetzlicher Vorgaben, Diss., Köln 1996

Schmidt, Thomas Benedict: Das Günstigkeitsprinzip im Tarifvertrags- und Betriebsverfassungsrecht: zugleich ein Beitrag zum Verhältnis von Tarifvertrag und Betriebsvereinbarung, Diss., Berlin 1994

Schneider, Egon: Logik für Juristen, Die Grundlagen der Denklehre und der Rechtsanwendung, 5.Auflage, München 1999

Schnoor v. Carolsfeld, Ludwig: Arbeitsrecht, 2.Auflage, Göttingen 1954

Schnorr, Gerhard: Kollektivmacht und Individualrechte im Berufsverbandswesen – Zur Frage der „immanenten“ Gewährleistungsschranken der Koalitionsfreiheit, in: Festschrift für Erich Molitor zum 75.Geburtstag, 3.Oktober 1961, S.229-252, München, Berlin 1962 (Zitierweise: Schnorr, FS Molitor)
Schnorr, Gerhard: Inhalt und Grenzen der Tarifautonomie, in: JR 1966, S.327-334
Scholz, Rupert: Die Koalitionsfreiheit als Verfassungsproblem, München 1971 (Zitierweise: Scholz, Koalitionsfreiheit)
Schönenberger, Wilhelm: Schweizerisches Obligationenrecht, Zürich 1994
Schulze, Peter R.: Das Günstigkeitsprinzip im Tarifvertragsrecht, Diss., Frankfurt am Main 1985
Schwab, Karl Heinz/Walter, Gerhard: Schiedsgerichtsbarkeit: Systematischer Kommentar zu den Vorschriften der Zivilprozeßordnung, des Arbeitsgerichtsgesetzes, der Staatsverträge und der Kostengesetze über das privatrechtliche Schiedsgerichtsverfahren, 6.Auflage, München 2000 (Zitierweise: Schwab- Bearbeiter)
Schwarz, Walter: Obligatorische und normative Dimensionen der Betriebsvereinbarung, in: Festschrift für Rudolf Strasser zum 60. Geburtstag, Möglichkeiten und Grenzen der Rechtsordnung, 1983, S.465-486 (Zitierweise: Schwarz, FS Strasser)
Schweingruber, Edwin: Entwicklungstendenzen in der Praxis des Gesamtarbeitsvertrages, Seperatabzug, in: Zeitschrift des bernischen Juristenvereins, Nr.83, 1947, S.193-220 und S.241-261 (Zitierweise: Schweingruber, Entwicklungstendenzen)
Schwendy, Klaus Dieter: Abänderbarkeit betriebsverfassungsrechtlicher Rechtssätze durch Tarifvertrag und Betriebsvereinbarungen, Diss., Berlin 1969
Siebert, Wolfgang: Erweiterung des Mitbestimmungsrechts des Betriebsrats durch Betriebsvereinbarung oder Tarifvertrag?, in: BB 1958, S.421- 424
Sinzheimer, Hugo: Ein Arbeitstarifgesetz, München 1916 (Zitierweise.: Sinzheimer, Arbeitstarifgesetz)
Söllner, Alfred: Grundriss des Arbeitsrechts, 13.Auflage, München 2003, (Zitierweise: Söllner, Arbeitsrecht)
Spieker, Wolfgang: Tarifautonomie und Mitbestimmung, in: Das Mitbestimmungsgespräch 1962, S.181-186
Stark, Ernst: Verfassungsfragen einer Arbeitsplatzsicherung durch Tarifvertrag, München 1989
Von Staudinger, Julius/Beitzke,Günther: Kommentar zum Bürgerlichen Gesetzbuch, 1.Buch Allgemeiner Teil, 13.Auflage, Berlin 1996, 2. Buch Recht der Schuldverhältnisse, § 328-361 BGB, 13.Auflage, Berlin 1995 (Zitierweise: Staudinger/Bearbeiter, BGB, 1.Buch/ 2.Buch)

Stege, Dieter/Weinspach, Friedrich Karl: Betriebsverfassungsgesetz, Handkommentar für die betriebliche Praxis, 8.Auflage, Köln 1999 (Zitierweise: Stege/ Weinspach, BetrVG)

Steinberg, Friedhelm: Der Europäische Tarifvertrag unter besonderer Berücksichtigung des Vorschlages der EWG- Kommission für die Satzung einer Europa-AG, in: RdA 1971, Seite 18-25

Stein, Friedrich/Jonas, Martin: Kommentar zur ZPO, 22.Auflage, Tübingen 2002 (Zitierweise: Stein/Jonas)

Straetmans, Ludwig: Hat der Vertrag zugunsten Dritter im Rahmen des Tarifvertrages heute noch eine Bedeutung?, Diss., Köln 1966

Streckel, Siegmar: Anmerkung zum Urteil des BAG v. 25.8.1982/ LAG Köln in: SAE 1983, S. 103-104

Vollmer, Lothar: Die Entwicklung partnerschaftlicher Unternehmensverfassungen, Köln, Berlin, Bonn, München 1976

Wallisch, Jochen: Die tarifvertraglichen Einwirkungspflichten: Grundlagen, Grenzen und gerichtliche Geltendmachung, Baden-Baden 1998; zugleich Diss., Freiburg 1997

Walter, Wolf-Dietrich: Möglichkeiten und Grenzen einer flexibleren Gestaltung von Arbeitsbedingungen – Das Spannungsverhältnis zwischen Tarifautonomie und Betriebsautonomie, in: ZfA 1996, S.353-381

Waltermann, Raimund: Rechtsetzung durch Betriebsvereinbarung zwischen Privatautonomie und Tarifautonomie, Tübingen 1966 (Zitierweise: Waltermann, Rechtsetzung)

Waltermann, Raimund: Zuständigkeiten und Regelungsbefugnisse im Spannungsfeld von Tarifautonomie und Betriebsautonomie, in: RdA 1996, S. 129- 139

Wank, Rolf: Arbeitnehmer und Selbständige, München 1988 (Zitierweise: Wank, Arbeitnehmer)

Wank, Rolf: Tarifautonomie oder betriebliche Mitbestimmung? Zur Verteidigung der Zwei-Schranken- Theorie, in: RdA 1991, S.129- 139

Wank, Rolf: Empfiehlt es sich, die Regelungsbefugnisse der Tarifparteien im Verhältnis zu den Betriebsparteien neu zu ordnen?, in: NJW 1996, S.2273-2282

Wank, Rolf: Die Auslegung von Tarifverträgen, in: RdA 1998, S.71-90

Weber, Werner Koalitionsfreiheit und Tarifautonomie als Verfassungsproblem, Berlin 1965

Weinspach, Friedrich Karl: Das „Friedenspapier" zur Abgrenzung der leitenden Angestellten, in: Die soziale Verantwortung des Unternehmers, Festschrift für Dieter Schlemmer, München 1990, S.117-127 (Zitierweise: Weinspach, FS Schlemmer)

Weiss, Manfred: Die soziale Sicherung als Katalysator koordinierter Tarifpolitik in der EG, in: Arbeitsrecht in der Bewährung: Festschrift für Otto Rudolf Kissel zum 65.Geburtstag, München 1994, S.1253-1267 (Zitierweise: Weiss, FS Kissel)

Wendeling- Schröder, Ulrike: Divisionalisierung, Mitbestimmung und Tarifvertrag, Köln 1984

Westermann, Hans Peter: Vertragsfreiheit und Typengesetzlichkeit im Recht der Personengesellschaft, Heidelberg 1970

Weyand, Joachim: Möglichkeiten und Grenzen der Verlagerung tariflicher Regelungskompetenzen auf die Betriebsebene, in: AuR 1989, S.193-203

Weyand, Joachim: Die tarifvertragliche Mitbestimmung unternehmerischer Personal- und Sachentscheidungen- Eine Studie über die Zulässigkeit und die Möglichkeit der Mitbestimmung durch Tarifvertrag unter besonderer Berücksichtigung ihrer historischen Entwicklung, Baden- Baden 1989

Weyand, Joachim: Die tarifvertragliche Mitbestimmung im Bereich der Arbeitsorganisation, in: AuR 1991, S.65-76

Wiedemann, Herbert: Anmerkung zu BAG vom 11.11.1970, in: AP Nr.28 zu § 2 TVG, Blatt 823 R.-827

Wiedemann, Herbert: Anmerkung zu BAG vom 19.10.1976, in: AP 1977, Heft 15-18, Nr.6 zu § 1 TVG Form, Bl.627 R.-629

Wiedemann, Herbert: Anmerkungen zu BAG v. 26.1.1983, in: AP 1984, Heft 23-24 Nr.20 zu § 1 TVG Form, Bl. 1089 R.-1090 R.

Wiedemann, Herbert: Anmerkungen zu BAG AP Nr.14 zu § 5 TVG, Bl.215 ff

Wiedemann, Herbert: Rationalisierungsschutz, Tarifmacht und Gemeinsame Einrichtungen, in: RdA 1968, S. 420-424

Wiedemann, Herbert/Stumpf, Hermann: Tarifvertragsgesetz mit Durchführungs- und Nebenvorschriften, Kommentar, 5.Auflage, München 1977 (Zitierweise: Wiedemann/Stumpf, TVG, 5.Aufl)

Wiedemann, Herbert/Oetker, Hartmut/Wank, Rolf: Tarifvertragsgesetz mit Durchführungs- und Nebenvorschriften, Kommentar, 6.Auflage, München 1999 (Zitierweise: Wiedemann/Bearbeiter, TVG)

Wittmann, Arno: Anmerkung zum Urteil des BAG vom 14.11.1979, in: SAE 1980, S. 213- 214

Wolter, Henner: Die Rechtsnormqualität von Vereinbarungen der Tarifparteien, in: DB 1993, S.934-938

Zachert, Ulrich: Rechtsfragen bei Tarifverträgen zum Schutze der Tätigkeit gewerkschaftlicher Vertrauensleute, in: BB 1976, S.514-518

Zachert, Ulrich: Neue Entwicklung zur Tarifautonomie und betrieblichen Mitbestimmung, in: NZA 1988, S.185-190

Zachert, Ulrich: Sozialpartnervereinbarungen- ein Modell für die Zukunft?, in: Arbeitsrecht und Sozialpartnerschaft, Festschrift für Peter Hanau, Köln 1999, S.137-148

Zeuner, Albrecht: Günstigkeitsprinzip und Verbandsbeschluss zur Verhinderung übertariflicher Arbeitsbedingungen, in: DB 1965, S.630-633

Zippelius, Reinhold: Das Wesen des Rechts, Eine Einführung in die Rechtsphilosophie, 4. Auflage, München 1978 (Zitierweise: Zippelius, Das Wesen)

Zippelius, Reinhold: Juristische Methodenlehre, 9. Auflage, München 2005 (Zitierweise Zippelius, Methodenlehre)

Zöllner, Wolfgang: Tarifmacht und Außenseiter, in: RdA 1962, S. 453- 459

Zöllner, Wolfgang: Das Wesen der Tarifnormen, in: RdA 1964, S.443- 449

Zöllner, Wolfgang: Tarifvertragliche Differenzierungsklauseln, Düsseldorf 1967 (Zitierweise: Zöllner, Differenzierungsklauseln)

Zöllner, Wolfgang: Der Begriff der gemeinsamen Einrichtung der Tarifvertragsparteien, in: DB 1968, S. 597- 601

Zöllner, Wolfgang/Loritz, Karl- Georg: Arbeitsrecht, Ein Studienbuch, 5.Auflage, München 1998 (Zitierweise: Zöllner/Loritz, Arbeitsrecht)

A. Problemstellung

Tariffähige Parteien können gemäß § 1 Abs. 1 TVG Tarifverträge schliessen, die Rechtsnormen enthalten, welche den Inhalt, den Abschluß und die Beendigung von Arbeitsverhältnissen sowie betriebliche und betriebsverfassungsrechtliche Fragen ordnen können. Nach § 1 Abs. 1 TVG können Tarifverträge auch die Rechte und Pflichten der Tarifvertragsparteien, d.h. schuldrechtlich wirkende Abreden enthalten; einige schuldrechtliche Inhalte wie die relative Friedenspflicht und die Durchführungs-, insbesondere die Einwirkungspflicht sind nach nunmehr einhelliger Ansicht sogar notwendige Inhalte jeden Tarifvertrags. Die Vereinbarung weiterer schuldrechtlicher Inhalte steht den Tarifvertragsparteien innerhalb gewisser – hier nicht interessierender- Grenzen frei. Diese können sich zum einen darauf beschränken, Rechte und Pflichten im Verhältnis zueinander zu bestimmen, die keinen unmittelbaren Bezug zu etwa außerdem vereinbarten (normativen) Vertragsinhalten haben. Sie können etwa vereinbaren, sich vor Beginn eines Arbeitskampfes auf eine Schlichtung einzulassen; sie können ebenso Vorgaben für das Schlichtungsverfahren treffen. Abreden solchen Inhalts sollen als Vereinbarungen über Eigenpflichten bezeichnet werden. Sie betreffen nicht die Rechtsverhältnisse Dritter und sind keine schuldrechtlichen Normenverträge. Für den schuldrechtlichen Normenvertrag ist die Verpflichtung eines Vertragspartners gegenüber dem anderen Vertragspartner charakteristisch, für ein bestimmtes Verhalten Dritter zu sorgen[1]. Die Vertragsparteien vereinbaren darin, welchen Inhalt ein anderer (schuldrechtlicher Einzelarbeits-) Vertrag haben soll[2]. Begriffsnotwendig für den Normenvertrag ist, dass die Vertragsbestimmungen dabei nicht in dem Vertragstext vereinbart werden, für den sie gelten sollen, wie beispielsweise dem Arbeitsvertrag, sondern in einem besonderen Vertrag wie dem Tarifvertrag, der Bestimmungen für eine größere Anzahl der erstgenannten Verträge enthält[3]. Ein Normenvertrag betrifft also stets die Rechtsbeziehungen Dritter[4]. Da dies bei Vereinbarungen mit reinen Eigenpflichten der Vertragsparteien

---

1 So Biedenkopf, Tarifautonomie, S.13; Clausen, S.12; Hueck, Normenverträge, Bd.73, S.33 (60).

2 Hueck, Normenverträge, Bd. 73, S.33, 36; Hueck/Nipperdey, TVG, S.345; Raiser, FS 100 J., DJT, Bd. I, S. 101 (111); Rehbinder, JR 1968, S.167 (168).

3 Hueck/Nipperdey, TVG, S.345.

4 Zöllner/Loritz, Arbeitsrecht, S.391.

nicht der Fall ist, bezweifeln einige Autoren, dass es sich bei diesen Vereinbarungen um Tarifverträge handeln kann[5]. Hierauf wird später näher eingegangen.

Statt Vereinbarungen mit reinen Eigenpflichten zu treffen, können die Tarifpartner Anlaß sehen, sich zwar über Inhalte der in § 1 Abs. 1 TVG bezeichneten Art zu verständigen, diese aber nicht normativ, sondern nur schuldrechtlich vorzugeben[6]. Dies erfolgt beim Verbandstarifvertrag in der Weise, dass sich die Tarifpartner ergänzend verpflichten, auf ihre Mitglieder dahin einzuwirken, dass diese entsprechende Einzelarbeitsverträge schließen; beim Haustarifvertrag verpflichtet sich der beteiligte Arbeitgeber gegenüber der beteiligten Gewerkschaft, mit seinen Beschäftigten entsprechende Einzelabreden zu treffen. Abreden dieser und jener Art sollen im Folgenden im Blick auf ihre wesentlichen Funktionen als „normersetzende Vereinbarungen[7]" bezeichnet werden. Normersetzend bedeutet, dass die Tarifvertragsparteien Regelungen treffen, die sie nach § 1 Abs. 1 TVG mit normativer Wirkung versehen könnten, die sie aber stattdessen mittels Einwirkung auf ihre Mitglieder umsetzen wollen.

Der Tarifvertrag ist ein (zweiseitiger) Normenvertrag[8]. Normenverträge können aber grundsätzlich sowohl in normativ wirkender als auch rein schuldrechtlich wirkender Form vorkommen[9]. Daher trifft man in der Literatur auch auf die Unterteilung des Tarifvertrags in den normsetzenden (Tarifvertrag im engeren Sinn[10]) und den normersetzenden Tarifvertrag[11] (rein schuldrechtlichen Tarifvertrag im weiteren Sinn[12]). Ob diese Unterteilung sinnvoll ist oder Tarifverträge

---

5 Biedenkopf, Tarifautonomie, S.18, 20 f., 25, 31 f. ; Clausen, S.6 ff. ; Hölters, S.46 ff., 108, 111; Hueck/Nipperdey, Lehrbuch d. ArbR II/1, S.303 f., 337, 342 f.; Konzen, ZfA 1980, S.77 (89); Maus, § 1 Rn. 170 ff. ; Mayer-Maly, BB 1966, S.1067 (1069); Nikisch, RdA 1967, S.87 (88); Nikisch, Arbeitsrecht II, S.326 f. ; Richardi, Kollektivgewalt, S.199, 202; ders.RdA 1968, S.427 (429); Säcker/Oetker, Tarifautonomie, S.156 f.;163; Schlaffke, S.82; Wiedemann, TVG, § 1 Rn. 663; ablehnend: Plander, ZTR 1997, S.145.

6 Vgl. hierzu auch Erfurter Kommentar zum Arbeitsrecht/ Schaub, § 1 TVG Rn.60.

7 Diese Bezeichnung wählt Wiedemann, TVG, § 1 Rn.746.

8 Hueck, Normenverträge, S.33 (41); Hueck/Nipperdey, TVG, S.345; Kaskel/Dersch, S.45, 48 f.; Rehbinder, JR 1968, S.167 (168); Zöllner/Loritz, Arbeitsrecht, S.377, 391.

9 G.Hueck, Betriebsvereinbarung, S.48 f.; MünchArbR/Löwisch/Rieble, §§ 253 Rn. 42, 280 Rn.13, 16 ff. ; Schwarz, FS Strasser, S.465 (465); für die außertariflichen Koalitionsverträge: Debler, NZA 1997, S.529 (530); für die Richtlinien nach § 28 Abs. 1 S.1 SprAuG: Löwisch, SprAuG, § 28 Rn. 12.

10 Körtgen, S.27.

11 MünchArbR/Löwisch/Rieble, § 253 Rn. 42; Streckel, Anm. zu LAG Köln, SAE 1983, S.101 (103); so auch Wiedemann, TVG, § 1 Rn.746.

12 Körtgen, S.27; Schaub, Arbeitsrecht, § 201. I. 2 Rn. 3.

ausschließlich als normativ wirkende Verträge vorkommen, wird im Rahmen dieser Arbeit zu klären sein.

Jedenfalls waren die Tarifpartner bis zum Inkrafttreten der TVVO von 1919[13] auf schuldrechtliche Abreden mit Drittbezug beschränkt[14], sofern sie Vorgaben für die Inhalte von Einzelarbeitsverträgen vereinbaren und diese „umgesetzt" sehen wollten. Dass Tarifverträge normative Wirkung zeitigen können, hat erst die TVVO bestimmt und das TVG von 1949 wieder aufgegriffen.

Die Tarifpartner können freilich auch heute Anlaß sehen, sich auf die Abrede normersetzender Vereinbarungen zu beschränken. Grund hierfür kann etwa sein, dass die Parteien den Themenbereich nicht normativ regeln können[15], wie dies bei Außenseiterbestimmungen der Fall ist, oder dass Zweifel bestehen, ob die Regelung als Tarifnorm ihrer Tarifmacht unterliegt[16]. Oft stehen dem Abschluss von Tarifverträgen auch satzungsrechtliche Vorschriften entgegen, die vorsehen, dass ein formalisiertes Verfahren vor dem Abschluss von Tarifverträgen einzuhalten ist[17]. Tarifvertragsparteien mögen dann schuldrechtliche Vereinbarungen treffen, um daraus resultierende Schwierigkeiten zu umgehen[18]. Betrifft die getroffene Vereinbarung drittbezogene Inhalte des § 1 Abs. 1 TVG, so will die Satzung freilich in der Regel auch derartige Vereinbarungen erfassen[19].

Wollen die Tarifvertragsparteien miteinander rechtlich verbindliche Vereinbarungen- und nicht lediglich unverbindliche Übereinkünfte- treffen, sind sie im Übrigen nicht einmal von Rechts wegen darauf beschränkt, überhaupt Tarifverträge zu schließen. Sie können auch schlichte BGB-Verträge über Inhalte schließen, die nicht Arbeits- und Wirtschaftsbedingungen, sondern andere Materien betreffen[20].

Sie können aber auch schuldrechtliche Verträge schließen, die man als „sonstige Koalitionsverträge[21]" bzw. als „Koalitionsverträge sui generis[22]" bezeichnen mag[23].

---

13 RGBl. 1918, S.1456.

14 Clausen, S.7; Hueck/Nipperdey, Lehrbuch d.ArbR II/1, S.215; Molitor, E., TVVO, S.2,6; Radke, AuR 1956, S.273 (275); Weyand, Mitbestimmung, S.103.

15 Wiedemann, TVG, § 1 Rn.745.

16 BAG AP Nr.13 zu Art.9 GG; Däubler, TVR, Rn.1618.

17 Däubler, AuR 1981, S.257 (264) ; Plander, FS Kehrmann, S.295 (301); Säcker, Koalitionsfreiheit, S.66.

18 Grub, S.168.

19 Plander, PersR 2002, S.292 (294).

20 Vgl. etwa Löwisch/Rieble, TVG, S.96.

21 G. Müller, RdA 1982, S.86 (97).

22 Plander, FS Kehrmann, S.295 (303).

23 Andere im Schrifttum anzutreffende Bezeichnungen sind etwa „außertarifliche Sozialpartnervereinbarungen" (Eich, NZA 1995, S.149 (153); Gamillscheg, Koll. Ar-

Als Verträge mit einer solchen Bezeichnung haben das LAG Sachsen[24] und das BAG[25] sowie in der jüngeren Vergangenheit das LAG Mecklenburg-Vorpommern[26] und dann das BAG[27] gewisse Kollektivvereinbarungen qualifiziert, welche die Bundesländer Sachsen und Mecklenburg-Vorpommern mit der Gewerkschaft Erziehung und Wissenschaft (GEW) und anderen Verbänden geschlossen hatten. Wesentlicher Zweck dieser Abreden war es, Lehrkräfte an den öffentlichen Schulen vor betriebsbedingten Kündigungen wegen erheblichen Rückgangs der Schülerzahlen zu bewahren. An deren Stelle sollten Vereinbarungen mit den einzelnen Beschäftigten über den Übergang von Lehrkräften zur Teilzeitarbeit treten, deren nähere Ausgestaltung sich nach den Vorgaben der Kollektivvereinbarungen bestimmen sollte. In Mecklenburg-Vorpommern vereinbarten die Beteiligten zudem weitere Maßnahmen, mit deren Hilfe betriebsbedingte Kündigungen vermieden werden sollten, u.a. dass ein Teil der Lehrkräfte gegen Zahlung einer näher bestimmten Abfindung vorzeitig aus dem Dienst sollte ausscheiden können.

In der Folgezeit lösten nachträgliche Maßnahmen der beteiligten Länder Rechtsstreitigkeiten aus, da die GEW und die klagenden einzelnen Beschäftigten die Maßnahmen als im Widerspruch zu den getroffenen Vereinbarungen stehend qualifizierten. Als eine solche Maßnahme errechnete das Land Mecklenburg-Vorpommern eine nach einem am 12.11.1999 geschlossenen Auflösungsvertrag zu zahlende Abfindung nicht nach dem Lehrerpersonalkonzept (LPK) vom 8.12.1995, sondern nach dem Erlass des Finanzministeriums vom 12.April 1996. Das Land Sachsen verlangte hingegen von seinen Lehrkräften eine über die Vereinbarung hinausgehende Regelstundenzahl, wogegen sich die Kläger zur Wehr setzten.

Die Kläger machten geltend, bei den Kollektivvereinbarungen handele es sich um Tarifverträge, von deren Inhalt das Land nach § 4 Abs.1 S.1 und Abs.4 S.1 TVG nicht zu deren Nachteil habe abweichen können. Die beklagten Bundesländer trugen demgegenüber vor, sie hätten bei den Vertragsverhandlungen jeweils

---

beitsrecht, Bd.I, S.510; Molitor, Sozialpartner-Forum, S.109; Zachert, FS Hanau, S.137 (137)), „soft agreements" (BAG v.5.11.1997, BAGE 87, S.45 (57 f.); Däubler, TVR, Rn. 1630; Gamillscheg, Koll.Arbeitsrecht, Bd.I S.510; Kempen/Zachert, § 1 Rn.366; Löwisch/Rieble, Grundl.Rn.85 ff.; Zachert, FS Hanau, S.137 (138) sowie die vom BAG verwendeten Begriffe „Koalitionsverträge zugunsten Dritter" (BAG NZA 1998, S.654 (656) und „schuldrechtliche Verträge eigener Art" (BAGE 6, S.321 (341)).

24 Vgl. LAG Brandenburg, AuA 1996, S.33 (34).

25 Vgl. BAG AP Nr.29 zu § 1 TVG, Bl.1181 (1185).

26 Vgl. LAG Rostock v.14.1.2003- 5 Sa 305/02, nicht veröffentlicht.

27 Vgl. BAG, MDR 2004, S.1426 (1427) = AP Nr. 188 zu § 1 TVG Auslegung, Bl. 322-327.

deutlich bekundet, keine Tarifverträge schließen zu wollen. Das BAG ist dem gefolgt und hat die Vereinbarungen als sonstige Koalitionsverträge qualifiziert. Verträge mit normativer Wirkung hätten die Beteiligten – so das BAG[28]- erkennbar nicht treffen wollen. Von den nur schuldrechtlichen Abreden hätten die Bundesländer, wie geschehen, in den Vereinbarungen mit einzelnen Lehrkräften durchaus zu deren Nachteil abweichen können, da § 4 Abs. 4 S.1 TVG nur für tarifvertragliche Normen gelte[29]. Bei dem Lehrerpersonalkonzept (LPK), mit welchem sich das LAG Mecklenburg-Vorpommern in zwei Rechtsstreitigkeiten und das LAG Rostock[30] in einem Rechtsstreit auseinandersetzt haben, war insbesondere die Frage zu entscheiden, ob es sich um einen Tarifvertrag oder einen sonstigen Koalitionsvertrag zugunsten Dritter handelt, da nach Ansicht der beiden LAG die Regelung des § 4 Abs. 4 TVG nur für tarifvertragliche Normen gilt. Während das LAG Mecklenburg-Vorpommern in seiner Entscheidung vom 29.9.1999[31] das LPK noch als Tarifvertrag qualifiziert hat, hat es derselben Vereinbarung in seiner Entscheidung vom 12.9.2001[32] nur noch den Charakter eines sonstigen Koalitionsvertrags beigemessen. Letzterer Entscheidung hat sich das LAG Rostock[33] angeschlossen. Das BAG hat zur Rechtsnatur des LPK am 14.4.2004 ausgeführt, dass jenes keinen Tarifvertrag darstelle[34]. Zu der Vereinbarung des Landes Sachsen mit der GEW hat das BAG am 5.11.1997[35] ausgeführt, dass die „Vereinbarung über die freiwillige Teilzeitbeschäftigung von Lehrkräften und Erziehern vom 15.6.1992“ keinen Tarifvertrag darstelle, da es an dem hierzu erforderlichen Willen der Vertragsparteien fehle.

Ob der Wille der Vertragsparteien für die Qualifizierung eines Vertrags maßgeblich sein kann, ist ebenso Inhalt dieser Untersuchung wie die Frage, ob § 4 Abs. 4 TVG auch auf schuldrechtliche Vereinbarungen der Tarifvertragsparteien Anwendung findet. Mit dieser Frage hat sich auch Karsten[36] auseinandergesetzt. Die Beantwortung dieser Frage hängt davon ab, wie Tarifverträge von sonstigen Koalitionsvereinbarungen abzugrenzen sind.

---

28 Vgl. BAG, MDR 2004, S.1426 (1427) = AP Nr. 188 zu § 1 TVG Auslegung, Bl.322 (326).
29 BAG, MDR 2004, S.1426 (1427) = AP Nr. 188 zu § 1 TVG Auslegung, Bl.322 (326).
30 LAG Rostock v.14.Januar 2003- 5 Sa 305/02, nicht veröffentlicht.
31 LAG Mecklenburg-Vorpommern v. 29. September 1999, Der PersR 2002, S.310 f.
32 LAG Mecklenburg-Vorpommern v. 12. September 2001, Der PersR 2002, S.311 f.
33 LAG Rostock v.14.Januar 2003- 5 Sa 305/02, nicht veröffentlicht.
34 BAG, MDR 2004, S.1426 (1427) = AP Nr. 188 zu § 1 TVG Auslegung, Bl.322 (324 R.).
35 BAG AP Nr.29 zu § 1 TVG, Bl.1181 (1185)= BAGE 87, S.45.
36 Karsten, Schuldrechtliche Tarifverträge, 2003.

Diese Frage ist bislang kaum erörtert worden. Gleiches gilt für die Frage nach der Rechtsnatur schuldrechtlicher Abkommen tariflichen Inhalts[37]. Hierzu trägt die erwähnte Rechtsprechung des BAG auch wenig bei: Dass für die Abgrenzung die von den Vertragspartnern gewählte Bezeichnung des Vertrags nicht allein maßgeblich sein kann, hebt das Gericht[38] zwar zutreffend hervor. Es macht es sich aber ersichtlich zu leicht, wenn es entscheidend darauf abstellt, die Beteiligten hätten keine normativen Regelungen treffen wollen; bei dieser Betrachtungsweise des BAG bleibt außer Betracht, dass ein Tarifvertrag auch rein schuldrechtliche Abreden enthalten kann. Dies hat das BAG[39] für ein Schlichtungsabkommen 1958 selbst ausgeführt und damit die heute herrschende Meinung entscheidend beeinflusst. Im Anschluß an ältere Stimmen im Schrifttum[40] nimmt Plander[41] freilich in der Tat neuerdings an, Verträge über Arbeitsbedingungen i.S.d. § 1 Abs. 1 TVG seien dann keine Tarifverträge, sondern lediglich Koalitionsverträge sui generis, wenn sie ausschließlich schuldrechtliche Abreden enthielten; ohne dies auszusprechen, hat sich das BAG in den erwähnten Entscheidungen offenbar ebenfalls von dieser Prämisse leiten lassen. Hierzu führt es aus, dass es sich bei dem LPK um keinen Tarifvertrag, sondern um einen schuldrechtlichen Normenvertrag oder einen berechtigenden schuldrechtlichen Normenvertrag handle[42]. Das BAG verwendet damit erstmals ausdrücklich den Begriff des schuldrechtlichen Normenvertrags im Zusammenhang mit außertariflichen Verträgen der Koalitionen. Es hat aber nicht näher begründet, was den „schuldrechtlichen Normenvertrag" vom Tarifvertrag unterscheidet. Der Begriff des schuldrechtlichen Normenvertrags, den das BAG hier als anderes Rechtsinstitut als den Tarifvertrag qualifiziert, setzt aber begriffsnotwendig eine „Vielzahl der von der Regelung betroffenen Personen" voraus, was das BAG in vorangegangenen Urteilen als begriffsnotwendig für den Tarifvertrag angeführt hat[43].

---

37 Däubler, TVR Rn.1825; ders. AiB 1991, S.179 (180), ders. TVG, Einleitung H., Rn. 846; Plander, FS Kehrmann, S.295 (302).

38 Vgl. BAG, MDR 2004, S.1426 (1427); so zuvor LAG v.14.1.2003- 5 Sa 305/02, Bl.10.

39 Vgl. BAG AP Nr.2 zu § 1 TVG Friedenspflicht.

40 Vgl. Bötticher, BB 1957, S.621 (622); Grunsky, § 64 Rn.12; Hueck/Nipperdey, TVG, § 1 Rn.3 a; Jacobi, S.186; Nikisch, Arbeitsrecht II, S.210.

41 Vgl.Plander, ZTR 1997, S.145 (148 ff.); ders. FS Kehrmann, S.295 (303, 307 f.); so in neuerer Zeit auch: Kaskel/Dersch, S.48; Kittner, FS Schaub, S.389, 410 f. Fn.98, 99, S.406f.

42 Vgl. BAG, MDR 2004, S.1426 (1427) = AP Nr. 188 zu § 1 TVG Auslegung.

43 So BAG, BAGE 6, S.321 (341), AP Nr.2 zu § 1 TVG Friedenspflicht; BAG v. 5.11.1997, AP Nr.29 zu § 1 TVG Bl.1181 (1186 R.).

Das BAG[44] vermeidet in seinem Urteil vom 14.4.2004 jedoch die Formulierung, tariffähige Personen könnten auf die Normsetzung verzichten und sonstige Vereinbarungen treffen. Diese Ansicht steht freilich im Widerspruch zur früheren Rechtsprechung des BAG[45] sowie zur bislang ganz herrschenden Lehre[46]. Danach kann ein Tarifvertrag, ohne dass sich deshalb seine Rechtsnatur ändert, durchaus auch ausschließlich aus schuldrechtlichen Vereinbarungen bestehen. Ohne die Abweichung von der früheren Rechtsprechung des BAG kenntlich zu machen, sieht das BAG[47] schuldrechtliche Normenverträge ausdrücklich als Koalitionsvertrag und nicht als Tarifvertrag an.

Die vorliegende Arbeit nimmt diese Rechtsprechung zum Anlaß zu prüfen, welche Merkmale den „sonstigen Koalitionsvertrag“ auszeichnen, insbesondere, wie dieser vom Tarifvertrag abzugrenzen und wie der Tarifvertrag zu definieren ist. Dies setzt Klarheit darüber voraus, welche Merkmale den Ausschlag dafür geben, dass eine Koalitionsvereinbarung als „Tarifvertrag“ zu qualifizieren ist; denn eine derartige Einordnung schließt es denknotwendig aus, die Vereinbarung zugleich als „Koalitionsvertrag sui generis“ zu qualifizieren. Dabei beschränkt sich diese Arbeit auf Verträge tariffähiger Koalitionen; nicht-tariffähige Koalitionen können auf dem Gebiet des Art.9 Abs.3 GG ausschließlich Koalitionsverträge und keine Tarifverträge schließen.

Die Abgrenzung des Tarifvertragsbegriffs ist insbesondere für das Schriftformerfordernis des § 1 Abs. 2 TVG, die Haftungserstreckung nach § 2 Abs. 4 TVG sowie das Günstigkeitsprinzip des § 4 Abs. 3 TVG, für die Frage, ob § 4 Abs. 4 TVG nur für normativ wirkende Verträge gilt, wie das BAG[48] annimmt, sowie für das Eintragungserfordernis in das Tarifregister nach § 6 TVG, das Bekanntgabeerfordernis nach § 8 TVG, die Bindungswirkung einer Entscheidung nach § 9 TVG sowie die Zuständigkeit der Arbeitsgerichte nach § 2 Abs.1 Nr.1 ArbGG und die Nichtzulassungsbeschwerde nach § 72 a Abs. 1 ArbGG entschei-

44 Vgl. BAG, MDR 2004, S.1426 (1427) = AP Nr. 188 zu § 1 TVG Auslegung.

45 Vgl. BAGE 6, S.321 (341), AP Nr.2 zu § 1 TVG Friedenspflicht.

46 Vgl. Birk, AuR 1977, S.235 (236); Buchner, in AR-Blattei (D) Tarifvertrag V Inhalt, (A) II. 1.a), Bl.2,3; Däubler, TVR, Rn.172 ff., 178, 187, 540 ff.; Gamillscheg, Koll. Arbeitsrecht, Bd.I, S.625; Heinze, DB 1996, S.729 (734); Herschel, ZfA 1973, S.183 (186); Hueck/Nipperdey, Lehrbuch d. ArbR II/1, S.210 f.; Kempen/Zachert, § 1 Rn.357; Löwisch/Rieble, § 1 Rn.267 ff.; Mangen, RdA 1982, S.229 (233); Streckel, SAE 1983, S.103 (104); Wiedemann, TVG, § 1 Rn.1; ders., Anm. in AP Nr.20 zu § 1 TVG.

47 BAG, MDR 2004, S.1426 (1427).

48 BAG, MDR 2004, S.1426 (1427) = AP Nr. 188 zu § 1 TVG Auslegung.

dend[49]. Auch für die Sperrwirkung für Betriebsvereinbarungen nach §§ 77 Abs. 3, 87 Abs.1 Einleitungssatz BetrVG ist der Umfang des Tarifvertragsbegriffs maßgeblich. Daher wird auf diese Fragen einzugehen sein.

49 BAGE 6, S.321 (341), AP Nr. 2 zu § 1 TVG Friedenspflicht; MünchArbR/Löwisch/Rieble, § 253 Rn. 39; Zöllner/Loritz, Arbeitsrecht, S.366.

B. Die Rechtsprechung des BAG zur Abgrenzung von Tarif- und sonstigem Koalitionsvertrag als Anlass der Erörterung

Bis 1958 war es die ganz herrschende Rechtsauffassung[50], dass der Tarifvertrag begriffsnotwendig normativ wirken müsse.

So hatte auch das BVerfG hat in einer Entscheidung vom 18. 11. 1954 ausdrücklich vom Normativcharakter der Gesamtvereinbarungen gesprochen und ausgeführt, Art. 9 Abs. 3 GG beinhalte die Freiheit, zum Zwecke der Gestaltung von Lohn- und Arbeitsbedingungen „Gesamtvereinbarungen zu treffen, welche aufgrund der historischen Entwicklung die Gestalt geschützter Tarifverträge mit Normativcharakter und Unabdingbarkeit" hätten[51].

Mit Urteil vom 31. 10. 1958[52] hat das BAG hingegen ein rein schuldrechtliches Schlichtungsabkommen als unter den Tarifvertragsbegriff fallend qualifiziert und hierzu ausgeführt, dass eine Normsetzung für Einzelarbeitsverhältnisse nicht begriffsnotwendig für den Tarifvertrag sei. Es gehe beim Tarifvertrag vielmehr um die Regelung bestimmter Gegenstände[53]. Der Tarifvertrag müsse zudem begriffsnotwendig darauf angelegt sein, Beachtung „nicht nur in einem Einzelfall, sondern in einer unbestimmten Vielzahl von Anwendungsfällen[54]" zu finden. Eine andere Formulierung, die das BAG in einem späteren Urteil für den typischen Inhalt des Tarifvertrags verwendet hat, ist die „Gestaltung von Rechtsbeziehungen einer unbestimmten Vielzahl dritter Personen[55]". Dieses Kriterium entspricht der Definition des Normenvertrags[56], den es sowohl in normativ wirkender als auch in rein schuldrechtlich wirkender Form gibt. Den Tarifvertrag müsste es somit ebenfalls in rein schuldrechtlicher Form geben. Das BAG hat in seinem Urteil vom 31.10.1958 statt einer eigenen Begründung auf Darlegungen von

50 Vgl. die Nachweise bei Hueck/Nipperdey, Lehrbuch d.ArbR, Bd.II, S.156 Fn.10; Kaskel/Dersch, S.44; Nikisch, Arbeitsrecht II, S.211 f.; Schaub, ArbR, S.1932, Rn.1.

51 BVerfGE 4, S. 96 (106).

52 BAGE 6, S.321 (340 f.)= AP Nr.2 zu § 1 TVG Friedenspflicht.

53 Neben der in § 1 TVG genannten Materie geht es um Regeln, die beim Abschluss, bei der Verlängerung, Änderung oder Ergänzung von Tarifverträgen zu beachten sind, wie z.B. Regeln über die Friedenspflicht, Arbeitskämpfe und die Schlichtung.

54 BAGE 6, S.321 (341) = AP Nr.2 zu § 1 TVG Friedenspflicht

55 BAGE 39, S.346 (347), BAG AP Nr. 23 zu § 72 a ArbGG 1979 Grundsatz Bl. 379, wobei das BAG auf die unmittelbare Gestaltung abstellt, obwohl es andererseits auf Bl. 379 R erwähnt, dass „die Normsetzung für einen TV nicht begriffsnotwendig ist".

56 Vgl. Hueck, Normenverträge, S.59 ff.; MünchArbR/Löwisch/Rieble § 280 Rn. 13 mit Verweis auf A.Hueck, S.59 ff.

Hueck-Nipperdey[57] Bezug genommen. Diese führen aus, dass die Tarifvertragsparteien nach dem TVG nicht gezwungen seien, die gesetzlich gegebenen Möglichkeiten voll auszuschöpfen und stets eine normative Wirkung zu vereinbaren; sie könnten vielmehr auch rein schuldrechtliche Abreden treffen.

Diese Ansicht wurde in der Folgezeit schnell zur herrschenden Rechtsauffassung[58]. Danach fallen auch Vereinbarungen über eine arbeitsrechtliche Materie mit ausschließlich schuldrechtlichen Inhalten unter den Tarifvertragsbegriff[59].

Das BAG hat seine Auffassung mit Urteil vom 4.5.1982 bekräftigt und in einem Beschluss vom 25.8.1982 erneut ausgeführt, dass die „Normsetzung für einen Tarifvertrag nicht begriffsnotwendig ist“[60], sondern dass stattdessen die „Außen- und Normenwirkung“[61] den Tarifvertrag kennzeichne. Das BAG unterscheidet somit zwischen der Norm(en)wirkung und Normsetzung. Da schuldrechtliche Normenverträge eine Normwirkung in Form der normersetzenden Funktion haben, ohne selbst Normen zu setzen, liegen Urteil und Beschluss auf derselben Linie wie das Urteil vom 30.11.1958.

Als Begründung dafür, dass Tarifverträge ohne Rechtsnormen mit nur obligatorischer Wirkung möglich seien[62], hat sich das BAG[63] auf Wiedemann/Stumpf[64] sowie auf Zöllner berufen[65].

Zöllner/Loritz[66] haben zu diesem Urteil jedoch später ausgeführt, sowohl das BAG[67] als auch Wiedemann/Stumpf[68] hätten „übersehen“, dass ein Vertrag, der

---

57 Es verweist auf Hueck/Nipperdey, Lehrbuch d. ArbR II/1, 6. Aufl., S. 156.

58 BAGE 6, S.321 (341)= AP Nr.2 zu § 1 TVG Friedenspflicht; AP Nr. 23 zu § 72 a ArbGG 1972 Grundsatz; AP Nr.20 zu § 1 TVG Form; Beuthien, ZfA 1983, S. 141 ff. (150,159 f.); Buchner, AR-Blattei (D) Tarifvertrag V Inhalt A II 1 b; Däubler, TVR, Rn. 130; Heinze, DB 1996, S.729 (734); so noch Hueck/Nipperdey, Lehrbuch d.ArbR II/1, 6. Aufl., S. 156 (anders in 7. Aufl., S. 211); Kempen/Zachert, § 1 Rn. 223; MünchArbR/Löwisch/Rieble, § 253 Rn.14, 16, 40,44; Streckel, SAE 1983, S. 101 (103); Wiedemann, TVG, § 1 Rn.7; ders., Anm. zu BAG AP Nr. 20 zu § 1 TVG Form, Bl.1089; sofern sie Bezug zu Tarifnormen haben: Zöllner/Loritz, Arbeitsrecht, S. 366.

59 Mangen, RdA 1982, S.229 (233); Wiedemann, TVG, § 1 Rn. 231.

60 BAG AP Nr. 23 zu § 72 a ArbGG 1979 Grundsatz Bl. 379 = SAE 1983, S. 101 (102).

61 BAG AP Nr. 23 zu § 72 a ArbGG 1979 Grundsatz Bl. 380.

62 Das BAG zitierte dabei Zöllner, 2. Aufl, Arbeitsrecht, S. 240.

63 BAG AP Nr. 6 zu § 87 BetrVG 1972 Altersversorgung, Bl. 997.

64 Damals Wiedemann/Stumpf, 5. Aufl, § 1 Rn. 13; jetzt 6. Aufl., § 1 Rn. 7.

65 Dort noch auf Zöllner, Arbeitsrecht, 2. Aufl., S. 240; heute: Zöllner/Loritz, Arbeitsrecht, S. 366.

66 Seit der 3. Aufl., Zöllner, Arbeitsrecht, S. 297 f.; aktuell in 5.Aufl.: Zöllner/Loritz, Arbeitsrecht, S. 366.

67 BAG EzA Nr. 17 zu § 1 TVG, Bl. 85.

68 Er verweist auf Wiedemann/Stumpf, TVG, 5. Aufl., § 1 Rn. 9 ff.

keine Normen für Beziehungen zwischen anderen als den Vertragsschließenden enthält, nur dann als Tarifvertrag anzusehen sei, wenn die schuldrechtlichen Pflichten der Tarifvertragsparteien Bezug zu einem anderen Tarifnormenvertrag hätten[69]. Die schuldrechtlichen Bestimmungen ergänzten in diesem Fall den schuldrechtlichen Teil eines anderen Normenvertrags. Der Tarifvertrag sei ein Normenvertrag[70]. Wesentlicher Inhalt des Tarifvertrags seien Normen, die gerade nicht zwischen den Tarifvertragsparteien, sondern in anderen Rechtsbeziehungen gelten sollen. Zöllner/Loritz verwenden hier den Begriff des Normenvertrags so, wie Hueck ihn verwendet hatte[71]. Dabei gehen Zöllner/Loritz jedoch davon aus, dass allein Rechtsnormen Regeln aufstellen, die nicht zwischen den Tarifvertragsparteien, sondern in anderen Rechtsbeziehungen gelten sollen.

Scheinbar im Widerspruch zu den genannten Urteilen des BAG stehen Entscheidungen über die rechtliche Qualifizierung von Vorverträgen[72]. Das BAG[73] hat die Tarifvertragsqualität eines Vorvertrages in einem Beschluss vom 25.8.1982 abgelehnt, da die Tarifvertragsparteien mit dem Vorvertrag noch keine Rechtsnormen hätten schaffen wollen. Andererseits ist das BAG in diesem Urteil der Ansicht, dass die Normsetzung für den Tarifvertrag nicht begriffsnotwendig sei[74]. Dies stellt insofern keinen Widerspruch dar, als das BAG weiterhin ausführt, die Verpflichtung zum Abschluss eines normsetzenden Tarifvertrags sei nur eine Vorstufe zu einem solchen und stelle daher noch keinen Tarifvertrag dar[75]. Das BAG stellt damit für die Ablehnung der Tarifvertragsqualität nicht allein auf den fehlenden Rechtsnormcharakter, sondern darauf ab, dass ein schuldrechtlich wirkender Vorvertrag, wenn die Tarifvertragsparteien einen normativ wirkenden Vertrag schließen wollten, nicht das Endergebnis der Bemühungen der Tarifvertragsparteien, sondern nur ein Zwischenergebnis sei, da er nicht wie beabsichtigt normativ wirke.

---

69 Zöllner/Loritz, Arbeitsrecht S.366 f. (Zudem seien formlose schuldrechtliche Tarifabreden anzuerkennen).

70 Zöllner/Loritz, Arbeitsrecht, S.376, 391.

71 Hueck, Normenverträge, S.33 f.

72 BAG AP Nr. 6 zu § 1 TVG Form mit Anm. Wiedemann; BAG AP Nr. 23 zu § 72 a ArbGG Grundsatz; EzA Nr. 17 zu § 1 TVG, BAGE 41, S.307 (313) = AP Nr. 20 zu § 1 TVG.

73 BAGE 39, S.346 (347).

74 BAGE 39, S.346 (347).

75 BAGE 39, S.346 (348).

Das BAG hat in einer weiteren Entscheidung vom 26. 1. 1983[76] die Ansicht bestätigt, dass ein Vorvertrag nicht der Festlegung von Rechtsnormen diene[77]. Zur Begründung hat sich das BAG auf Hueck-Nipperdey[78] sowie auf Wiedemann/Stumpf[79] berufen. Wiedemann sieht den Rechtsnormcharakter[80] jedoch nicht als begriffsnotwendig an, weil „nach § 1 Abs.1 TVG obligatorische Regelungen ausdrücklich dem Tarifvertragsrecht zugeordnet sind“ [81]. Vielmehr hält Wiedemann den Regelungsgegenstand für entscheidend, mithin die enumerative Aufzählung der normativ regelbaren Gegenstände in § 1 Abs.1 Halbsatz 2 TVG sowie die im Sachzusammenhang mit der verfassungsrechtlich garantierten Tarifautonomie stehenden Inhalte. Nur bei solchen Regelungsgegenständen erscheine es sachgerecht, sie den typischen tarifvertraglichen Besonderheiten, wie etwa der Erstreikbarkeit, zu unterstellen. Diese Regelungsgegenstände seien auch mit obligatorischer Wirkung erfassbar. Insofern kann der Hinweis des BAG auf die Meinung von Wiedemann/Stumpf die Ansicht nicht begründen, weshalb entgegen der im Urteil vom 31.10.1958[82] geäußerten Auffassung nunmehr die Rechtsnormqualität begriffswesentlich für den Tarifvertrag sein soll.

In Entscheidungen über die juristische Qualifizierung der bereits eingangs erwähnten in Sachsen und in Mecklenburg-Vorpommern vereinbarten Lehrerpersonalkonzepte hat das BAG im übrigen entscheidend auf den Willen der Vertragsparteien abgestellt. Während das Gericht die Tarifvertragsqualität in seinem Urteil von 1958 noch an dem Willen der Tarifvertragsparteien, eine Geltung ihrer Regelung in „einer unbestimmten Vielzahl von Anwendungsfällen[83]“ zu erreichen, festgemacht hat, hat es mit Urteil vom 5.11.1997 einen Vertrag tariflichen Inhalts als außertarifliche Vereinbarung qualifiziert, weil eine der Tarifvertragsparteien nach ihrem erklärten Willen kein Tarifrecht habe schaffen wollen. Das BAG hat hierbei nicht ausgeführt, auf welches Begriffsmerkmal der Wille der Tarifvertragsparteien gerichtet sein muss, damit es sich bei einer Vereinbarung um einen Tarifvertrag handelt. Es hat jeweils auf den erklärten Willen eines der beteiligten Partner abgestellt, den Inhalt der Vereinbarung nicht als Tarifvertrag

---

76 BAG EzA Nr.17 zu § 1 TVG, Bl. 86, BAGE 41, S.307 (313) = AP Nr. 20 zu § 1 TVG.

77 BAG EzA Nr.17 zu § 1 TVG, Bl. 85 f.

78 Verweis auf: Hueck/Nipperdey, Lehrbuch II/1, 7. Aufl., S.207.

79 Verweis auf Wiedemann/Stumpf, TVG, 5. Aufl., § 1 Rn. 9-10.

80 Den Rechtsnormcharakter hat der 4. BAG-Senat in BAG AP Nr. 20 zu § 1 TVG als Abgrenzungskriterium des Tarifvertrags von Vorverträgen herangezogen, allerdings nicht zur Abgrenzung von außertariflichen Koalitionsverträgen.

81 BAG AP Nr. 20 zu § 1 TVG, Anmerkungen v. Wiedemann, Bl. 1090 links.

82 BAGE 6, S.321 (340 f.)= AP Nr.2 zu § 1 TVG Friedenspflicht.

83 BAGE 6, S.321 (341); AP Nr.2 zu § 1 TVG Friedenspflicht.

vereinbaren zu wollen[84]. Das BAG hat die Tarifvertragsqualität dabei ungeachtet dessen abgelehnt, dass die getroffenen Vereinbarungen nach ihrem Inhalt in einer Vielzahl von Anwendungsfällen Beachtung finden sollen und dass sie, wie das Gericht ausdrücklich klarstellt, ihrem Inhalt nach „auch als Tarifvertrag vereinbart[85]" hätten werden können.

Nachdem das LAG Mecklenburg-Vorpommern[86] und das LAG Rostock[87] sich diesen Darlegungen angeschlossen hatten, hat das BAG am 14.4.2004[88] nunmehr ausgeführt, eine „vertragliche Regelung zwischen Tariffähigen müsse kein Tarifvertrag sein. Es könne „auch ein sonstiger Vertrag oder Koalitionsvertrag sein, z.B. ein schuldrechtlicher Normenvertrag zu Gunsten Dritter (§ 328 BGB)". Worin der Unterschied zwischen einem Tarifvertrag und einem schuldrechtlichen Normenvertrag zu Gunsten Dritter bestehen soll, wenn dieser nicht in dem vereinbarten Inhalt besteht, führt das BAG jedoch nicht aus.

Die Rechtsprechung hat die Frage, ob ein Tarifvertrag begriffsnotwendig Rechtsnormen enthalten muss, nach allem bislang nicht einheitlich beurteilt, und auch in der Literatur finden sich hierzu kontroverse Auffassungen. Eine Klärung, wie sie schon im Interesse der Rechtsklarheit wünschenswert ist, steht noch aus.

Im Folgenden ist daher nach einer juristischen Methode zu suchen, nach welcher sich die notwendigen Kriterien eines Rechtsbegriffs wie dem Tarifvertrag ermitteln lassen.

---

84 BAG AP Nr.29 zu § 1 TVG Bl. 1181 (1185); ebenso BAG MDR 2004, S.1426 (1427) = AP Nr. 188 zu § 1 TVG Auslegung.
85 BAG AP Nr.29 zu § 1 TVG Bl. 1181 (1185).
86 LAG Mecklenburg-Vorpommern v.12.09.2001, PersR 2002, S.311.
87 LAG Rostock v.14.1.2003- 5 Sa 305/02 (nicht veröffentlicht).
88 Vgl. hierzu Problemaufriss zu A.

C. Abgrenzung Tarifvertrag und Koalitionsvertrag sui generis anhand der juristischen Qualifizierung eines Vertragspartners?

Das BAG hat in seiner zuletzt referierten Ansicht ausgeführt, dass ein Vertrag tariflichen Inhalts als außertarifliche Vereinbarung zu qualifizieren sei, wenn eine der Tarifvertragsparteien nach ihrem erklärten Willen den Vertrag nicht als ein Tarifvertrag qualifiziert wissen wolle[89].

I. Kritik an der Rechtsprechung des BAG

Dieser Ansicht zuwider kann für die Begriffsbestimmung und Abgrenzung jedenfalls nicht entscheidend sein, wie die Vertragspartner die Vereinbarung juristisch qualifizieren. Erst recht kann die Qualifizierung durch nur einen der Partner nicht maßgeblich sein.

Bei Verträgen, etwa den im BGB angesprochenen, entscheidet der Wille der Vertragsparteien auch sonst nicht über deren Qualifizierung; dafür ist vielmehr allein der vereinbarte Inhalt ausschlaggebend. Zwischen den Motiven für die Wahl einer bestimmten Vereinbarungsform und der Qualifizierung des tatsächlich Vereinbarten ist zu unterscheiden[90]. Die Vertragsfreiheit gewährt den Vertragsparteien die Möglichkeit zu entscheiden, ob sie einen Vertrag schließen wollen und welchen Inhalt dieser haben soll, nicht aber auch die Möglichkeit zu entscheiden, als welcher Vertragstyp ihre Vereinbarung zu qualifizieren sein soll. Aus der Koalitionsfreiheit oder der Tarifautonomie (Art. 9 Abs. 3 GG) folgt nichts anderes. Die Vertragspartner haben auch insoweit lediglich die Wahl, ob sie einen Vertrag über Inhalte nach § 1 Abs. 1 TVG, über sonstige Arbeits- und Wirtschaftsbedingungen (Art. 9 Abs. 3 GG) oder über einen anderen Inhalt schließen wollen und darüber, welchen Inhalt die Vereinbarung im Einzelnen haben soll. Die Qualifizierung eines Vertrages knüpft, wie die juristische Methodenlehre zeigt, an die Zwecke an, die der Gesetzgeber mit der Normierung eines bestimmten Vertragstyps verfolgt, sowie an die Zwecke der mit dieser Qualifizierung zusammenhängenden Rechtsfolgen. Hat der Gesetzgeber gewisse Rechtsfolgen für die vertragliche Regelung einer bestimmten Materie vorgesehen, ver-

89 BAG AP Nr.29 zu § 1 TVG Bl. 1181 (1185); ebenso BAG, MDR 2004, S.1426 (1427) = AP Nr. 188 zu § 1 TVG Auslegung.

90 Vgl. Plander, FS Kehrmann, S.295 (303); ders., Rechtsgutachten, S.7 f.

folgt er damit bestimmte Zwecke. Im Fall des Tarifvertrags verfolgt der Gesetzgeber des TVG vornehmlich den Zweck, Arbeitnehmer zu schützen, wenn Verbände für sie Arbeitsbedingungen festlegen. Der Zweck knüpft damit unmittelbar an die geregelte Materie an. Den Schutz kann keine Tarifvertragspartei dadurch unterlaufen, dass sie vor Abschluss eines entsprechenden Vertrages erklärt, keinen Tarifvertrag schließen zu wollen. Der Gesetzgeber hat im TVG vorgesehen, dass wenn tariffähige Parteien die in §§ 1 Abs.1, 4 Abs.2 TVG aufgezählte Materie in einem Vertrag regeln, dieser Vertrag ein Tarifvertrag ist. Davon dass diese Qualifizierung dem Willen der Vertragsparteien entsprechen muss, steht nichts im Gesetz. Daher verbleibt es auch insoweit bei der allgemeinen Regel, dass die Bestimmung einer Vertragsart objektiven Kriterien folgen muss. Auch Rechtssicherheit und Rechtsklarheit gebieten es, dass allein objektive Kriterien über das Vorliegen eines Tarifvertrages maßgeblich sind. Sind Dritte von einem Vertrag wie dem Normenvertrag über Arbeitsbedingungen betroffen, muss für sie erkennbar sein, welche Art des Vertrages gegeben ist und welche damit zusammenhängende Rechtsfolgen sie treffen sollen. Wären subjektive Umstände für die Vertragsqualifizierung mitentscheidend, erschwerte dies den Mitgliedern der Verbände die Erkenntnis, welche Art des Vertrages vorliegt.

Fazit: Die Tarifvertragsparteien können nicht darüber entscheiden, ob ein Vertrag mit Inhalten nach § 1 Abs.1 TVG als Tarifvertrag zu werten ist oder nicht. Sie haben in dieser Hinsicht kein Wahlrecht[91].

II. Die Alternative: Begriffs- und Typenbildung nach der juristischen Methodenlehre

Ist die Qualifizierung eines Vertrags durch die Parteien für dessen rechtliche Einordnung nicht maßgeblich, so ist nach einer juristischen Methode zu suchen, nach welcher sich diese richten kann. Dabei ist man sich heute einig, dass sich die Antwort nicht schlicht aus dem Wesen des Tarifvertrags herleiten lässt. Das „Wesen" ist ein unbestimmter Rechtsbegriff. Dieser bedarf der näheren Bestimmung[92]. Ohne weitere Begründung kann man nicht auf das Wesen einer Rechtseinrichtung verweisen, und es kann nicht „behauptet werden, dieses oder jenes sei das Wesen eines Rechtsverhältnisses"[93]. Hinter dem Wesensargument verber-

91 Beuthien, ZfA 1983, S.141 (162 f.); Säcker/Oetker, S.166 f.
92 Scheuerle, AcP 163, S.429 (430).
93 F. Müller, Rechtslehre, S. 69; Scheuerle, AcP 163, S.429 (430).

gen sich, bei Lichte betrachtet, die Argumente der Rechtsanwendung nach der juristischen Methodenlehre[94]. Von dieser ist deshalb auszugehen.

Bei Rechtsbegriffen ist zwischen legal definierten und solchen ohne Legaldefinition zu unterscheiden. Im Fall einer Legaldefinition bestimmt das Gesetz, welche Merkmale einen Vertragstyp und den entsprechenden Lebenssachverhalt kennzeichnen. Solche Festlegungen sind verkürzte gesetzliche Typenbeschreibungen[95]. Zwar regelt § 1 Abs.1 TVG die möglichen Inhalte eines Tarifvertrags: die Norm enthält jedoch keine Legaldefinition des Tarifvertragsbegriffs.

Wenn der Gesetzgeber Begriffe verwendet, um einen Sachverhalt wie den Tarifvertrag zu kennzeichnen, ohne diese zu definieren[96], bestimmt sich die Definition eines Rechtsbegriffs nach den Rechtsfolgen und deren Zwecken[97]; denn „der Zweck ist die Quelle allen Rechts“[98]. Der Begriff des Tarifvertrags ist somit anhand der Rechtsfolgen, die das Gesetz für den Tarifvertrag vorsieht, und deren Zwecken zu bestimmen. Dabei ist der Tarifvertrag als funktionaler Rechtsbegriff innerhalb der einzelnen arbeitsrechtlichen Regelungszusammenhänge aus seinen Funktionen heraus zu definieren[99]. Um diese zu ermitteln, bedarf es der Auslegung der Gesetze, die den Tarifvertragsbegriff verwenden. Dabei ist zu berücksichtigen, dass ein Begriff innerhalb verschiedener Gesetze eine unterschiedliche Bedeutung haben kann. Dies verdeutlicht u.a. der Betriebsbegriff, der in verschiedenen Gesetzen eine unterschiedliche Bedeutung hat[100]. Der Begriff „Tarifvertrag“ kann ebenfalls verschiedene Bedeutungen in Gesetzen wie dem TVG, dem BetrVG oder dem ArbGG haben. Ein einheitlicher Tarifvertragsbegriff liegt nur dann vor, wenn die arbeitsrechtlichen Normzusammenhänge zeigen, dass die mit der Verwendung des Begriffs verfolgten Normzwecke nicht so unterschiedlich sind, dass eine einheitliche Definition unmöglich erscheint[101]. Für einen einheitlichen Tarifvertragsbegriff müssen die Regelungszusammenhänge des Tarifvertragsbegriffs im TVG, im BetrVG und im ArbGG übereinstimmende Bezugspunkte haben[102]. Es ist daher zu ermitteln, welche Funktionen der Tarifvertragsbegriff in den einzelnen Gesetzen, die Regelungen für Tarifverträge enthalten, erfüllt und ob für diese Funktionen bestimmte Merkmale notwendig sind.

---

94 Scheuerle, AcP 163, S.429 (430).
95 Westermann, S.105 f.
96 Dies ist beispielsweise bei der bürgerlich-rechtlichen Gesellschaft nach § 705 BGB der Fall.
97 Pawlowsky, S.121; Wank, Arbeitnehmer, S.2, 4.
98 von Ihering, Zweck im Recht, Bd. I, S.442.
99 Vgl. statt vieler: Joost, Betrieb, S.11 f.
100 So z. B. Joost, Betrieb, S.83 f.
101 So für den Betriebsbegriff : Joost, Betrieb, S.396.
102 Vgl. Joost, Betrieb, S.11 f.

Dabei ist zu beachten, dass sich ein Rechtsbegriff im Lauf der Zeit wandeln kann[103]. Dies könnte bei dem Tarifvertragsbegriff insofern gelten, als dieser eine Schöpfung der arbeitsrechtlichen Vertragspraxis[104] ist, die sich im Lauf der Zeit geändert haben kann. Der Wandel eines Begriffs folgt daraus, dass die Auswahl und Festlegung von Begriffsmerkmalen der Zweckmäßigkeit folgt[105] und die Sachgemäßheit und Praktikabilität eine Modifizierung der Begriffsmerkmale erfordern kann[106]. In diesem Sinn ist die Auffassung einiger Autoren zu verstehen, dass die Ansicht, ein Tarifvertrag müsse begriffsnotwendig normative Elemente enthalten, nunmehr überholt sei[107].

Im Rahmen der historischen Auslegung ist zudem zu bedenken, dass der Gesetzgeber bei dem Erlass einer Norm Merkmale für einen Rechtsbegriff vor Augen gehabt haben kann, die sich später als nicht begriffsnotwendig erweisen[108]. Insofern kann die historische Auslegung eines Begriffs von der teleologischen Auslegung abweichen. Es ist möglich, dass sich der Tarifvertragsbegriff dahin gewandelt hat, dass Merkmale, die der Gesetzgeber des TVG vor Augen hatte, heute nicht mehr begriffsnotwendig sind. Eine solche Entwicklung hat der Tarifvertrag in der Schweiz genommen, wo er sich von einem begriffsnotwendig normativ wirkenden zu einem auch rein schuldrechtlich möglichen Vertrag entwikkelt hat, bis der Gesetzgeber die gesetzliche Grundlage entsprechend dieser Entwicklung angepasst hat[109]. So können in der Schweiz Tarifverträge nach Art. 322 OR rein schuldrechtlich sein. Diese Rechtslage ist Folge einer Entwicklung des Tarifvertragsbegriffs in der Vertragspraxis der Koalitionen und der Lehre, welcher der schweizerische Gesetzgeber gefolgt ist. In der Schweiz war es nach der gesetzlichen Normierung der Unabdingbarkeit durch das OR zunächst herrschende Meinung, dass der Tarifvertrag normativ wirken müsse. Da die Koalitionen jedoch in der Folgezeit dazu übergingen, vermehrt rein schuldrechtliche Vereinbarungen tariflichen Inhalts zu schließen und die Lehre daraufhin ihre Meinung änderte, reagierte der Gesetzgeber der Schweiz mit einer entsprechenden Änderung des OR.

In Deutschland hat sich ein entsprechender Wandel zwar nicht in der Gesetzgebung, wohl aber in der Rechtswissenschaft vollzogen. Nach seiner Normierung in der TVVO wurde der Tarifvertrag allein als normativ wirkender Vertrag ver-

---

103 Pawlowsky, S.121.
104 Hug, Koalitionsfreiheit, S.185 (187).
105 Zippelius, Das Wesen, S.7.
106 Zippelius, Das Wesen, S.6.
107 Mangen, RdA 1982, S. 229 (233); Wiedemann, TVG, § 1 Rn. 7.
108 Pawlowsky, S.121, der für die Gesellschaft das Gesellschaftsvermögen als Charakteristikum bezeichnet.
109 Vgl. Hug, Koalitionsfreiheit, S.185 (187).

standen, was sich dann nach Inkrafttreten des TVG und dem erwähnten Urteil des BAG vom 30.11.1958 gewandelt hat. Die normative Wirkung hat sich damit nach der überwiegenden Ansicht der Literatur von einem begriffsnotwendigen zu einem für den Tarifvertrag typischen, aber nicht mehr begriffsnotwendigen Merkmal entwickelt[110]. Entsprechend formulieren einige Autoren, dass die Normsetzung für den Tarifvertrag typisch, aber nicht begriffswesentlich sei[111]. Entsprechende typische, aber nicht begriffsnotwendige Merkmale gibt es auch bei dem Rechtsbegriff der „Gemeinsamen Institution"[112], den Kämpgen als Begriff für Institutionen der Zusammenarbeit der Sozialpartner wählt, um Verwechslungen mit dem Rechtsbegriff „Gemeinsame Einrichtung" zu vermeiden[113].

Bei typischen, aber nicht begriffsnotwendigen Merkmalen bietet sich die Bildung verschiedener Typen eines Rechtsbegriffs an. So gibt es im Gesellschaftsrecht verschiedene Formen eines einheitlichen Begriffs, wie im Fall der Personalgesellschaft[114]. Entsprechend könnten verschiedene Typen eines einheitlichen Tarifvertragsbegriffs zu bilden sein.

---

110 Allgemein zu diesem Problem: Kämpgen, S.121; so auch Zöllner, Differenzierungsklauseln, S.34 f.

111 Vgl. Wiedemann, TVG, § 1 Rn.7; ähnlich: Buchner, Tarifvertrag V, Inhalt (A) II.1, Rn.15.

112 Kämpgen, S.121.

113 Vgl. Kämpgen, S.121 Fn.1.

114 Pawlowsky, S.121: Als Beispiel verschiedener Typen eines Rechtsbegriffs nennt Pawlowsky die Personalgesellschaft und die Kapitalgesellschaft als Form der BGB-Gesellschaft.

D. Abgrenzung von Tarifvertrag und sonstigem Koalitionsvertrag anhand der angestrebten Art ihrer Wirkungen

Dementsprechend unterteilen einige Autoren den Rechtsbegriff Tarifvertrag in den normativ wirkenden und den schuldrechtlichen Tarifvertrag[115], wonach der schuldrechtliche Tarifvertrag normersetzend wirke[116] und der normative Tarifvertrag normsetzend.

Dieser Unterteilung widersprechen diejenigen Autoren[117], für welche die normative Wirkung begriffsnotwendig für den Tarifvertrag ist.

I. Schuldrechtliche und normative Wirkung als Ausgangspunkt der Erörterung

Ob der schuldrechtliche Tarifvertrag als atypische Form[118] neben dem Normaltypus des normativ wirkenden Tarifvertrags zuzulassen ist[119], richtet sich danach, ob eine Anwendung der Rechtsfolgen des Tarifvertrags auch für rein schuldrechtliche Abreden sinnvoll erscheint.

Der juristischen Methodenlehre entsprechend ist dies der Fall, wenn schuldrechtliche Abreden ebenfalls geeignet sind, die Funktionen des Tarifvertrags zu erfüllen. Dabei sind die Wertungsgesichtspunkte zu beachten, die dazu geführt haben, dass der Gesetzgeber gerade diesen Sachverhaltstypus mit jener Rechtsfolge verbunden hat[120]. Sind die Zwecke der Vorschriften des TVG, des BetrVG und des ArbGG bei normativen Vereinbarungen der Tarifvertragsparteien ebenso einschlägig wie bei rein schuldrechtlichen Vereinbarungen, ist der Begriff des

115 Körtgen, S. 27; Schaub, Arbeitsrecht, S.2040.

116 MünchArbR/Löwisch/Rieble, § 253 Rn. 42; Streckel, Anm.zu LAG Köln, SAE 1983, S.101 (103).

117 Bötticher, BB 1957, S.621 (622); Grunsky, § 64 Rn.12; Hueck/Nipperdey, TVG, § 1 Rn.3 a; Jacobi, S.186; Kaskel/Dersch, S.48; Kittner, FS Schaub, S.389, 410 f. Fn.98, 99, S.406 f.; Nikisch, Arbeitsrecht II, S.210; Plander, ZTR 1997, S.145 (148 ff.); ders. FS Kehrmann, S.295 (303, 307 f.).

118 So nennt Pawlowsky die „kapitalistisch strukturierte Personalgesellschaft " als atypische Form der Personalgesellschaft (Pawlowsky, S.121).

119 Vgl. allgemein zum Sinn atypischer Rechtsformen: Larenz/Canaris, Methodenlehre, S. 298 ff.; Pawlowsky, S.121.

120 Larenz/Canaris, Methodenlehre, S.43 ff.

Tarifvertrags in der Weise zu bilden, dass beide Vereinbarungsarten unter einen einheitlichen Tarifvertragsbegriff fallen. Andernfalls entspräche die Begriffsbildung nicht dem Gebot der Zweckmäßigkeit.

Zwar wenden einige Autoren Vorschriften des TVG oder des ArbGG analog auf rein schuldrechtliche Vereinbarungen der Tarifvertragsparteien an, statt diese Vereinbarungen unter den Tarifvertragsbegriff zu fassen. Eine Analogie kommt aber erst in Betracht, wenn sich der Sachverhalt nach keiner Auslegungsmethode unter den möglichen Bedeutungsspielraum des Gesetzeswortlauts fassen lässt. Lässt sich hingegen ein bestimmter Lebenssachverhalt mittels Auslegung des Gesetzes unter den möglichen Wortsinn des Begriffs fassen[121], besteht kein Anlaß für eine Analogie.

Eine Analogie erfordert zudem eine planwidrige Gesetzeslücke. Eine solche liegt in Bezug auf die schuldrechtlichen Bestimmungen eines Tarifvertrags nicht vor, da sich der Gesetzgeber des TVG der Problematik des schuldrechtlichen Teils des Tarifvertrags bewusst war und diesen absichtlich nicht näher geregelt hat[122]. Lassen sich die Vorschriften, die den Tarifvertrag betreffen, in der Weise auslegen, dass rein schuldrechtliche Verträge unter den Tarifvertragsbegriff fallen, ist jener so zu fassen, dass auch rein schuldrechtliche Verträge darunter fallen[123]. Es besteht in diesem Fall kein Bedarf für eine analoge Anwendung der für normativ wirkende Tarifverträge geltenden Vorschriften auf rein schuldrechtliche Verträge der Koalitionen[124].

II. Verträge mit ausschließlich schuldrechtlicher Wirkung: Tarif- oder sonstige Koalitionsverträge?

Zunächst ist der Frage nachzugehen, ob die Vorschriften, die den Tarifvertrag betreffen, an die normative Wirkung anknüpfen, sodass der Tarifvertrag anhand der normativen Wirkung vom Koalitionsvertrag sui generis abzugrenzen ist, wie es der Ansicht einiger Autoren entspricht[125]. Dies wäre nur dann der Fall, wenn die Zwecke der Vorschriften des TVG, des BetrVG sowie des ArbGG allein an

121 Kaufmann, S.44.

122 Herschel, ZfA 1973, S.183 (187).

123 Vgl.allgemein über die Begriffsfindung: Kaufmann, S.44; Zippelius, Methodenlehre, S.74 f., 20 f.

124 Vgl. allgemein zu den Voraussetzungen der Analogie: Kaufmann, S.44.

125 Bötticher, BB 1957, S.621 (622); Grunsky, § 64 Rn.12; Hueck/Nipperdey, TVG, § 1 Rn.3 a; Jacobi, S.186; Kaskel/Dersch, S.48; Kittner, FS Schaub, S.389, 410 f. Fn.98, 99, S.406 f.; Nikisch, Arbeitsrecht II, S.210; Plander, ZTR 1997, S.145 (148 ff.); ders. FS Kehrmann, S.295 (303, 307 f.).

die normative Wirkung anknüpfen. Erfassen die Zwecke hingegen auch rein schuldrechtliche Vereinbarungen, ist die normative Wirkung des Tarifvertrags kein begriffsnotwendiges Merkmal.

1. Rechtslage nach den Vorschriften des TVG

Für die Begriffsbestimmung ist zunächst an die Zwecke der Vorschriften desjenigen Gesetzes anzuknüpfen, welches bereits seinem Namen nach die für den Tarifvertrag maßgeblichen Vorschriften enthält- nämlich an diejenigen des Tarifvertragsgesetzes.

1.1. Die ratio des § 1 Abs. 1 TVG

Nach der amtlichen Überschrift des § 1 Abs. 1 TVG bestimmt diese Vorschrift den Inhalt des Tarifvertrags. Da § 1 Abs. 1 TVG keine Definition des Tarifvertrags enthält, bedarf es ihrer Auslegung, um zu ermitteln, ob der Tarifvertragsbegriff dieser Vorschrift nur normativ wirkende Vereinbarungen erfasst.

1.1.1. Grammatische Auslegung

Gemäß § 1 Abs. 1 TVG regelt der Tarifvertrag die „Rechte und Pflichten der Tarifvertragsparteien". Nach dem Wortlaut des § 1 Abs. 1 TVG „enthält" der Tarifvertrag auch „Rechtsnormen". Ob diese Worte bedeuten, dass Rechtsnormen begriffsnotwendig für den Tarifvertrag sind, wird kontrovers beurteilt.

Einige Autoren sind der Auffassung, ein Tarifvertrag könne zwar Rechtsnormen enthalten, dies sei aber nicht begriffsnotwendig[126]. Nipperdey macht dies an dem Bezugswort des Verbs „können" fest[127]. Dieses Wort beziehe sich auf die Worte „enthält Rechtsnormen". Der Gesetzeswortlaut spreche somit „eindeutig" dafür, dass Rechtsnormen enthalten sein „können". Damit werde klargestellt, dass die Tarifvertragsparteien, wenn sie Inhalte des § 1 Abs. 1 TVG als Tarifvertrag vereinbaren, nicht zwingend Rechtsnormen wählen müssen.

Eine solche Auslegung des Wortlauts lehnen einige Autoren ab[128]. Das Wort „können" stehe nicht vor dem Verb „enthalten", sondern vor dem Wort „ordnen". Somit besage § 1 Abs. 1 TVG nicht, dass der Tarifvertrag Rechtsnormen enthal-

---

126 Hueck/Nipperdey, TVG, § 1 Rn.1; Wiedemann, TVG, § 1 Rn.3.

127 Nipperdey in Hueck/Nipperdey, Lehrbuch d.ArbR II/1, 6.Aufl., S.156; ebenso Wiedemann, TVG § 1 Rn.3, 7.

128 So abweichend von der 6.Aufl.Hueck in der darauffolgenden Aufl.: Hueck/Nipperdey, Lehrbuch d.ArbR II/1, 7.Aufl., S.212; Nikisch, Arbeitsrecht II, S.212.

ten könne, sondern dass er sie enthalte. Rechtsnormen seien somit begriffsnotwendig für einen Tarifvertrag[129]. Für den schuldrechtlichen Teil bestimme das Gesetz hingegen, dass ein Tarifvertrag einen solchen enthalten könne[130].

Diese Aussage ist unzutreffend. In § 1 Abs. 1 TVG steht das Wort „können" ebensowenig vor den „Rechten und Pflichten" wie vor „Rechtsnormen", sondern vielmehr hinter dem Wort „ordnen". Die Worte „ordnen können" bringen daher nur eine Aufzählung der möglichen Inhalte des Tarifvertrags zum Ausdruck[131]. Der Tarifvertrag kann demnach die in § 1 Abs. 1 TVG aufgezählten Sachgebiete zum Inhalt haben, muss diese aber nicht zwingend abdecken[132]. Dies ergibt sich bereits aus dem Umstand, dass die Worte „ordnen können" in demselben Relativsatz wie die aufgezählte Sachmaterie „Inhalt, Abschluss, Beendigung von Arbeitsverhältnissen sowie betriebliche und betriebsverfassungsrechtliche Fragen" stehen. Das Wort „können" bezieht sich somit eindeutig auf die in demselben Relativsatz aufgezählte Materie. Ein Tarifvertrag muss demnach nicht zwingend sämtliche in § 1 Abs.1 aufgezählten Inhalte regeln. Andererseits sollen die Worte „ordnen können" aber nicht zudem noch besagen, dass die Tarifpartner auch andere Inhalte, als § 1 Abs. 1 TVG sie erwähnt, zum Gegenstand von Tarifverträgen machen können. Hätte der Gesetzgeber eine nur beispielhafte Aufzählung der tariflich regelbaren Materie in § 1 Abs. 1 TVG zum Ausdruck bringen wollen, so hätte er sich hierfür wohl des Wortes „insbesondere" vor den aufgezählten Inhalten in § 1 Abs. 1 TVG bedient, wie er dies beispielsweise bei der Regelung der betrieblichen Normsetzung in § 88 BetrVG getan hat[133]. § 1 Abs. 1 TVG bestimmt somit zwar einerseits abschließend, welchen Inhalt ein Tarifvertrag haben kann, enthält andererseits aber keine Aussage über die Notwendigkeit, in einem Tarifvertrag Rechtsnormen zu treffen.

Daran dass § 1 Abs. 1 TVG keine Entscheidung darüber trifft, ob Rechtsnormen oder Rechte und Pflichten der Tarifvertragsparteien begriffsnotwendig sind, ändert auch das Wort „und" zwischen den Worten „Rechte und Pflichten" und dem Wort „Rechtsnormen" in § 1 Abs. 1 TVG nichts[134]. Das Wort „und" bringt lediglich zum Ausdruck, welche Inhalte in einem Tarifvertrag möglich, aber nicht zwingend sind. Hätte der Gesetzgeber zum Ausdruck bringen wollen, dass sowohl „Rechte und Pflichten" als auch „Rechtsnormen" begriffsnotwendig enthalten sein müssen, so hätte er für „Rechte und Pflichten" und für „Rechtsnor-

---

129 Mangen, RdA 1982, S.229 (233); Nikisch, Arbeitsrecht II, S.211.

130 So Nikisch, Arbeitsrecht II, S.211 f.

131 Plander, ZTR 1997, S.145 (145).

132 Vgl. Hueck/Nipperdey, Lehrbuch d.ArbR II/1, S.211; Nikisch, Arbeitsrecht II, S.211; Plander, ZTR 1997, S.145 (149); Reichel, § 1 Rn.8.

133 Darauf weisen Löwisch/Rieble in MünchArbR/Löwisch/Rieble, § 246 Rn.53 hin.

134 So Herschel, ZfA 1973, S.183 (186).

men" ein gemeinsames Verb wie „enthält" wählen können. Eine Wortwahl wie „Der Tarifvertrag enthält Rechte und Pflichten und Rechtsnormen..." hätte klargestellt, dass beide Bestandteile kumulativ vorliegen müssen. Stattdessen hat der Gesetzgeber verschiedene Verben („regelt" und „enthält") für die beiden Teile des Tarifvertrags gewählt. Dies verdeutlicht, dass kein inhaltlicher Zusammenhang zwischen den Rechten und Pflichten der Tarifvertragsparteien und den Rechtsnormen bestehen muss. Das Wort „und" bedeutet entgegen der Ansicht von Zöllner[135] auch nicht, dass die Rechte und Pflichten einen Bezug zu den Rechtsnormen haben müssen, um als Tarifvertrag zu gelten. Es verbindet lediglich die möglichen Inhalte eines Tarifvertrags „Rechte und Pflichten" sowie „Rechtsnormen", die beide zusammen oder einzeln enthalten sein können.

§ 1 Abs. 1 TVG drückt demnach keine kumulative Beziehung zwischen den „Rechten und Pflichten der Tarifvertragsparteien" und den „Rechtsnormen" aus[136].

Wie die verschiedenen Auffassungen zur grammatischen Auslegung des § 1 Abs. 1 TVG belegen, geht aus dem Wortlaut nicht eindeutig hervor, ob ein Tarifvertrag aus rein schuldrechtlichen Bestimmungen bestehen kann. Deshalb sind weitere Auslegungsmethoden heranzuziehen.

1.1.2. Systematische Auslegung

Die systematische Stellung des § 1 Abs. 1 TVG im Verhältnis zu § 4 Abs. 1 TVG spricht ebenfalls gegen eine Begriffsnotwendigkeit der normativen Wirkung. § 1 Abs. 1 TVG, der vom Inhalt des Tarifvertrags spricht, verwendet zwar den Ausdruck „Rechtsnorm", erwähnt aber die normative Wirkung der Rechtsnormen nicht. Diese findet erst in § 4 Abs. 1 TVG Erwähnung, was dafür spricht, dass nicht die normative Wirkung für den Tarifvertragsbegriff maßgeblich ist, sondern die in § 1 Abs. 1 TVG aufgelistete Materie.

1.1.3. Historische Auslegung

Die historische Auslegung zielt auf den Sinn einer Norm ab[137], den der ursprüngliche Normgeber verfolgt hat[138]. Nach der genetischen Methode ist dabei auf die Entstehungsgeschichte des Gesetzes abzustellen.

Von Interesse kann insoweit bereits sein, von welcher Lage der Gesetzgeber ausging, als er 1949 das TVG formulierte. Tarifverträge gab es bereits, bevor da-

135 Zöllner/Loritz, Arbeitsrecht, S.366.
136 Herschel, ZfA 1973, S.183 (187).
137 Larenz/Canaris, Methodenlehre, S.315 ff.
138 Pawlowski, Methodenlehre, S.84.

zu erstmals in der Verordnung über Tarifverträge, Arbeiter- und Angestelltenausschüsse und Schlichtung von Arbeitsstreitigkeiten (TVVO[139]) vom 23. Dezember 1918 Regelungen getroffen wurden. Sie waren schuldrechtliche (Normen-)Verträge[140], wirkten also rein schuldrechtlich[141]. Das Besondere des Tarifvertrags liegt in der Regelung der Rechtsverhältnisse Dritter. Diese Eigenschaft unterscheidet den Tarifvertrag auch heute noch von anderen Verträgen der Koalitionen.

An der Rechtsnatur von Tarifverträgen hat sich nach Erlass der TVVO[142], die mit dem „Gesetz zur Abänderung der Tarifvertragsverordnung" vom 28.2.1928 [143] durch den Reichspräsidenten und den Reichsarbeitsminister bestätigt wurde, nichts geändert[144] – und dies ungeachtet dessen, dass § 1 TVVO den schuldrechtlichen Teil des Tarifvertrags nicht erwähnte[145]. Die Befugnisse der Tarifvertragsparteien, schuldrechtliche Normenverträge zu schließen, sollten jedenfalls nicht ausgeschlossen werden[146].

Nachdem die Nationalsozialisten die Kompetenz, Tarifverträge zu vereinbaren, beseitigt hatten, folgte das TVG vom 9. April 1949. Anders als § 1 TVVO erwähnt § 1 Abs. 1 TVG nunmehr den schuldrechtlichen Teil des Tarifvertrags ausdrücklich und zudem noch vor dem normativen Teil[147]. Auf diese Weise betont § 1 Abs. 1 TVG die besondere Bedeutung des schuldrechtlichen Teils. Die systematische Stellung des schuldrechtlichen Teils spricht gegen Nikischs[148] Auffassung, dass jener eine nur dienende Funktion habe.

Ob der Tarifvertrag mit Erlass des TVG einen anderen Rechtscharakter erlangt hat, ist damit freilich noch nicht entschieden.

Mit dem Willen der Verfasser des TVG hat sich insbesondere Herschel[149] auseinandergesetzt. Er war als Hauptabteilungsleiter des Zentralamtes für Arbeit in Lemgo, des für das Tarifrecht zuständigen Zentralamts für Arbeit der briti-

---

139 RGBl. 1918, S.1456.

140 Clausen, S.7; Hueck/Nipperdey, Lehrbuch d. ArbR II/1, S.215; Molitor, E., TVVO, S.2 und 6; Radke, AuR 1956, S.273 (275); Rebsamen, S.23.

141 Vgl. Buchner, AR-Blattei (D) Tarifvertrag V Inhalt (A) II. 1.a) Rn.15; Kempen/ Zachert, § 1 Rn.363; Radke, AuR 1956, S.273 (275).

142 Vgl. Steinberg, RdA 1971, S.18 (24).

143 RGBl. I S.46.

144 Radke, AuR 1956, S.273 (275).

145 Dietz, JZ 1959, S.425 (426); Hueck/ Nipperdey, TVG, § 1 Rn. 8, S.32; Nikisch, Arbeitsrecht, II, S.211, Fn.8.

146 Bunge, S. 44; Kempen/ Zachert, § 1 Rn. 363; Radke, AuR 1956, S.273 (275).

147 Dietz, JZ 1959, S.425 (426); Hueck/ Nipperdey, TVG, § 1 Rn.8, S.32; Nikisch, Arbeitsrecht II, S.211, Fn.8.

148 Vgl. Nikisch, Arbeitsrecht II, S.212.

149 Herschel, ZfA 1973, S.183 (186).

schen Besatzungszone, sowie als Teilnehmer an allen Konferenzen und als Tagungsleiter[150] maßgeblich an der Entstehung des TVG beteiligt[151]. Zur Frage, ob für einen Tarifvertrag die normative Wirkung nach § 1 Abs. 1 TVG begriffsnotwenig ist, führt Herschel[152] aus, der Gesetzgeber habe keine Entscheidung darüber treffen wollen, ob ein Tarifvertrag stets normativen und schuldrechtlichen Inhalt haben müsse. Es habe seinerzeit kein dringendes sachliches Bedürfnis nach einer gesetzlichen Regelung dieser Frage gegeben[153]. Die Tarifvertragsparteien hätten auch ohne gesetzliche Grundlage durch das TVG wirksame und gerichtlich anerkannte „Tarifverträge“ geschlossen. Andererseits hätten die Redakteure des TVG den Erlass des TVG nicht weiter hinausschieben wollen. Sie hätten aber „jede vorzeitige Fixierung vermeiden[154]“ wollen, da man sich des Entwicklungsprozesses bewusst war, in welchem sich der Tarifvertragsbegriff befand. Aus diesem Grund habe der Gesetzgeber auf eine Definition des Tarifvertrags verzichtet und der Rechtswissenschaft und Praxis die weitere rechtliche Bestimmung überlassen[155]. Dies stützt die These, dass § 1 Abs. 1 TVG keine Bestimmung der begriffsnotwendigen Merkmale enthält.

1.1.4. Teleologische Auslegung

Die teleologische Auslegung könnte gleichwohl zu einem anderen Ergebnis zwingen. Dafür ist auf die Zwecke der Regelung des § 1 Abs. 1 TVG sowie der weiteren Vorschriften des TVG einzugehen. § 1 Abs. 1 TVG soll keine Legaldefinition des Tarifvertrags gewährleisten, sondern sachlich- gegenständlich Inhalte aufzählen, die der Tarifvertrag enthalten kann. § 1 Abs. 1 TVG trifft damit noch keine Entscheidung darüber, ob die normative Wirkung begriffsnotwendig ist. Zur Feststellung, ob diese für den Tarifvertragsbegriff erforderlich ist, sind die übrigen Vorschriften des TVG zu überprüfen.

---

150 Protokoll der Besprechung des Entwurfs einer Verordnung über Tarifverträge am 21.11.1946 in Hamburg, Bundesarchiv Koblenz B 13149/9820, Akten des Zentralamtes für Arbeit Lemgo/der Verwaltung für Arbeit, geführt als Vorakten des Bundesministeriums für Arbeit und Sozialordnung.

151 Herschel, ZfA 1973, S.183 (183).

152 Herschel, ZfA 1973, S.183 (186).

153 Herschel, ZfA 1973, S.183 (184 f.).

154 Herschel, ZfA 1973, S.183 (186).

155 So auch Hueck/Nipperdey, Lehrbuch des ArbR II/1, S.208 Anm.4.

1.2. Die Schriftform des § 1 Abs. 2 TVG

Rechtsprechung und Literatur haben die Frage, ob die Schriftform des § 1 Abs. 2 TVG bei rein schuldrechtlichen Abreden einzuhalten ist, insbesondere in Bezug auf den Vorvertrag diskutiert.

Der Vorvertrag zu einem Tarifvertrag bedarf nach der Rechtsprechung[156] und herrschenden Lehre[157] nicht der Schriftform, da die Schriftform des § 1 Abs. 2 TVG nach Ansicht einiger Autoren nur für Tarifverträge mit „Normcharakter" sinnvoll sei[158]. Nach Auffassung des BAG liegt der Zweck der Schriftform in der Ersetzung des für Rechtsnormen geltenden Verkündungszwangs, der hauptsächlich der Klarstellung des Tarifvertragsinhalts gegenüber den Normunterworfenen diene[159]. Neben der Kundmachungsfunktion habe die Schriftform eine Klarstellungsfunktion[160] und verfolge den Zweck, die Inhalte der tariflichen Normen festzuschreiben, sodass auch nicht am Vertragsschluss Beteiligte, insbesondere die Einzelarbeitsvertragsparteien, davon Kenntnis nehmen und sich über ihren Inhalt zuverlässig unterrichten könnten[161].

Demgegenüber vertreten andere Autoren[162] die Ansicht, auch schuldrechtliche Verträge der Tarifvertragsparteien bedürften der Schriftform. Stelle man bei der Schriftform allein auf die Klarstellungsfunktion ab, d.h. nur auf das Interesse für die Tarifunterworfenen, so wäre das Schriftformerfordernis für den schuldrechtlichen Teil des Tarifvertrags bedeutungslos, da der schuldrechtliche Teil nur die Tarifvertragsparteien betreffe [163]. Dies widerspreche aber dem Wortlaut des

---

156 Vgl. BAG AP Nr.6 zu § 1 TVG Form mit Anm. Wiedemann; BAG AP Nr.20 zu § 1 TVG; BAG AP Nr. 23 zu § 72 a ArbGG 1979 Grundsatz.

157 So Birk, AuR 1977, S.235 (237); Buchner, Anm. zu LAG Berlin v.12.2.1979, AR-Blattei (D) Tarifvertrag II, Entsch.12, Bl.4; Däubler, TVR, Rn.116; Gamillscheg, Koll. Arbeitsrecht Bd.I, S.515; Hueck/Nipperdey, Lehrbuch des ArbR II/1, S.456, 457 Fn.281; Kempen/Zachert, § 1 Rn.373; Maus, § 1 Rn.34; Nikisch, Arbeitsrecht II, S.284, 383; Reichel, § 1 Anm.9; Säcker/Streckel, AR-Blattei (D), Tarifvertrag II Abschluss, Anm.zu Entscheidung 10; Schaub, Arbeitsrecht, § 199 Rn.22; Wiedemann, TVG, § 1 Rn.227,238; ders., Anm.zu AP Nr.6 zu § 1 TVG Form; a.A.:Löwisch/Rieble, § 1 Rn.375; Mangen, RdA 1982, S.229 (232 f.).

158 So Nikisch, Arbeitsrecht II, S.212; Plander, ZTR 1997, S.145 (149).

159 BAG AP Nr.6 zu § 1 TVG Form, Bl.626 f.

160 Vgl. Birk, AuR 1977, S.235 (237).

161 Mangen, RdA 1982, S.229 (231); Nikisch, Arbeitsrecht II, S.212.

162 Für das Schriftformerfordernis für schuldrechtliche Verträge, sofern diese keine Vorverträge sind: BAG AP Nr.2 zu § 1 TVG Friedenspflicht; Dietz, JZ 1959, S.425 (426); Hueck/Nipperdey, Lehrbuch d. ArbR II/1, S.156; Maus, § 1 Rn. 26, 28; Neumann/Duesberg, Anm. zu BAG AP Nr.1 zu § 80 ArbGG 1953; a.A.: Kaskel/Dersch, S.57; Nikisch, Arbeitsrecht II, S.211; Ramm, Kampfmaßnahme, S.92.

163 Mangen, RdA 1982, S.229 (231).

§ 1 Abs. 2 TVG, der für das Schriftformerfordernis nicht zwischen den verschiedenen Teilen des Tarifvertrags differenziere. Daher erfülle die Schriftform nicht nur gegenüber den Mitgliedern der Verbände, sondern auch gegenüber den Tarifvertragsparteien eine Klarstellungsfunktion. Ein Tarifvertrag mit rein schuldrechtlichen Inhalten[164] bedürfe ebenso der Schriftform wie der „schuldrechtliche Teil" eines Tarifvertrags mit normativen Inhalten[165]. Etwas anderes gelte nur für Schuldverträge, d.h. schuldrechtliche Verträge der Tarifvertragsparteien, die aufgrund ihres Inhalts nicht normativ regelbar seien[166].

Hierbei ist zu bedenken, dass schuldrechtliche Vereinbarungen, wie bereits ausgeführt[167], normersetzend wirken und die Mitglieder der Verbände mittelbar über die Einwirkungspflichten binden können[168]. Die Mitglieder haben insofern ein vergleichbar großes Interesse an der Feststellung des sie betreffenden Vertragsinhalts wie bei den sie unmittelbar betreffenden Tarifbestimmungen. Schuldrechtliche normersetzende Vereinbarungen der Tarifvertragsparteien sind bereits aus diesem Grund formbedürftig.

Es kann zudem nicht davon ausgegangen werden, dass die Tarifvertragsparteien bei rein schuldrechtlichen Vereinbarungen stets eigennützig handeln. Bei normersetzenden Vereinbarungen handeln sie vielmehr aufgrund der ihnen durch Art. 9 Abs. 3 GG übertragenen und in § 1 Abs. 1 TVG konkretisierten Aufgabe im öffentlichen Interesse[169]. Dabei schließen Koalitionen interne Vereinbarungen zur Abwicklung der ihnen übertragenen Aufgaben im Interesse derer, für die sie handeln. Dies verpflichtet zu einer objektiv feststellbaren Arbeitsweise. Dem BAG[170] ist insofern zuzustimmen, dass es dem Gebot der Rechtssicherheit entspricht, genau zu wissen, in welchem Rahmen die Tarifvertragsparteien von ihrer Tarifautonomie Gebrauch machen. Aus diesem Grund ist die Schriftform einzuhalten, wenn die Tarifvertragsparteien Gebrauch von der Tarifautonomie machen. Hiervon ist stets bei drittbezogenen Regelungen mit Inhalten des § 1 Abs. 1 TVG auszugehen.

---

164 Ein solcher Vertrag liegt vor bei Regelungen tariffähiger Koalitionen mit tariflich regelbarer Materie: MünchArbR/Löwisch/Rieble, §§ 278 Rn.1, 256 Rn.51, 280 Rn.7 ff.

165 Gamillscheg, Koll. Arbeitsrecht Bd. I, S.627; Herschel, ZfA 1976, S.89 (90); Löwisch/Rieble, § 1 Rn.375; MünchArbR/Löwisch/Rieble, § 278 Rn.1.

166 MünchArbR/Löwisch/Rieble, § 278 Rn.1.

167 Vgl. oben zu A. Problemaufriss.

168 Hueck/Nipperdey, TVG, § 1 Rn.8, S.32,

169 Vgl. hierzu BVerfGE 18, S.18 (25), AP Nr.15 zu § 2 TVG über den Zweck der Tarifautonomie, im öffentlichen Interesse das Arbeitsleben sinnvoll zu ordnen.

170 BAG AP Nr.12 zu § 4 TVG Geltungsbereich.

Die Tarifunterworfenen haben zudem ein Recht, sich über die rechtlichen Beziehungen und vereinbarten Inhalte der für sie handelnden Koalitionen mit deren Koalitionspartnern informieren zu können und Kontrolle auszuüben, da sie den Koalitionspartnern Verhandlungsmacht übertragen haben und damit die eigene Kontrolle abgegeben haben. Dies gilt umso mehr, wenn zu befürchten ist, dass die Gemeinschaftsinteressen, die der Verband vertritt, und die Interessen des Einzelnen differieren[171].

Da sich der Einzelne den Mitteln der Verbandsmacht nur durch Austritt aus dem Verband entziehen kann, er aber ohne Kenntnis einer ihn betreffenden schuldrechtlichen Vereinbarung keine Möglichkeit besitzt, aus dem Verband auszutreten, muss das Schriftformerfordernis des § 1 Abs. 2 TVG auch für rein schuldrechtliche Normenverträge gelten, damit die Verbandsmitglieder die Möglichkeit haben, von drohenden Sanktionen Kenntnis zu erlangen und sich ihnen ggf. zu entziehen.

Stehen dem einzelnen Mitglied sogar unmittelbar Rechte aus einer schuldrechtlichen Vereinbarung der Tarifparteien zu (sog. „berechtigender schuldrechtlicher Normenvertrag“[172]), muss das Schriftformerfordernis erst recht gelten. Das einzelne Mitglied muss dann wissen, dass ihm ein geltend zu machender Anspruch zusteht. Insofern verfolgt die Formvorschrift auch den Zweck, Unklarheiten zu vermeiden und dem einzelnen Arbeitnehmer eine sichere Grundlage für dessen Ansprüche zu verschaffen und ihm den Beweis für das Bestehen und den Inhalt eines Anspruchs zu erleichtern, wie dies auch die Vertreter der Ansicht, § 1 Abs. 1 TVG gelte nicht für Vorverträge, einräumen[173].

Es ist zudem für die Vertragspraxis der Tarifvertragsparteien wünschenswert, dass das Schriftform- und Öffentlichkeitserfordernis auch für Verträge mit nur schuldrechtlichen Bestimmungen gilt, sofern diese die Rechtsfolgen für die Verletzung eines Tarifvertrags oder die Art und Weise regeln, in der die Tarifparteien auf ihre Mitglieder einwirken sollen.

Die Einhaltung der Schriftform für schuldrechtliche Verträge tariflichen Inhalts ist auch im Interesse der Tarifparteien zu fordern. Die Tarifparteien bedürfen einer klaren rechtlichen Grundlage für die ihnen aus der Vereinbarung erwachsenen einzelnen Durchführungs- und Einwirkungsplichten[174]. Nur so können sie über die Handlungspflichten reden und verhandeln. Insofern bedarf es der Einhaltung der Schriftform, sofern Einwirkungspflichten aus einer Vereinbarung resultieren.

---

171 Schnorr, FS E.Molitor, S.229 (229).

172 MünchArbR/Löwisch/Rieble, § 280 Rn.16.

173 BAG AP Nr.6 zu § 1 TVG Form; BAG AP Nr.7 zu § 1 TVG Form; Däubler, TVR, Rn.111; Kempen/ Zachert, § 1 Rn.368; Wiedemann, TVG, § 1 Rn.227.

174 So auch Mangen, RdA 1982, S.229 (231).

Demgegenüber ist die Einhaltung der Schriftform bei Vereinbarungen der Tarifvertragsparteien mit reinen Eigenpflichten nicht erforderlich, da diese Vereinbarungen keine Auswirkungen auf Verbandsmitglieder haben und keine Ansprüche für diese begründen. Die Verbandsmitglieder bedürfen insofern keines Schutzes. Vielmehr ist es in der Praxis der Tarifvertragsparteien wünschenswert und vertrauensbildend, wenn die Beteiligten schuldrechtliche Vereinbarungen ohne Drittbezug formlos, d.h. mündlich schließen können.

Die in der Literatur vertretene Ansicht, es bestehe eine Parallele der formlosen Absprachen der Tarifvertragsparteien zu formlosen Betriebsabsprachen[175], ist indes abzulehnen. Anders als bei Tarifverträgen ist bei Betriebsvereinbarungen eine Vertragspartei von der anderen wirtschaftlich abhängig. Betriebsvereinbarungen sind daher nicht mit autonomen Regelungen der Tarifparteien wie den Tarifverträgen vergleichbar.

Der Zweck der Schriftform des § 1 Abs. 2 TVG verdeutlicht, dass das Besondere und damit Typische des Tarifvertrags darin liegt, dass die Tarifvertragsparteien Regelungen für Dritte treffen, die deren Arbeitsverhältnisse in dem in § 1 Abs. 1 TVG aufgezählten Sinn beeinflussen. Dies kann auch im Wege schuldrechtlich wirkender Vereinbarungen mit Einwirkungspflichten erfolgen. Bei Dritte betreffenden Vereinbarungen der Tarifvertragsparteien ist ein erhöhter Grad an Klarheit erforderlich, sodass ein Formerfordernis, welches die Klarheit fördert, bei derartigen Vereinbarungen gelten muss[176]. Der Tarifvertragsbegriff des § 1 Abs. 2 TVG ist folglich weit auszulegen und erfasst auch rein schuldrechtliche normersetzende Vereinbarungen[177].

1.3. Die halbzwingende Natur gemäß § 4 Abs. 3 TVG

Tarifvertragliche Normen zeitigen nach § 4 Abs. 1 und 3 TVG halbzwingende Wirkung[178]. Einzelvertragliche Abweichungen sind nur zulässig, wenn der Arbeitnehmer Leistungen oder andere Vorteile erhalten soll, die über die im Tarifvertrag zugunsten der Beschäftigten vereinbarten Leistungen hinausgehen. Tarifverträge setzen Mindestbeschäftigungsbedingungen fest und sollen die Unterlegenheit der einzelnen Arbeitnehmer beim Abschluß von Arbeitsverträgen aus-

175 So aber Däubler, AuR 1981, S.257 (264); ders., Gewerkschaftsrechte, Rn.366; Däubler, TVR, Rn.1611; Dütz, Arbeitsrecht, S.65; Oetker, S.67 f.; Plander, ZTR 1997, S.145 (150); Säcker/Oetker, Tarifautonomie, S.167 Fn.203; Wank, NJW 1996, S.2273 (2278).

176 Mangen, RdA 1982, S.229 (231); Wiedemann, TVG, § 1 Rn.229, 232.

177 Vgl. Wiedemann, TVG, § 1 Rn.232; im Ergebnis ebenso: BAG AP Nr.2 zu Friedenspflicht; Mangen, RdA 1982, S.229 (231).

178 Plander, Normalarbeitsverhältnis, S.116, Rn.167.

gleichen. Ohne § 4 Abs. 4 TVG könnten Arbeitgeber bei dem Abschluss von Arbeitsverträgen ihre typischerweise vorhandene Überlegenheit gegenüber den Arbeitnehmern ausnutzen, indem sie mit jenen vom Tarifvertrag abweichende Vereinbarungen schließen.

Ob das Günstigkeitsprinzip nach § 4 Abs. 3 TVG auch für Abreden im schuldrechtlichen Teil des Tarifvertrags gilt oder ob sich die Tarifvertragsparteien auf schuldrechtlichem Weg verpflichten können, die Tarifsätze nicht zu überschreiten, ist bislang nicht abschließend geklärt.

Für zahlreiche Autoren[179] ist die Gestaltungsmacht der Tarifvertragsparteien ingesamt, d.h. auch für schuldrechtliche Abreden, durch § 4 Abs. 3 TVG begrenzt. Dieses Ergebnis wird zum Teil damit begründet, dass der Tarifvertragsbegriff des § 4 Abs. 3 TVG auch rein schuldrechtliche Abreden erfasse[180], zum Teil auch damit, dass § 4 Abs. 3 TVG analog auf rein schuldrechtliche Vereinbarungen anzuwenden sei[181].

Coester[182] versteht die gesetzesgleiche Wirkung in § 4 Abs. 1 und 2 TVG als „juristisch-technische Qualifikation“ [183], die unabhängig von einer normativen oder schuldrechtlichen Regelungskompetenz sei. Es gebe einen Vertrauensschutz, der gewisse individuelle Rechte der direkten Regelungsbefugnis ebenso entziehe wie der indirekten. Sofern schuldrechtliche Vereinbarungen der Tarifautonomie zugeordnet würden, sei die „angemessene Pflichtbindung der Tarifvertragsparteien auch für schuldrechtliche Vereinbarungen[184]“ gewährleistet.

Andere Autoren wenden § 4 Abs. 3 TVG immerhin analog auf schuldrechtliche Vereinbarungen der Tarifvertragsparteien an[185]. Sie argumentieren mit der

179 BAG AP Nr.13 zu Art.9 GG; Biedenkopf, Tarifautonomie, S.75; Buchner, DB 1990, S.1715 (1723); Coester, Vorrangprinzip, S.124; Däubler, TVR, Rn.195; Hölters, S.186 f.; Joost, ZfA 1984, S.173 (190 f.); Maus, § 4 Rn.110; Meyer-Cording, S.38; Richardi, DB 1990, S.1613 (1614); ders., Kollektivgewalt, S.373; Wiedemann/Wank, TVG, § 4 Rn.396; Zeuner, DB 1965, S.630 (631); Zöllner, Differenzierungsklauseln, S.42.

180 Coester, Vorrangprinzip, S.124; Maus, § 4 Rn.110; Meyer-Cording, S.38.

181 Däubler, TVR, Rn.195; Gamillscheg, Koll. Arbeitsrecht Bd.1, S.845; Joost, ZfA 1984, S.173 (191); Löwisch/Rieble, § 4 Rn.158 f., 218; Richardi, Kollektivgewalt, S.373; ders., DB 1990, S.1613 (1614); Schaub, Arbeitsrecht, S.1965 f.; Schulze, S.65; Wiedemann/Wank, TVG, § 4 Rn.396.

182 Coester, Vorrangprinzip, S.124; so auch Meyer-Cording, S.38; Richardi, Kollektivgewalt, S.198.

183 Coester, Vorrangprinzip, S.124; Meyer-Cording, S.38.

184 Coester, Vorrangprinzip, S.124.

185 Däubler, TVR, Rn.195; Gamillscheg, Koll. Arbeitsrecht Bd.1, S.845; Joost, ZfA 1984, S.173 (191); Löwisch/Rieble, § 4 Rn.158 f., 218; Richardi, Kollektivgewalt, S.373; ders., DB 1990, S.1613 (1614); Schaub, Arbeitsrecht, S.1965 f.; Schulze, S.65; Wiedemann/Wank, TVG, § 4 Rn.396.

Möglichkeit einer Umgehung des § 4 Abs. 3 TVG durch schuldrechtliche Abreden[186].

Joost[187] führt hierzu aus, das Günstigkeitsprinzip wolle den kollektivfreien Raum, d.h. die Privatautonomie und damit den Einzelnen, vor dem Kollektiv schützen. Daher stehe der Zweck des § 4 Abs. 3 TVG auch schuldrechtlich vereinbarten Höchstarbeitsbedingungen entgegen.

Eine hiervon abweichende Ansicht meint, dass eine Tarifvertragspartei im obligatorischen Teil des Tarifvertrags ihren Vertragspartner verpflichten könne, auf seine Mitglieder dahin einzuwirken, dass diese die Tarifsätze nicht überschreiten[188]. Eine solche Absprache könne nicht mit § 4 Abs. 3 TVG kollidieren, da sich diese Norm nur auf den normativen Ausschluss des Günstigkeitsprinzips beziehe[189], eine schuldrechtliche Absprache aber nur das Schuldverhältnis der Tarifparteien untereinander betreffe. Normativer und schuldrechtlicher Teil des Tarifvertrags seien getrennt zu betrachten[190]. Die herrschende Meinung gehe zwar von einem inneren Zusammenhang der normativen und der obligatorischen Teile des Tarifvertrags aus, doch sei die Homogenität der beiden Teile nicht betroffen[191]. Der normative Teil fordere nicht die Gewährung übertariflicher Arbeitsbedingungen, so dass sich der obligatorische Teil hierzu in direkten Gegensatz stelle.

Zunächst bleibt festzustellen, dass § 4 TVG als amtliche Überschrift die Bezeichnung „Wirkung von Rechtsnormen" trägt. Insofern liegt die Annahme nahe, § 4 Abs. 3 TVG gelte nach dem Willen des Gesetzgebers nur für Rechtsnormen[192]. Im Gegensatz zu § 4 Abs. 1 und 2 TVG spricht der Gesetzgeber in § 4 Abs. 3 TVG jedoch nicht von „Rechtsnormen", sondern vom „Tarifvertrag". Den Inhalt des Tarifvertrags beschreibt § 1 Abs.1 TVG aber sowohl mit „Rechtsnormen" als auch mit „Rechten und Pflichten der Tarifvertragsparteien". Im Hinblick auf § 1 Abs. 1 TVG erfasst § 4 Abs. 3 TVG somit nicht nur Rechtsnormen.

Die teleologische Auslegung des § 4 Abs. 3 TVG ergibt, dass der Auffassung von Coester[193], der von einer „juristisch-technischen Qualifikation" ausgeht und die Rechtsfolgen nach § 4 Abs. 3 TVG sowohl als normative als auch als schuld-

---

186 BAG AP Nr.13 zu Art.9 GG; Däubler, TVR, Rn.195; Joost, ZfA 1984, S.173 (190); Wiedemann/Wank, TVG, § 4 Rn.396; Richardi, DB 1990, S.1613 (1614); Schaub, Arbeitsrecht, S.1965 f.

187 Joost, ZfA 1984, S.173 (191).

188 Courth, S.116 f.; Däubler/Deinert, TVG, § 4 Rn.592; Kempen/Zachert, § 4 Rn.172.

189 Courth, S.114.

190 Deinert in: Däubler, TVG, § 4 Rn.592; a.A.: Däubler, TVR Rn.195.

191 Courth, S.116.

192 So Kempen/Zachert, § 4 Rn.172; Schaub, Arbeitsrecht, S.1965 f.

193 Coester, Vorrangprinzip, S.124; Meyer-Cording, S.38.

rechtliche Regelungskompetenz versteht, zuzustimmen ist. Die wesentliche Aufgabe der Tarifvertragsparteien besteht in der Festlegung von Mindeststandards. Der Zweck des § 4 Abs. 3 TVG zielt darauf ab, die Gestaltungsmacht der Tarifvertragsparteien zu begrenzen. Über die Festsetzung von Mindestbedingungen hinaus hat die Individualautonomie Vorrang[194]. Schuldrechtliche Vereinbarungen der Tarifvertragsparteien, welche die Arbeitsbedingungen betreffen, fallen ebenso darunter wie normativ wirkende Vereinbarungen.

Das BAG hat in seiner Entscheidung vom 5.11.1997 ausgeführt, dass „Koalitionsverträge zugunsten Dritter" eine „tarifvertragsersetzende Funktion" haben[195]. Dies verdeutlicht, dass schuldrechtliche Verträge mit arbeitsrechtlichem Inhalt dieselbe Funktion erfüllen wie Tarifverträge. Der Einzelne bedarf auch bei schuldrechtlichen Vereinbarungen der Koalitionen, die seine Arbeitsbedingungen betreffen, des Schutzes vor dem Kollektiv. Die ratio des Günstigkeitsprinzips erfasst daher schuldrechtliche Vereinbarungen, sofern diese tarifliche Inhalte regeln.

Da sich der Gesetzgeber zudem der Möglichkeit rein schuldrechtlicher Vereinbarungen bei der Normierung des § 4 Abs. 3 TVG bewusst war[196], fehlt die Planwidrigkeit der Gesetzeslücke, die eine Voraussetzung für eine analoge Anwendung ist. Der Tarifvertragsbegriff des § 4 Abs. 3 TVG erfasst nach teleologischer Auslegung auch rein schuldrechtliche Vereinbarungen der Tarifvertragsparteien mit den Inhalten des § 1 Abs. 1 TVG.

1.4. Die Abdingbarkeit gemäß § 4 Abs. 4 TVG

Ein Verzicht auf tarifliche Rechte ist nach § 4 Abs. 4 TVG außerhalb eines Vergleichs der Tarifvertragsparteien unzulässig. Die Rechtsprechung und einige Autoren sind der Auffassung, § 4 Abs. 4 TVG ergänze die zwingende Wirkung des Tarifvertrags[197]. Komme einem Tarifvertrag keine zwingende Wirkung zu, würden entstandene Rechte grundsätzlich nicht durch § 4 Abs. 4 TVG geschützt[198]. Andere Rechte aus vertraglichen Schuldverhältnissen, auf die sich zwar die Tarifmacht erstrecke, die aber nicht Inhalt einer normativen Tarifbe-

194 Kempen/Zachert, § 4 Rn.164; Richardi, Kollektivgewalt, S.366 f.; Säcker/Oetker, ZfA 1996, S.85 (94); Schmidt, S.70; Wiedemann/Wank, TVG, § 4 Rn.387.

195 BAG NZA 1998, S.657 (658).

196 Herschel, ZfA 1973, S.183 (187).

197 LAG Mecklenburg-Vorpommern, v.14.1.2003, 5 Sa 305/02, Bl.16 (nicht veröffentlicht); MünchArbR/Löwisch/Rieble, § 274 Rn.1.

198 Kraft/Konzen, S.60; MünchArbR/Löwisch/Rieble, § 274 Rn.4.

stimmung sein könnten, fielen nicht unter den Schutz des § 4 Abs. 4 TVG[199], sodass die Parteien des Arbeitsvertrags einen wirksamen Verzicht auf diese schuldrechtlichen Tarifansprüche ohne Zustimmung der Tarifparteien schließen können[200]. Das Verzichtsverbot stehe im „Kontext der gewollten Entlastung des Arbeitnehmers von der Verantwortung, seine Interessen in den Verhandlungen mit dem Arbeitgeber selbst durchzusetzen[201]". Dabei lässt das LAG Mecklenburg-Vorpommern offen, aus welchem Grund nur bei normativ wirkenden Vereinbarungen eine Entlastung von der Durchsetzung der Arbeitnehmerinteressen für den Einzelnen in Betracht kommen soll. Es führt aus, bei einer (analogen) Anwendung des § 4 Abs. 4 TVG auf schuldrechtliche Verträge würde den tariffähigen Parteien „eine Handlungsoption für nachgiebigere Regelungen" ohne zwingenden Grund entzogen[202].

Diese Argumentation überzeugt indes nicht. Zwar hat sich dieser Begründung auch das BAG[203] angeschlossen und weiter ausgeführt[204], § 4 Abs. 4 TVG gelte nicht für berechtigende schuldrechtliche Normenverträge[205] tariflichen Inhalts. Es handle sich nicht um tarifliches Recht, auch wenn die Materie sich ebenso für einen Tarifvertrag geeignet hätte. Der Zweck des § 4 Abs. 4 TVG, den Arbeitnehmer von der Durchsetzung eigener Interessen gegenüber dem Arbeitgeber zu entlasten, ist ebenso bei schuldrechtlichen Verträgen zugunsten der Arbeitnehmer einschlägig. Auch bei schuldrechtlichen Verträgen mit arbeitsrechtlichem Inhalt handeln die Koalitionen im Interesse des einzelnen Arbeitnehmers, um diesen von der Durchsetzung seiner Interessen gegenüber dem Arbeitgeber zu entlasten. Kann der Arbeitgeber im Einzelarbeitsverhältnis den Arbeitnehmer zum wirksamen Verzicht bewegen, so widerspricht dies dem Zweck des Koalitionsvertrags. Wie das LAG Mecklenburg-Vorpommern[206] ausführt, gibt es keinen Grund für die Vertragsparteien, einen Vertrag zu schließen, wenn die Arbeitsvertragsparteien davon individualvertraglich abweichen können. So hat das BAG in seinem Urteil vom 5.11.1997 ausgeführt, dass die Grundsätze, die für den Tarifvertrag gelten, auch für die Auslegung der Koalitionsverträge zugunsten Dritter zu gelten

---

199 LAG Mecklenburg-Vorpommern v.14.1.2003, 5 Sa 305/02, Bl.16 (nicht veröffentlicht); MünchArbR/Löwisch/Rieble, § 274 Rn.6.

200 Kraft/Konzen, S.60.

201 BAG AP Nr. 188 zu § 1 TVG Auslegung = MDR 2004, S.1426 (1427); LAG Mecklenburg-Vorpommern v.14.1.2003, 5 Sa 305/02, Bl.16 (nicht veröffentlicht).

202 LAG Mecklenburg-Vorpommern v.14.1.2003, 5 Sa 305/02, Bl.16 (nicht veröffentlicht).

203 BAG MDR 2004, S.1426 (1427) = AP Nr. 188 zu § 1 TVG Auslegung.

204 BAG MDR 2004, S.1426 (1427) = AP Nr. 188 zu § 1 TVG Auslegung.

205 Vgl. zu diesem Begriff: MünchArbR/Löwisch/Rieble, § 280 Rn.16.

206 LAG Mecklenburg-Vorpommern v.14.1.2003, 5 Sa 305/02, Bl.16.

haben[207]. Dabei verweist das BAG auf die tarifvertragsersetzende Funktion des Koalitionsvertrags.

In seiner Entscheidung vom 12.9.2001[208] führt das LAG Mecklenburg-Vorpommern aus, dass sich die Tarifvertragsparteien, wenn sie Ansprüche in einem Koalitionsvertrag zugunsten Dritter begründen, auf individuell-rechtlicher Ebene bewegten und daher die allgemeinen Grundsätze der Vertragsfreiheit und Verfügungsbefugnis des Einzelnen anzuwenden seien. Dem hat sich das BAG[209] angeschlossen. § 4 Abs. 4 Satz 1 TVG bezwecke die Erhaltung einmal entstandener Rechte aus Normen eines Tarifvertrages und greife im Falle eines berechtigenden schuldrechtlichen Normenvertrages nicht ein. Warum es sich bei einem schuldrechtlichen Normenvertrag um keine Normen handeln soll, führt das BAG allerdings nicht aus. Es bleibt bei der Behauptung, es handle sich nicht um tarifliche Rechte, auch wenn der Dritte den Leistungsanspruch unmittelbar in seiner Person erwerbe.

Treffen die Koalitionen tarifvertragsersetzende Vereinbarungen, handeln sie jedoch im Kollektivinteresse und begründen Ansprüche auf kollektiv-rechtlicher Ebene. Die darauf anzuwendenden Grundsätze müssen sich ihrem kollektivrechtlichen Charakter entsprechend nach der Tarifautonomie und nicht nach der Vertragsfreiheit richten. Die zuvor erwähnte Auffassung des LAG Mecklenburg-Vorpommern und des BAG, es handle sich um Ansprüche auf individualrechtlicher Ebene, sind unzutreffend. Welche Grundsätze anzuwenden sind, bestimmt sich stets nach der in Anspruch genommenen Regelungsbefugnis. Die durch Verträge der Koalitionen begründeten Ansprüche der Arbeitnehmer bedürfen unabhängig von der Art der Wirkung des Vertrags, in dem sie stehen, eines Schutzes.

Plander wendet § 4 Abs. 4 TVG analog auf schuldrechtliche Verträge der Tarifvertragsparteien an[210]. Da es keine Vorschrift gebe, die eine Regelung für kollektive arbeitsrechtliche Koalitionsverträge (zugunsten Dritter) treffe[211], bestehe eine Gesetzeslücke. Auch wenn den Arbeitnehmern Rechte durch arbeitsrechtliche Koalitionsverträge zugunsten Dritter eingeräumt würden, bestehe die Gefahr, dass Arbeitnehmer wegen ihrer typischerweise bestehenden Unterlegenheit im Rahmen einzelvertraglicher Absprachen auf die kollektivvertraglich eingeräumten Rechte verzichteten oder sich diese „abkaufen" ließen. Auf der Erwägung,

---

207 BAG NZA 1998, S.657 (658).

208 LAG Mecklenburg-Vorpommern v. 12.9.2001, PersR 2002, S.312.

209 BAG v.14.4.2004- 4 AZR 232/03, Bl.13 = MDR 2004, S.1426 (1427) = AP Nr. 188 zu § 1 TVG Auslegung.

210 Plander, PersR 2002, S.292 (295).

211 Plander, PersR 2002, S.292 (296).

dies zu vermeiden, beruhe der § 4 Abs. 4 TVG[212]. Es bedürfe daher eines dem § 4 Abs. 4 TVG entsprechenden Schutzes. Bei einem Koalitionsvertrag zugunsten Dritter sei nicht davon auszugehen , dass der eine Vertragspartner im Verhältnis zum anderen berechtigt sein soll, individualvertraglich von dem „Koalitionsvertrag" abzuweichen, auch wenn dem Anspruch auf Erfüllung im Einzelfall der einzelvertragliche Verzicht entgegenstehe[213]. Die Vertragsparteien würden sich auf keine Vereinbarung einlassen, wenn individualvertragliche Abweichungen von der Vereinbarung jederzeit möglich seien. Dies sei der jeweiligen Vereinbarung schon nach Auslegung gemäß § 157 BGB zu entnehmen.

Wirft man einen Blick auf die die amtliche Überschrift des § 4 TVG, welche „Wirkung der Rechtsnormen" lautet, wird deutlich, dass der Gesetzgeber in § 4 Abs. 4 TVG den Begriff der „tariflichen Rechte" und nicht den der „Rechtsnormen" wie in § 4 Abs. 1 TVG verwendet. Es kann daher nur um die Frage gehen, ob schuldrechtliche Verträge der Tarifparteien ebenso Rechte mit Inhalten des § 1 Abs.1 TVG für die betroffenen Arbeitnehmer begründen können wie normativ wirkende Tarifverträge[214].

Zudem ist es einhellige Meinung, dass auch aus dem schuldrechtlichen Teil des Tarifvertrags „tarifliche Rechte" entstehen können[215]. Solche ergeben sich z.B. aus der tariflichen Friedenspflicht. Durch einen Vertrag zugunsten Dritter im Sinne des § 328 BGB begründet diese auch „tarifliche Rechte" von Individuen[216]. Schuldrechtliche Bestimmungen können also bereits für sich genommen tarifliche Rechte begründen, selbst wenn sie sich nicht auf die normativen Bestimmungen desselben Vertragstextes beziehen. Es besteht daher kein Grund, den Arbeitnehmer bezüglich seiner Rechte schlechter zu stellen, nur weil diese nicht in einem Vertragstext mit normativ wirkenden Bestimmungen stehen. Es ist kein Grund ersichtlich, weshalb der schuldrechtliche Teil des Tarifvertrags „tarifliche Rechte" begründen kann, ein rein schuldrechtlich wirkender Vertrag der Tarifparteien, der die Arbeitsbedingungen im Sinne des § 1 Abs. 1 TVG betrifft, dies aber nicht können soll.

Der Gesetzgeber zielte bei Erlass des § 4 Abs. 4 TVG auf den Schutz des Arbeitnehmers und seiner von den Tarifvertragsparteien vereinbarten Rechte ab. Es ist nicht ersichtlich, weshalb der Schutz davon abhängig sein sollte, dass in demselben Vertragstext normativ wirkende Bestimmungen enthalten sind, die keinen Bezug zu den schuldrechtlichen Bestimmungen haben. Ansprüche aus Vereinba-

---

212 Däubler, TVR Rn.1303,1316; Kempen/Zachert, § 4 Rn.655; MünchArbR/Löwisch/Rieble, § 274 Rn.1; Plander, PersR 2002, S.292 (296)
213 Plander, PersR 2002, S.292 (296).
214 Plander, PersR 2002, S.292 (292).
215 Plander, PersR 2002, S.292 (296).
216 BAG AP Nr.4 zu § 1 TVG Friedenspflicht; Kempen/Zachert, § 1 Rn.339.

rungen, die normativ wirkende Bestimmungen enthalten, sind nicht schützenswerter als solche aus rein schuldrechtlichen Vereinbarungen. Auch lässt der Wortlaut des § 4 Abs. 4 TVG nicht erkennen, dass der Gesetzgeber nur solche tariflichen Rechte schützen wollte, die sich in demselben Vertragstext mit normativen Regelungen finden. Somit spricht der Wortlaut nicht gegen eine Erfassung auch schuldrechtlicher Vereinbarungen mit den Inhalten des § 1 Abs. 1 TVG.

Die Gefahr des „Abkaufenlassens“ kollektivrechtlich eingeräumter Rechte ist für den Arbeitnehmer bei rein schuldrechtlichen Vereinbarungen der Tarifvertragsparteien ebenso hoch wie bei normativen Abreden. Die ratio der Norm kann nicht nur auf den Schutz von Rechten, welche die Tarifvertragsparteien mit normativer Wirkung vereinbart haben oder die mit normativen Bestimmungen zusammen in demselben Vertragstext stehen, abzielen.

Als Argument für eine analoge Anwendung des § 4 Abs. 4 TVG führt Plander an, dass dies die „rechtliche Kluft zwischen Tarif- und sonstigem Koalitionsvertrag“ [217] verringert würde. Legt man den Begriff des Tarifvertrags und damit den der tariflichen Rechte im Sinne des § 4 Abs. 4 TVG teleologisch in der Weise aus, dass der Tarifvertragsbegriff auch drittbezogene schuldrechtliche Vereinbarungen mit arbeitsrechtlichem Inhalt erfasst, so gibt es indessen keine rechtliche Kluft zwischen dem kollektiven arbeitsrechtlichen Koalitionsvertrag und dem Tarifvertrag, die zu überwinden ist.

§ 4 Abs. 4 TVG ist somit teleologisch dergestalt auszulegen, dass unter den Begriff „tarifliche Rechte“ auch Rechte aus rein schuldrechtlichen Verträgen fallen. Der Tarifvertragsbegriff umfasst also auch rein schuldrechtliche Verträge der Koalitionen zugunsten Dritter mit den Inhalten des § 1 Abs. 1 TVG. Daraus resultierende Rechte fallen unter den Begriff „tarifliche Rechte“ im Sinne des § 4 Abs. 4 TVG.

1.5. Die Nachwirkung gemäß § 4 Abs. 5 TVG

Die Nachwirkung von Tarifverträgen soll einen rechtlichen Leerlauf für die Zeit verhindern, in der die Tarifvertragsparteien nach Ablauf eines Vertrags über einen neuen Tarifvertrag verhandeln[218]. Vereinbaren die Tarifvertragsparteien über die Arbeitsverhältnisse der Arbeitnehmer statt eines normativ wirkenden Tarifvertrags einen schuldrechtlichen normersetzenden Vertrag, würde ein rechtlicher Leerlauf drohen, wenn dieser schuldrechtliche Vertrag eine zeitliche Begrenzung enthält. Der Wortlaut des § 4 Abs. 5 TVG ist aber insofern eindeutig, als er von „Rechtsnormen“ und nicht vom „Tarifvertrag“ oder von „tariflichen Rechten“

---

217 Plander, PersR 2002, S.292 (295).
218 Gamillscheg, Koll. Arbeitsrecht, Bd. I, S.872.

spricht. § 4 Abs. 1 TVG regelt die unmittelbare und zwingende Wirkung der Rechtsnormen. § 4 Abs. 5 TVG befasst sich ebenfalls mit „Rechtsnormen", die laut § 4 Abs. 1 eine unmittelbare und zwingende Wirkung haben. Insofern ist der Wortlaut eindeutig und betrifft nur normativ wirkende Vereinbarungen.

1.6. Tarifregistereintragung gemäß § 6 TVG und Bekanntgabe nach § 8 TVG

Die Tarifregistereintragung nach § 6 TVG bezweckt die Schaffung von Publizität[219]. Die Publizitätswirkung ist nach Löwisch/Rieble insofern eingeschränkt, als die Eintragung gemäß § 6 TVG keine gesetzliche Vermutung für das Bestehen oder Nichtbestehen eines Tarifvertrags zur Folge hat[220].

Die Eintragung in das Tarifregister umfasst lediglich die Angaben der Tarifvertragsparteien, des Geltungsbereichs sowie des Zeitpunkts des Abschlusses und des Inkrafttretens, nicht aber auch des Inhalts eines Tarifvertrags. Die Eintragung soll den Mitgliedern die Feststellung ermöglichen, dass ein Tarifvertrag geschlossen wurde, damit sie sich bei ihrem Verband über den Inhalt informieren können. Den organisierten Arbeitnehmern und Arbeitgebern stehen aufgrund ihrer verbandsrechtlichen Mitgliedschaftsrechte Auskunftsansprüche gegen ihre Verbände sowie Einsichtsrechte in bestehende Verträge zu[221].

Die Mitglieder haben auch bei schuldrechtlich wirkenden Verträgen ein Interesse, Kenntnis darüber zu erlangen, wenn ihr Verband eine Vereinbarung schließt, bei deren Umsetzung sie mitwirken sollen. Nach Sinn und Zweck des § 6 TVG ist die Vorschrift somit auch auf rein schuldrechtliche Verträge anzuwenden, wenn diese einen arbeitsrechtlichen Drittbezug haben und eine Mitwirkung der Mitglieder vorsehen. Für einen Bezug des § 6 TVG zu schuldrechtlichen Bestimmungen spricht zudem der Umstand, dass der Bundesminister für Arbeit und Sozialordnung zu prüfen hat, ob der Tarifvertrag normativ oder schuldrechtlich wirkende Bestimmungen enthält[222]. Daher ist davon auszugehen, dass der Bundesminister auch Vereinbarungen zu prüfen hat, die allein schuldrechtliche Bestimmungen enthalten, sodass es auch bei rein schuldrechtlich wirkenden Verträgen der Tarifparteien mit normersetzendem Charakter einer Eintragung ins Tarifregister bedarf.

Da der Inhalt eines Vertrags nach § 6 TVG nicht ins Tarifregister eingetragen wird, ist die Auslegung im Betrieb nach § 8 TVG allerdings für den Schutz der Arbeitnehmer wichtiger als die Eintragung in das Tarifregister. Neben der Publi-

---

219 Gamillscheg, Koll. Arbeitsrecht Bd.I, S.519; Kempen/Zachert, § 8 Rn.1; Maus, § 6 Rn.3; Plander, ZTR 1997, S.145 (148); Schaub, Arbeitsrecht, S.1922.
220 MünchArbR/Löwisch/Rieble, § 257 Rn.22.
221 Schaub, in: Erfurter Kommentar, § 6 TVG, Rn.6.
222 MünchArbR/Löwisch/Rieble, § 257 Rn. 23.

zität der Normen[223] verfolgt § 8 TVG den Zweck sicherzustellen, dass die betroffenen Arbeitnehmer sich über die ihnen zustehenden Rechte informieren können[224]. Die Regelung des § 8 TVG differenziert dabei nicht zwischen dem normativen und dem schuldrechtlichen Teil des Tarifvertrags[225] und gilt daher für schuldrechtliche und normative Bestimmungen eines Tarifvertrags[226] und damit auch für rein schuldrechtliche normersetzende Tarifverträge[227]. Auch solche Verträge können- als Verträge zugunsten Dritter- Ansprüche für Arbeitnehmer begründen. Der Zweck des § 8 TVG erfasst jedoch keine Koalitionsverträge, die eine außerhalb der Arbeitsverhältnisse liegende Materie zum Inhalt haben[228].

Gewährt ein Vertrag der Tarifvertragsparteien den Mitgliedern des Verbandes oder Dritten Ansprüche gegen ihre Arbeitgeber oder gegen den gegnerischen Verband auf Einwirkung auf dessen Mitglieder, so gebietet der Zweck des § 8 TVG eine Auslegung im Betrieb. Die Arbeitnehmer sind erst durch eine Bekanntmachung in der Lage, ihre Rechte wahrzunehmen. Um eine Bekanntmachung im Sinne des § 8 TVG vorzunehmen, ist eine schriftliche Fixierung erforderlich, sodass es auch im Blick auf § 8 TVG erforderlich ist, das Schriftformerfordernis des § 1 Abs. 1 TVG auf schuldrechtliche drittbezogene Verträge auszudehnen[229]. Ein Vorvertrag begründet hingegen als bloße Vorstufe zu einem später abzuschließenden Tarifvertrag keine Ansprüche für Dritte[230]. Daher muss der Vorvertrag nicht bekannt gemacht werden[231]. Gleiches gilt für schuldrechtliche Verträge der Tarifvertragsparteien, die keinen Bezug zu den Arbeitsverhältnissen der Arbeitnehmer im Sinne des § 1 Abs. 1 TVG haben oder ausschließlich Eigenpflichten enthalten. Insofern ergibt die teleologische Auslegung des § 8 TVG, dass schuldrechtliche Normenverträge mit Inhalten des § 1 Abs. 1 TVG als Tarifverträge anzusehen sind[232].

---

223 Plander, ZTR 1997, S.145 (148).

224 Däubler, TVR Rn. 1294; ders., TVG, § 8 Rn. 3; Kempen/Zachert, § 8 Rn. 1; Löwisch/Rieble, § 8 Rn. 1; Wiedemann/Oetker, TVG, § 8 Rn. 2.

225 Löwisch/Rieble, § 8 Rn.2.

226 Däubler, TVG, § 8 Rn. 6; ders., TVR, Rn. 1294; Kempen/Zachert, § 8 Rn.1; Wiedemann/Oetker, TVG, § 8 Rn. 6.

227 Löwisch/Rieble, § 8 Rn. 2.

228 Löwisch/Rieble, § 8 Rn. 5.

229 Vgl. dazu bereits oben unter D.II.1.2.

230 BAG AP Nr.20 zu § 1 TVG; Buchner, AR-Blattei (D) Tarifvertrag II Abschluss Anm. zu Entscheidung des BAG v.26.1.83 Nr.16 Bl.2, unter 3.; Däubler, TVG, § 1 Rn. 17; Wolter, DB 1993, S.934 (937).

231 Buchner, AR-Blattei (D) Tarifvertrag II Abschluss Anm. zu Entscheidung des BAG v.26.1.83, Nr.16 Bl.2 unter 3.; Wolter, DB 1993, S.934 (937).

232 Däubler, TVR, Rn. 1294; Kempen/Zachert, § 8 Rn. 1; Löwisch/Rieble, § 8 Rn. 2; Wiedemann/Oetker, TVG, § 8 Rn. 2.

1.7. Die Rechtskrafterstreckung nach § 9 TVG

§ 9 TVG regelt die Frage, ob eine abstrakte Feststellungsklage über Rechtsnormen des Tarifvertrags möglich ist. Die Anwendung von § 9 TVG gewährleistet eine einheitliche Auslegung tariflicher Bestimmungen und bewirkt somit Rechtssicherheit und Rechtsklarheit[233].

Ob die Rechtskrafterstreckung des § 9 TVG auch rein schuldrechtliche Vereinbarungen der Tarifvertragsparteien erfasst, ist nicht abschließend geklärt.

Nach Ansicht des BAG[234] und einiger Autoren[235] gilt die Rechtskrafterstrekkung des § 9 TVG nur bei normativen Inhalten eines Tarifvertrags[236], da § 9 TVG nur die Bindungswirkung für Dritte und somit nicht die Beziehung der Tarifparteien zueinander betreffe. Bei schuldrechtlichen Bestimmungen gebe es keine Bindung Dritter[237], sodass für diese Abreden allein eine allgemeine Feststellungsklage nach der ZPO in Betracht käme. Diese Auffassung berücksichtigt indes nicht, dass schuldrechtliche Vereinbarungen der Verbände insofern eine Bindungswirkung für Dritte haben können, als die Verbände über die Einwirkungspflichten gehalten sind, auf ihre Mitglieder einzuwirken, damit sich diese den schuldrechtlichen Abreden der Tarifparteien entsprechend verhalten. Insofern ist auch Löwischs Ansicht nicht zu folgen, dass den Arbeitsgerichten die Befugnis zur abstrakten Klärung von Rechtsfragen im schuldrechtlichen Bereich fehle, da die einzige Rechtfertigung für die Zuständigkeit der Arbeitsgerichte die Geltung der Vertragsbestimmungen für eine Vielzahl von Arbeitsverhältnissen sei[238]. Löwisch meint zudem, eine abstrakte Feststellungsklage komme nur in Betracht, wenn der Auslegungsstreit zwischen den Parteien „für eine aus einem konkreten Sachverhalt abgeleitete, gegenwärtige rechtliche Beziehung, also ein

---

233 BAG AP Nr. 4 zu § 8 TVG; BAG AP Nr. 1 zu § 9 TVG 1969; BAG AP Nr. 7 zu § 256 ZPO; BAG AP Nr.10 zu Art.9 GG Arbeitskampf; Dütz, JbAR 20, S.33 (37); Kempen/Zachert, § 9 Rn.1; Löwisch/Rieble, § 9 Rn.4; Maus, § 8 Rn.1; Reichel, § 9 Rn.1a; Rieble, NZA 1992, S.250 (251); Wiedemann/Oetker, TVG, § 9 Rn.3 ff.

234 BAG AP Nr.1 zu § 8 TVG; BAG AP Nr.20 zu § 1 TVG Druckindustrie; BAG AP Nr.1 zu § 1 TVG Durchführungspflicht; BAGE 39, S.138 (141); BAG AP Nr.76 zu Art.9 GG Arbeitskampf.

235 Gamillscheg, Koll. Arbeitsrecht, Bd. I, S.551; Germelmann, § 2 Rn.20; Gift/Baur, C 2.5.1., Rn.30; Kempen/Zachert, § 9 Rn.3; Löwisch, ZZP Bd.103, S.22 (29); Löwisch/Rieble, § 9 Rn.17, § 1 TVG Rn.283; MünchArbR/Löwisch/Rieble, § 266 Rn.17; Plander, ZTR 1997, S.145 (148); Reichel, § 9 Anm.1 a; Rieble, NZA 1992, S.250 (252); a.A.: Dütz, Arbeitsrecht, S.38.

236 Das BAG wendet § 9 TVG nicht auf rein schuldrechtliche Vereinbarungen der Tarifvertragsparteien an, andererseits aber auf den schuldrechtlichen Teil des Tarifvertrags (BAG AP Nr.83 zu Art.9 GG Arbeitskampf (vgl. Gründe zu A 2 d).

237 Gamillscheg, Koll. Arbeitsrecht, Bd. I, S.551.

238 Löwisch, ZZP Bd.103 (1990), S.22 (29).

Rechtsverhältnis"[239], von Bedeutung sei. Entscheidungen der Schiedsgerichte über schuldrechtliche Bestimmungen eines Tarifvertrags könnten zwar bindende Wirkung für die Mitglieder erhalten, sofern dies in einem Tarifvertrag oder in einer Schiedsabrede zwischen den Tarifvertragsparteien vereinbart sei. Eine solche Wirkung für die Mitglieder sei aber nur dann möglich, wenn das Schiedsgericht die Funktion einer Schlichtungsstelle übernehme, welche die schuldrechtlichen Bestimmungen des Tarifvertrags authentisch interpretiere. Bei seiner Begründung übersieht Löwisch, dass nicht nur normativ wirkende Abreden der Tarifvertragsparteien die für eine Rechtskrafterstreckung nach § 9 TVG erforderliche „Fernwirkung"[240], d.h. Bedeutung für andere Rechtsverhältnisse, haben. Vereinbaren die Tarifvertragsparteien Pflichten in schuldrechtlichen Abreden, die sich auf Dritte, also nicht allein auf die Tarifvertragsparteien auswirken, haben diese ebenfalls Fernwirkung für die betroffenen Dritten.

Entgegen der vorstehenden Ansicht wenden zahlreiche Autoren[241] § 9 TVG sowohl auf den schuldrechtlichen Teil des Tarifvertrags als auch auf außertarifliche schuldrechtliche Vereinbarungen der Tarifparteien an, sofern aus den übernommenen Pflichten Ansprüche gemäß § 328 BGB zugunsten der Verbandsmitglieder entstehen[242]. So soll bei einem Streit über das Bestehen oder den Umfang einer vereinbarten absoluten Friedenspflicht eine rechtskräftige arbeitsgerichtliche Entscheidung mit Rechtskrafterstreckung nach § 9 TVG wünschenswert sein. Dabei verweisen einige Autoren darauf, dass das BAG die Rechtskraft gemäß § 9 TVG auch auf den schuldrechtlichen Teil des Tarifvertrags erstreckt[243].

Eine differenzierte Ansicht zur Frage der Anwendbarkeit des § 9 TVG auf schuldrechtliche Tarifbestimmungen vertritt hingegen Krause[244]: Regelten

---

239 Löwisch, ZZP Bd.103 (1990), S.22 (29); ebenso Schwab, S.25.

240 Maus, § 8 Rn.12.

241 Dütz, JbAR 20, S.33 (38,40); Dütz, Anm.zu BAG EzA § 1 TVG Friedenspflicht Nr.1 S.17 (27); Herschel, ZfA 1973, S.183 (197); Hueck/Nipperdey, TVG, § 8 Rn.6; Krause, S.290 ff., 293 f., 345; Maus, § 8 Rn.12; Maywald, S.20; 60 ff.; Nikisch, Arbeitsrecht II, S.227; Reichel, § 9 Rn.5; Schnoor von Carolsfeld, ArbR, S.66; Stein/Jonas-Schumann, § 256 Rn.181,193; Wiedemann/Oetker, TVG, § 9 Rn.20.

242 Für Schutzwirkung: Dütz, Arbeitsrecht, Rn.700; Straetmans, S.105; Wiedemann, TVG, § 1 Rn.661; Zöllner/Loritz, Arbeitsrecht, S.392. Für einen Anspruch auf Erfüllung bzw. auf Unterlassung der gegen die Friedenspflicht verstoßenden Handlungen: BAG AP Nr.1,2,4 zu § 1 TVG Friedenspflicht; Brox/Rüthers, Arbeitsrecht, Rn.754; Gamillscheg, Koll. Arbeitsrecht Bd.1, S.1080; Kempen/Zachert, § 1 Rn.339; Lieb, Arbeitsrecht, Rn.486 Fn.19; Löwisch/Rieble, § 1 Rn.276; Maus, § 1 Rn.243 f.; MünchArbR/Löwisch/Rieble, § 277 Rn.9; Staudinger/Jagmann, BGB, § 328 Rn.70.

243 BAG AP Nr.83 zu Art.9 GG Arbeitskampf (unter A 2 d d.Gr.)

244 Krause, S.292 ff.

schuldrechtliche Abreden Arbeitsbedingungen Dritter, gelte die Rechtskrafterstreckung nach § 9 TVG. Schuldrechtliche Bestimmungen, die hingegen nur der Durchsetzung des normativen Teils dienen, fielen nicht unter § 9 TVG. Eine Bindungswirkung nach § 9 TVG sei nur erforderlich, wenn das festzustellende Rechtsverhältnis für die rechtliche Stellung von Arbeitgebern und Arbeitnehmern vorgreiflich sei. Dies sei beim Haustarifvertrag bezüglich der schuldrechtlichen Regelung von Arbeitsbedingungen der nicht- oder andersorganisierten Arbeitnehmer der Fall. In diesen Fällen liege ein echter Vertrag zugunsten Dritter für eine Vielzahl von bestimmbaren Dritten vor. Insoweit sei der Inhalt der schuldrechtlichen Bestimmung vorgreiflich für den konkreten Inhalt der Arbeitsverhältnisse. Ausschlaggebend sei, ob eine Entscheidung im „Deckungsverhältnis", also zwischen den Tarifvertragsparteien, auch im „Valutaverhältnis" Rechtskraft entfalte. Die erweiterte Rechtskrafterstreckung durch § 9 TVG habe ihre historische Wurzel in der materiellrechtlichen Beeinflussung der Arbeitsverhältnisse. Eine Bindungswirkung sei daher stets anzunehmen, wenn Arbeitsverhältnisse materiellrechtlich beeinflusst würden, selbst wenn dies nicht normativ, sondern mittels Vertrags zugunsten Dritter erfolge.

Zu dieser Auffassung ist anzuführen, dass bereits die Entstehungsgeschichte des § 9 TVG belegt, dass rein schuldrechtliche Bestimmungen „namentlich im Hinblick auf § 328 BGB" [245] von § 9 TVG erfasst werden sollten. Herschel führt hierzu aus, dass es dem Willen des historischen Gesetzgebers entspreche, dass die Rechtskrafterstreckung des § 9 TVG auch Feststellungsurteile über schuldrechtliche Tarifbestimmungen, insbesondere solche nach § 328 BGB, erfasse[246]. Andernfalls drohe eine Entwertung der durch schuldrechtliche Regelungen der Arbeitsbedingungen geschaffenen kollektiven Ordnung durch divergierende Entscheidungen[247]. Leistungen, die Dritten zugute kommen sollen, schüfen ein einheitliches Bezugssystem. Dieses bedürfe einer verbindlichen Klärung. Die Drittrechte seien von vornherein mit der Möglichkeit einer Rechtskrafterstreckung belastet, sodass kein Verstoß gegen Art. 103 Abs.1 GG vorliege. Gehe es bei einer Entscheidung um die Entstehung von Durchsetzungs- und Einwirkungspflichten, bestehe die Gefahr, dass ein Tarifvertrag im Verhältnis zwischen Arbeitgeber und einzelnem Arbeitnehmer anders gedeutet würde, als es zwischen Arbeitgeberverband und den Mitgliedsunternehmen vereinbart sei[248]. Dies hätte eine Störung des Tarifvertragssystems zur Folge. Aus diesem Grund müsse § 9 TVG auch bei Fragen der Durchsetzungs- und Einwirkungspflichten gelten.

245 So auch Herschel, ZfA 1973, S.183 (197).
246 Herschel, ZfA 1973, S.183 (197).
247 Krause, S.294 f.
248 Krause, S.298.

Zur Klärung dieser Frage ist ein Blick auf den Wortlaut des § 9 TVG zu werfen. Danach differenziert § 9 TVG nicht zwischen den verschiedenen Teilen eines Tarifvertrags und erfasst auch schuldrechtliche Bestimmungen. Der Gesetzgeber verwendet in § 9 TVG den Begriff „Tarifvertrag" statt „Rechtsnormen", wenn er von „Rechtsstreitigkeiten zwischen Tarifvertragsparteien" spricht. In einem solchen Rechtstreit aus dem Tarifvertrag oder über das Bestehen oder Nichtbestehen eines Tarifvertrags kann die Frage zu klären sein, ob ein Vertrag der Tarifparteien ein normativ wirkender oder ein rein schuldrechtlicher Vertrag ist. Zudem können schuldrechtliche Abreden Dritte mittelbar binden und diesen auch Ansprüche gewähren. § 9 TVG bezweckt, eine einheitliche Auslegung tariflicher Bestimmungen zu gewährleisten und somit Rechtssicherheit und Rechtsklarheit zu bewirken[249]. Dieser Zweck ist für sämtliche Vereinbarungen der Tarifvertragsparteien, die den Mitgliedern Ansprüche gewähren, erforderlich. Dies rechtfertigt die Anwendung des § 9 TVG auf schuldrechtliche Vereinbarungen, sofern sie Dritte betreffen. Insofern ist Krause zuzustimmen, der schuldrechtliche Bestimmungen als erfasst ansieht, sofern sie materiellrechtlich das Arbeitsverhältnis betreffen. Die teleologische Auslegung des § 9 TVG spricht daher dafür, auch rein schuldrechtliche Verträge über Themen des § 1 Abs. 1 TVG zu erfassen, sofern sie normersetzend wirken.

1.8. Ergebnis zu ausschließlich schuldrechtlichen Verträgen nach dem TVG

Nach allem zeigen die Zwecke sämtlicher Vorschriften des TVG, dass der Gesetzgeber, wenn er die Begriffe „Tarifvertrag" oder „tarifliche Rechte" verwendet, sowohl normative als auch rein schuldrechtliche Absprachen der Tarifvertragsparteien mit Wirkung für Dritte erfasst. Trifft der Gesetzgeber Regelungen, die nur für normativ wirkende Abreden gelten, verwendet er den Begriff der Rechtsnorm.

Schuldrechtliche Abreden können Einwirkungspflichten der Vertragsparteien auf ihre Mitglieder enthalten und wirken dann tarifnormersetzend. Ihre Wirkung kann in diesen Fällen zwar nicht in ihrer Intensität, wohl aber in ihrer faktischen Wirkung normativ wirkenden Vereinbarungen entsprechen. Schuldrechtliche Abreden dieser Art bedürfen der Schriftform nach § 1 Abs. 2 TVG. Sie unterliegen der halbzwingenden Wirkung des § 4 Abs. 3 TVG sowie der eingeschränkten Abdingbarkeit nach § 4 Abs. 4 TVG, der Tarifregistereintragung nach § 6 TVG, der Bekanntgabe nach § 8 TVG sowie der Rechtskrafterstreckung nach § 9 TVG.

---

249 BAG AP Nr.4 zu § 8 TVG; AP Nr.1 zu § 9 TVG 1969; Nr.7 zu § 256 ZPO; Nr.10 zu Art.9 GG Arbeitskampf; Dütz, JbAR 20, 33, 37; Maus, § 8 Rn.1; Wiedemann/Oetker, TVG, § 9 Rn.20 ff.

Die TVG-Vorschriften sind daher teleologisch in der Weise auslegen, dass rein schuldrechtliche Abreden mit Drittwirkung vom Tarifvertragsbegriff des TVG erfasst sind. Insofern bedarf es keiner analogen Anwendung. Die normative Wirkung eignet sich somit nicht als Abgrenzungskriterium des Tarifvertrags vom außertariflichen Koalitionsvertrag.

2. Rechtslage nach Bestimmungen des ArbGG

Vorschriften, die den Tarifvertrag betreffen, finden sich nicht nur im TVG, sondern ebenso im ArbGG sowie im BetrVG. Ein und derselbe Begriff kann aber innerhalb verschiedener Gesetze unterschiedliche Bedeutungen haben. Das hat Joost für den Betriebsbegriff eingehend untersucht[250]. Der Tarifvertragsbegriff kann also im ArbGG und im BetrVG andere Zwecke verfolgen als im TVG und dementsprechend anders zu bilden sein. Von Bedeutung sind insoweit auch die Zwecke des Tarifvertragsbegriffs im ArbGG sowie im BetrVG.

2.1. Die ratio der arbeitsgerichtlichen Zuständigkeit, § 2 Abs. 1 Nr.1 ArbGG

Nach § 2 Abs. 1 Nr.1 ArbGG ist der Rechtsweg zu den Arbeitsgerichten für bürgerliche Rechtstreitigkeiten zwischen Tarifvertragsparteien oder zwischen diesen und Dritten aus Tarifverträgen oder über das Bestehen oder Nichtbestehen von Tarifverträgen eröffnet. In Literatur und Rechtsprechung besteht Einigkeit, dass die Arbeitsgerichte auch für Rechtsstreitigkeiten über rein schuldrechtliche Vereinbarungen der Tarifvertragsparteien zuständig sind, sofern die schuldrechtlichen Vereinbarungen der Tarifvertragsparteien einen arbeitsrechtlichen Inhalt haben. Zu diesem Ergebnis gelangen einige Autoren über ein weites Verständnis des Tarifvertragsbegriffs des § 2 Abs. 1 Nr. 1 ArbGG, andere über eine analoge Anwendung des § 2 Abs. 1 Nr. 1 ArbGG auf schuldrechtliche Vereinbarungen.

Die Autoren, die den Tarifvertrag ausschließlich als normativ wirkenden Vertrag ansehen und den Begriff des Tarifvertrags im Sinne des § 2 Abs.1 Nr.1 ArbGG eng auslegen, wenden § 2 Abs.1 Nr.1 ArbGG analog auf schuldrechtliche Vereinbarungen der Tarifvertragsparteien an, sofern sich die Materie normativ regeln lässt oder sofern die Regelung Ansprüche Dritter begründet[251]. Die Eröffnung des Rechtswegs zu den Gerichten für Arbeitssachen hänge nicht von der

250 Joost, Betrieb, S.83 f.
251 Hueck/Nipperdey, TVG, § 1 Rn.8, S.33; Plander, ZTR 1997, S.145 (151 f.); Wittmann, Anm. zu BAG SAE 1980, S.211 (214).

Einordnung der Vereinbarung der Tarifparteien als Tarifvertrag ab[252]. Sofern schuldrechtliche Verträge tariflich regelbaren Inhalt haben, seien Arbeitsgerichte sachnäher und sachkundiger als die Zivilgerichte. Schuldrechtliche Vereinbarungen im Bereich des Art. 9 Abs. 3 GG lägen sachlich in der Nähe der Tarifverträge.

Demgegenüber befürworten das BAG[253] und andere Autoren[254] eine weite Auslegung des Tarifvertragsbegriffs in § 2 Abs.1 Nr.1 ArbGG. Danach sei der Tarifvertragsbegriff des § 2 Abs.1 Nr.1 ArbGG wie der des § 1 Abs. 1 TVG zu bestimmen[255], wonach auch schuldrechtliche Bestimmungen erfasst seien[256]. Es bestehe eine Grundtendenz des Gesetzgebers, die arbeitsrechtlichen und sich aus der Betätigung der Koalitionen ergebenden Streitigkeiten zwischen Tarifvertragsparteien grundsätzlich der Arbeitsgerichtsbarkeit zuzuweisen[257]. Ziel des Arbeitsgerichtsgesetzes sei es, alle bürgerlichrechtlichen Streitigkeiten, die in einer Beziehung zum Arbeitsverhältnis stehen und die diese Beziehung maßgeblich prägen, den Arbeitsgerichten zuzuweisen[258]. Aus diesem Grund habe der Gesetzgeber den Zuständigkeitskatalog des § 2 ArbGG im Lauf der Zeit wiederholt erweitert[259]. Schon das Reichsgericht habe 1926 die Vorschrift des § 2 ArbGG weit ausgelegt[260]. Bei den Arbeitsgerichten seien besondere Kenntnisse auf dem Ge-

---

252 Plander, ZTR 1997, S.145 (151).

253 BAGE 14, S.282= AP Nr.5 zu Art.9 GG= SAE 1964, S.94 m. Anm. Bötticher; insbesondere zu Rechten und Pflichten, die sich aus Streitigkeiten zwischen Gemeinsamen Einrichtungen und Arbeitgebern oder Arbeitnehmern ergeben: BAGE 32,187 (190)= AP Nr.2 zu § 4 TVG Gemeinsame Einrichtungen, Bl.853 (853 R.); BAG, AP Nr.12 zu § 5 TVG = SAE 1965, S.139(140) mit Anm. Mayer-Maly; BAG AP Nr.14 zu § 5 TVG Bl.215 (218) mit Anm. Wiedemann; BAG AP Nr.6 zu § 2 ArbGG 1979; BAG AP Nr.5 zu § 61 KO.

254 Germelmann, § 2 Rn.14; Gift/Baur, C 2.3.,Rn.24; Grunsky, § 2 Rn.58; Streckel , Anm. zu BAG-Beschluss vom 25.8.1982, SAE 1983, S.101 (103).

255 Grunsky, § 2 Rn.58, so auch Streckel zu § 72 a ArbGG, Anm. zu BAG v. 25.8.1982, SAE 1983, S.101 (103).

256 BAG AP Nr.4 zu § 8 TVG; Germelmann, § 2 Rn.15; Gift/Baur, C 2.3., Rn.24; Grunsky, § 2 Rn.58; Kissel, GVG, § 13 Rn.142,172.

257 So das BAG AP Nr.2 zu § 4 TVG Gemeinsame Einrichtungen = SAE 1980, S.211(212); Anm.Wittmann hierzu, SAE 1980 S.213 (214).

258 BAG AP Nr.12 zu § 5 TVG= SAE 1965, 139 (140); BAG AP Nr.2 zu § 4 TVG Gemeinsame Einrichtungen, Bl.853 (853 R.).

259 § 2 Abs. 1 Nr.4 ArbGG durch das BetrVG vom 15.1.1972 (BGBl.I,S.13); § 2 a ArbGG durch das Gesetz zur Verbesserung der betrieblichen Altersversorgung vom 19.12.1974 (BGBl.I,S.3610); § 2 Abs. 1 Nr.5 ArbGG durch das MitbestG vom 4.5.1976 (BGBl.I,S.1153); §§ 2, 2a ArbGG durch das Gesetz zur Beschleunigung und Bereinigung des arbeitsgerichtlichen Verfahrens vom 21.5.1979 (BGBl.I, S.545); § 2 Abs. 1 Nr.6 ArbGG durch das Arbeitsgerichtsgesetz- Änderungsgesetz vom 1.7.1990 (BGBl.I,S.1206).

260 BAG AP Nr.2 zu § 4 TVG Gemeinsame Einrichtungen, Bl. 853 (854).

biet des Arbeitsrechts und des Arbeitslebens vorhanden[261]. So müssten die Richter der Arbeitsgerichtsbarkeit gemäß §§ 16 Abs.1 S.2, 35 Abs.1 S. 2 und Abs. 2, 43 Abs.2 S.1 ArbGG über besondere Kenntnisse und Erfahrungen auf dem Gebiet des Arbeitsrechts und Arbeitslebens verfügen[262].

Löwisch führt weiterhin aus, dass eine zentrale Frage wie die der Zuständigkeit nach § 2 Abs.1 Nr.1 ArbGG[263], die von dem Vorliegen eines Tarifvertrages abhängig sei, nicht von der schwierig zu beurteilenden Frage der Wirkung des Vertrages abhängen könne. Es sei aber „im Einzelfall schwierig zu beurteilen[264]", ob eine Regelung der Tarifparteien normativ oder schuldrechtlich gemeint sei. Löwisch wendet daher § 2 Abs.1 Nr.1 ArbGG direkt und nicht analog auf normersetzende schuldrechtliche Verträge an.

Die analoge Anwendung des § 2 Abs.1 Nr.1 ArbGG überzeugt in der Tat nicht. Betrifft eine Rechtsvorschrift von der ratio den gleichen Sachverhalt, ist die Vorschrift teleologisch in der Weise auszulegen, dass der Rechtsbegriff den Sachverhalt und somit schuldrechtliche Vereinbarungen im Bereich des Art.9 Abs. 3 GG miterfasst. Nur wenn die Vorschrift schuldrechtliche Vereinbarungen nach keiner der anerkannten Auslegungsmethoden erfasst, kommt eine analoge Anwendung in Betracht. Die teleologische Auslegung des Tarifvertragsbegriffs in § 2 Abs. 1 Nr. 1 ArbGG ergibt aber, dass schuldrechtliche Vereinbarungen mit normativ regelbarem Inhalt unter den Tarifvertragsbegriff fallen. Das Argument, dass die Richter der Arbeitsgerichtsbarkeit schon wegen ihrer Kenntnisse und Erfahrungen für rein schuldrechtliche Vereinbarungen im Bereich des Art. 9 Abs. 3 GG zuständig sind, spricht dafür, dass der Begriff „Tarifvertrag" teleologisch weit auszulegen ist und schuldrechtliche Vereinbarungen wegen des Zwecks des § 2 ArbGG unter den Begriff „Tarifverträge" fallen. § 2 Abs.1 Nr.1 ArbGG ist folglich direkt auf schuldrechtliche Vereinbarungen der Tarifvertragsparteien mit normersetzendem Inhalt anzuwenden.

2.2. Die ratio der arbeitsgerichtlichen Rechtsbehelfe

Das Arbeitsgerichtsgesetz trifft in §§ 64 Abs. 3 Nr.2 lit.a und b, 72 a Abs. 1 Nr.1 und Nr.2, 76 Abs. 2 Nr. 1 und Nr. 2 ArbGG Sonderregelungen für Rechtsbehelfe, die Rechtsstreitigkeiten über Tarifverträge betreffen. Damit stellt sich die Frage, ob unter den Tarifvertragsbegriff dieser Vorschriften auch schuldrechtliche Ver-

---

261 BAG AP Nr.5 zu Art.9 GG; Germelmann, § 2 Rn.14.

262 BAG AP Nr.2 zu § 4 TVG Gemeinsame Einrichtungen= SAE 1980, S.211 (213) mit Anm.Wittmann.

263 Sowie die Zulässigkeit von Rechtsmitteln nach §§ 74 Abs.3 Nr.2 lit.a, 72 a Abs.1 Nr.1, 76 Abs.2 Nr.1 ArbGG.

264 MünchArbR/Löwisch/Rieble, § 253 Rn.43.

einbarungen der Tarifvertragsparteien fallen. Diese Frage wurde insbesondere in der Literatur für die Anwendbarkeit des § 72 a Abs. 1 ArbGG auf Vorverträge diskutiert. Auch wenn der Vorvertrag als schuldrechtlicher Tarifvertrag zu werten ist[265], folgt daraus freilich nicht zwangsläufig, dass die Nichtzulassungsbeschwerde für diesen gilt[266]; der Tarifvertragsbegriff des § 72 a ArbGG kann teleologisch in der Weise zu reduzieren sein, dass Vorverträge nicht erfasst sind[267], während § 72 a ArbGG für sonstige schuldrechtliche Verträge der Tarifvertragsparteien gelten kann, die keine Vorstufe zu einem normativ wirkenden Tarifvertrag darstellen. Insofern ist für die Zulässigkeit der Nichtzulassungsbeschwerde zwischen Vorverträgen und sonstigen schuldrechtlichen Verträgen der Tarifvertragsparteien zu differenzieren.

Hintergrund des § 72 a ArbGG ist das Gesetz zur Beschleunigung und Bereinigung des arbeitsgerichtlichen Verfahrens vom 21.5.1979[268], durch welches dieser arbeitsgerichtliche Rechtsbehelf eingeführt wurde. Mit dieser gesetzlichen Neuregelung wurde die Streitwertrevision durch die zulassungsbedürftige Grundsatz- und Divergenzrevision ersetzt. Wegen des Erfordernisses der Zulassung durch das zuständige Landesarbeitsgericht bedurfte es der Nichtzulassungsbeschwerde, die auf bestimmte Ausnahmefälle beschränkt sein sollte, um die angestrebte Entlastung des BAG zu gewährleisten[269]. Entsprechend dieser Zielsetzung hat das BAG den § 72 a Abs. 1 ArbGG eng ausgelegt und die Nichtzulassungbeschwerde auf diejenigen Verträge begrenzt, die nach dem TVG zu Stande gekommen sind und die dem entsprechenden allgemeinen arbeitsrechtlichen Begriff des Tarifvertrags entsprechen[270]. Nach Ansicht des BAG[271] richtet sich die Frage, was Tarifvertrag im Sinne des § 72 a ArbGG ist, nach dem Tarifvertragsbegriff des § 1 Abs. 1 TVG. Als Tarifverträge im Sinne des § 72 a Abs. 1 ArbGG sollen danach alle Abreden gelten, die entsprechend dem Tarifvertragsgesetz,

---

265 Mangen, RdA 1982, S.229 (233); MünchArbR/Löwisch/Rieble, §§ 246 Rn.43, 270 Rn.35.

266 a.A.: Grub, S.113.

267 Larenz/Canaris, Methodenlehre, S.377; Mangen, RdA 1982, S.229 (233).

268 BGBl. I, S.545.

269 Regierungsbegründung, Drks. 8/1567, S.20; Ausführungen Wlotzke (MinDir.), Kurzprotokoll der 42. Sitzung des Ausschusses für Arbeit und Sozialordnung vom 7.6.1978, S.21.

270 BAG EzA § 72 a ArbGG 1972 Nr.17, S. 64 (66); 34, S.94 (96); 38, S.109 (110); 52, S.1 (2); 61, S.1 (2); Pestalozza, Anm. zu BAG SAE 1981, S.106 (107).

271 BAG EzA § 72 a ArbGG 1979 Nr.61, S.1 (2) sowie Nr.17, S.64 (65 f.); Nr.34, S.94 (96); Nr.52, S.1 (2); zustimmend: Düwell/Lipke/Bepler, § 72 a Rn.38.

d.h. als Tarifverträge entsprechend dem materiellen Arbeitsrecht, zustande gekommen seien[272].

Nach der Regierungsbegründung ist die Nichtzulassungsbeschwerde auf Fälle begrenzt, die „für das Arbeitsleben von besonderer Bedeutung sind"[273]. Unter diese Definition fallen auch schuldrechtliche Vereinbarungen der Tarifvertragsparteien, welche die Inhalte des § 1 Abs. 1 TVG betreffen und die Einwirkungspflichten auf die Mitglieder enthalten. Diese haben aufgrund der Einwirkungspflicht und ihres arbeitsrechtlichen Inhalts Bedeutung für das Arbeitsleben und sind nach dem TVG zustande gekommen.

Der Rechtsstreit muss zudem Bedeutung über den Einzelfall hinaus haben[274]. Eine grundsätzliche Bedeutung des Rechtstreits besteht nach Auffassung des BVerfG, wenn es sich um eine besonders wichtige kollektivrechtliche Streitigkeit handelt[275]. Diese Voraussetzung sei bereits erfüllt, wenn ein Rechtsstreit für eine Vielzahl von vergleichbaren Lebenssachverhalten von Bedeutung sei[276]. Nach Ansicht des BAG[277] ist dies der Fall, wenn die Vereinbarung die Rechtsbeziehungen einer unbestimmten Vielzahl von dritten Personen grundsätzlich unmittelbar gestaltet. Die Normsetzung sei für einen Tarifvertrag aber nicht begriffsnotwendig. Begründet ein schuldrechtlicher Vertrag mit den Inhalten des § 1 Abs.1 TVG unmittelbar Ansprüche für Dritte, indem er als Vertrag zugunsten Dritter arbeitsrechtliche Inhalte regelt, gestaltet er die Rechtsbeziehungen einer unbestimmten Vielzahl dritter Personen, sodass er eine grundsätzliche Bedeutung hat.

Für den Vorvertrag zu einem Tarifvertrag hat das BAG[278] jedoch unter Zustimmung einiger Literaturstimmen[279] die Zulässigkeit der Nichtzulassungsbeschwerde nach § 72 a Abs.1 Nr.1 ArbGG verneint. Nach § 72 a Abs.1 i.V.mit Abs.2 Nr.1 ArbGG müsse die Rechtssache für die Zulässigkeit der Nichtzulassungsbeschwerde grundsätzliche Bedeutung haben. Vorverträge hätten als bloße Vorstufe zu Tarifverträgen selber noch keine dem Tarifvertrag entsprechende

---

272 BAG EzA Nr.38 zu § 72 a ArbGG S.109 (110); BAG EzA Nr.17 zu § 72 a ArbGG, S.64 (66).

273 Regierungsbegründung, Drks. 8/1567, S.35.

274 Hauck, NZA 1998, S.925 (926).

275 BVerfG Beschluss vom 11.6.1981-2 BvR 535/81.

276 Amtl.Begründg., BTDrucks. 8/1576, S.35; BAG EzA § 72 a ArbGG 1979 Nr.41; Düwell/Lipke-Bepler, § 72 Rn.18; Gift/Bauer, Rn.68; MünchArbR/Brehm, § 391 Rn.23; Streckel, Anm. zu BAG SAE 1983,101 (104).

277 BAG AP Nr.23 zu § 72 a ArbGG 1979 Grundsatz Bl.379 = SAE 1983, S.101 (102).

278 BAG AP Nr.23 zu § 72 a ArbGG 1979 Grundsatz = SAE 1983,101 (101 f.) mit Anm.Streckel; BAG EzA § 72 a ArbGG 1979 Nr.41, S.113 (114).

279 Düwell/Lipke-Bepler, § 72 a Rn.37; Etzel, ZTR 1997, S.248 (249); Grunsky, § 64 Rn.12; GK-ArbGG/ Ascheid, § 72 a Rn.12; Schaub, Arbeitsrecht, S.1920.

Rechtsqualität[280]. Sie erzeugten für die in Zukunft betroffenen Arbeitnehmer keinerlei Rechtswirkungen und begründeten noch keine Ansprüche zugunsten der Verbandsmitglieder im Sinne des § 328 BGB[281]. Däubler führt hierzu weiterhin aus, dass der Vorvertrag nur eine Materie fixiere, die erst künftig von den Tarifvertragsparteien vereinbart werde[282]. Eine Nichtzulassungsbeschwerde sei aus diesem Grund unzulässig. Die Gründe, die Nichtzulassungsbeschwerde für den Vorvertrag abzulehnen, sprechen aber nicht gegen schuldrechtliche Vereinbarungen der Tarifvertragsparteien, die von vornherein darauf angelegt sind, die Inhalte mittels Einwirkung auf die Mitglieder statt mittels normativer Wirkung zu verwirklichen.

Die Literatur wendet § 72 a ArbGG nicht auf Vorverträge, wohl aber auf den schuldrechtlichen Teil des Tarifvertrags sowie auf „rein schuldrechtlich wirkende Tarifverträge" an[283]. So sei auch der Hinweis des BAG zu verstehen, dass ein Tarifvertrag nicht begriffsnotwendig Normen setzen müsse[284]. § 72 a ArbGG erfasse auch schuldrechtliche Tarifverträge im Sinne des § 1 Abs. 1 TVG, da der Tarifvertragsbegriff in § 72 a ArbGG dem des § 1 Abs. 1 TVG entspreche und letzterer rein schuldrechtliche Vereinbarungen der Tarifvertragsparteien erfasse [285]. § 72 a Abs.1 ArbGG sei insofern abschließend, sodass eine Analogie für schuldrechtliche Vereinbarungen der Tarifvertragsparteien nicht in Betracht komme[286].

Andere Autoren[287] wenden § 72 a Abs.1 Nr.1 ArbGG sowohl auf schuldrechtliche Verträge als auch auf Vorverträge zu Tarifverträgen an. Dabei verweisen diese Autoren auf die sachliche Zuständigkeit der Arbeitsgerichte nach § 2

280 BAG AP Nr.23 zu § 72 a ArbGG 1979 Grundsatz Bl.379 = SAE 1983, S.101 (102); Däubler, TVG, § 1 Rn.17; ders., TVR, Rn.116; Kempen/Zachert, § 1 Rn.373; Wiedemann, TVG, § 1 Rn.238; Wolter, DB 1993, S.934 (935 f.).

281 BAG AP Nr.20 zu § 1 TVG Form; Däubler, TVG, § 1 Rn.17.

282 Däubler, TVR, Rn.116.

283 Düwell/Lipke-Bepler,§ 72 a Rn.37; Grunsky, § 2 Rn.58; Streckel, Anm. zu BAG SAE 1983, S.101 (104).

284 So BAG AP Nr.23 zu § 72 a ArbGG 1979 Grundsatz Bl.379 = SAE 1983, S.101 (102); in diesem Sinne auch verstanden von Streckel, Anm. zu BAG SAE 1983, S.101 (103).

285 Streckel, Anm. zu BAG SAE 1983, S.101 (103 f.).

286 BAG AP Nr. 2 zu § 72 a ArbGG 1979 Grundsatz; BAG AP Nr. 7 zu § 72 a ArbGG 1979 Grundsatz = EzA § 72 a ArbGG Nr. 14; BAG AP Nr. 9 zu § 72 a ArbGG 1979 Grundsatz; BAG AP Nr. 11 zu § 72 a ArbGG Grundsatz = EzA § 72 a ArbGG 1979 Nr. 20; BAG EzA zu § 72 a ArbGG 1972 Nr. 17, S. 64 (66); 34, S.94 (96); Nr. 38, S.109 (110); Etzel, ZTR 1997, S.248; Hauck, NZA 1998, S.925 (926).

287 Germelmann, § 72 a Rn.9; Kempen/Zachert, § 1 Rn. 373; Plander, ZTR 1997, 145 (151 f.); Streckel, Anm.zu BAG SAE 1983,101 (103 f.); Wiedemann, Anm. zu BAG AP Nr.20 zu § 1 TVG, Bl.1090.

Abs.1 Nr.1 ArbGG, die wegen der Sachnähe und Sachkunde sowie des Sachzusammenhangs auch bei schuldrechtlichen Vereinbarungen der Tarifvertragsparteien gegeben sei[288]. Diese Auffassung dehnt den Begriff des Tarifvertrags auf schuldrechtliche normersetzende Vereinbarungen der Tarifvertragsparteien aus[289] und verweist darauf, dass § 72 a Abs.1 ArbGG wortgleich mit § 2 Abs.1 Nr.1 ArbGG sei[290]. Insofern müsse ein entsprechender Tarifvertragsbegriff für § 72 a Abs.1 Nr.1 ArbGG gelten. Die Rechtsstreitigkeiten im Sinne des § 72 a ArbGG entsprächen denen des § 2 ArbGG. Anders als bei § 2 ArbGG müssten die Tarifvertragsparteien den Rechtstreit bei § 72 a Abs.1 Nr.1 ArbGG jedoch selbst führen[291].

Nach Ansicht des BAG[292] ist der Vorvertrag als eine reine Vorstufe zu einem Tarifvertrag nicht vom Tarifvertragsbegriff erfasst , da er noch keine Rechtswirkungen für die Verbandsmitglieder begründe. Damit stellt das BAG als Besonderheit des Vorvertrags auf den inhaltlichen Bezug zum Hauptvertrag ab. Das BAG lehnt damit die Tarifvertragseigenschaft des Vorvertrags nicht wegen der rein schuldrechtlichen Wirkung, sondern wegen der Abhängigkeit des Vorvertrags vom Hauptvertrag ab. Anders als der Vorvertrag sind normersetzende rein schuldrechtliche Vereinbarungen der Tarifvertragsparteien aber keine bloße Vorstufe zu einem normativ wirkenden Tarifvertrag. Sie sind auf eine endgültige Regelung gerichtet. Als solche können sie Rechtswirkungen für die Verbandsmitglieder begründen. Diese Folgerung ergibt sich insofern auch aus dem Urteil des BAG, als dieses hervorgehoben hat, dass die Normsetzung für einen Tarifvertrag nicht begriffsnotwendig sei. Das BAG hat mit seiner Entscheidung gegen die Anwendbarkeit des § 72 a Abs.1 ArbGG auf Vorverträge somit keine Entscheidung gegen die Anwendung des § 72 a ArbGG auf rein schuldrechtlich normersetzende Vereinbarungen der Tarifvertragsparteien getroffen. Dadurch dass es ausgeführt hat, es müsse sich für die Nichtzulassungsbeschwerde um einen Tarifvertrag im Sinne des § 1 TVG handeln, und dabei betont hat, dass die Normsetzung für den Tarifvertrag nicht begriffsnotwendig sei, hat das BAG entschieden, dass schuldrechtliche Tarifverträge unter den Tarifvertragsbegriff des § 72 a Abs.1 ArbGG fallen.

Die in dem vorgenannten Urteil des BAG enthaltene Formulierung, wonach die in § 72 a ArbGG angesprochenen Rechtsverhältnisse „in aller Regel die Rechtsbeziehungen einer unbestimmten Vielzahl von dritten Personen unmittelbar" gestalten, besagt nichts anderes. Das BAG hat bewusst die Worte „in aller

---

288 Plander, ZTR 1997, S,145 (151 f.).
289 Streckel, Anm.zu BAG SAE 1983, S.101 (103 f.).
290 Kempen/Zachert, § 1 Rn. 373.
291 Germelmann, § 72 a Rn.9.
292 BAG AP Nr.23 zu § 72 a ArbGG 1979 Grundsatz Bl.379 = SAE 1983, S.101 (102).

Regel“ im Zusammenhang mit der unmittelbaren Gestaltung der Rechtsbeziehungen verwendet. Daraus ist zu entnehmen, dass es annimmt, es könne Ausnahmen von diesem Grundsatz geben. Enthält die schuldrechtliche Vereinbarung der Tarifvertragsparteien Bestimmungen, die eine Einwirkung der Verbände auf ihre Mitglieder zur Umsetzung erfordert, so liegt eine Beeinflussung von Rechtsverhältnissen einer unbestimmten Vielzahl Dritter vor, selbst wenn diese nicht unmittelbar, sondern nur mittelbar erfolgt.

Zudem kann sich eine grundsätzliche Bedeutung der Rechtssache gemäß §§ 72 a Abs.1 i.V.m. 72 ArbGG auch aus den tatsächlichen Auswirkungen einer Entscheidung ergeben [293]. Ist eine „erhebliche Anzahl von Arbeitsverhältnissen“ von einer Vereinbarung betroffen bzw. hat die Entscheidung des Gerichts für zahlreiche vergleichbare Sachverhalte rechtliche Bedeutung, so ist von einer grundsätzlichen Bedeutung auszugehen[294]. Bei rein schuldrechtlichen Abmachungen der Tarifvertragsparteien, die der Umsetzung im Einzelarbeitsverhältnis bedürfen, liegt eine Gestaltung von Rechtsbeziehungen einer unbestimmten Vielzahl von Personen vor. Die Bedeutung für die Mitglieder ergibt sich hierbei aus der Einwirkungspflicht der Verbände. Die Bedeutung einer Entscheidung über einen schuldrechtlichen Vertrag zugunsten Dritter der Tarifvertragsparteien oder über einen Vertrag mit Schutzwirkung für die Mitglieder eines Verbandes geht über den Einzelfall hinaus. Ob die Gestaltung unmittelbar oder mittelbar erfolgt, kann für die Anwendung des § 72 a ArbGG nicht maßgeblich sein, da die kollektivrechtliche Bedeutung nicht von der Intensität der Einwirkung einer Vereinbarung auf Dritte, sondern ausschließlich von der Tatsache der Beeinflussung der Rechtsverhältnisse einer unbestimmten Vielzahl Dritter abhängt. Insofern erfasst § 72 a Abs. 1 Nr. 1 ArbGG auch rein schuldrechtliche Vereinbarungen mit Wirkungen für die Mitglieder der Verbände. Diese Wirkung ist bei allen Verträgen gegeben, bei denen die Verbände sich verpflichten, auf ihre Mitglieder Einfluss zu nehmen.

Hierfür spricht weiterhin, dass § 72 a Abs.1 Nr. 1 ArbGG wortgleich mit § 2 Abs. 1 Nr. 1 ArbGG ist. Der Tarifvertragsbegriff des § 72 a Abs. 1 Nr.1 ArbGG, des § 9 TVG und des § 2 Abs.1 Nr.1 ArbGG sind identisch. Drittbezogene Ver-

---

293 BAG, AP Nr.1 zu § 72 a ArbGG 1979 Grundsatz= NJW 1980, S.1812; BAG AP Nr.33 zu § 72 a ArbGG 1979 Grundsatz =EzA § 72 a ArbGG 1979 Nr.49; EzA § 72 a ArbGG 1979 Nr.40, S.111 (113); BAG EzA § 72 a ArbGG Nr.61, S.1 (5); Hauck, NZA 1998, S.925 (927).

294 BAG EzA § 72 a ArbGG Nr.61, S.1 (5); dabei müssen für eine Vielzahl mehr als 20 Arbeitsverhältnisse betroffen sein: BAG EzA § 72 a ArbGG Nr.40, S.111 (113); Düwell/Lipke/Bepler, § 72 Rn.18; Etzel, ZTR 1997, S.248 (255); a.A.: BAG AP Nr.55 zu § 72 a ArbGG 1979 Grundsatz = NZA 1999, S.224 .

einbarungen der Tarifparteien mit der in § 1 Abs.1 TVG aufgeführten Materie sind daher Tarifverträge im Sinne des ArbGG.

3. Rechtslage nach Bestimmungen des BetrVG

Der Tarifvertragsbegriff des BetrVG muss, wie bereits erwähnt, nicht gleichbedeutend mit dem des ArbGG und des TVG sein. Das BetrVG befasst sich in §§ 77 Abs. 3 S. 1, 87 Abs. 1 Einleitungssatz BetrVG mit dem Tarifvertrag und dessen Verhältnis zur Betriebsvereinbarung. Der Tarifvertragsbegriff des BetrVG könnte- anders als nach dem TVG- nur normativ wirkende Vereinbarungen erfassen.

3.1. Die ratio des Tarifvertragsbegriffs nach dem BetrVG

Tarifvorbehalte nach §§ 77 Abs. 3 S. 1, 87 Abs. 1 Einleitungssatz BetrVG stehen dem Abschluss von Betriebsvereinbarungen entgegen, sofern ein Tarifvertrag diese Materie regelt (§§ 87 Abs. 1, 77 Abs.3 BetrVG) oder „üblicherweise" regelt (§ 77 Abs. 3 BetrVG). Es ist zu klären, ob Sinn und Zweck dieser gesetzlichen Regelung einer Betriebsvereinbarung entgegensteht, die Inhalte einer nur schuldrechtlichen Vereinbarung der Tarifparteien betrifft.

Gemeinsamer Zweck der §§ 77 Abs. 3 und 87 Abs. 1 Einleitungssatz BetrVG ist, die Aushöhlung der Normsetzungsprärogative der Tarifvertragsparteien durch Betriebsvereinbarungen zu verhindern[295]. § 77 Abs. 3 BetrVG und § 87 Abs. 1 BetrVG sollen die Tarifautonomie[296] als leistungsfähiges und atttraktives tarifautonomes Handlungssystem gewährleisten [297]. Betriebsräte sollen nicht die Stellung von Ersatztarifvertragsparteien, insbesondere für nichtorganisierte Arbeitnehmer, einnehmen[298].

---

295 BAG AP Nr.21 zu § 77 BetrVG; Belling/Hartmann, NZA 1998, S.673 (676 f.); Däubler, BetrVG, § 77 Rn.118 f.; GK- BetrVG/ Kreutz, § 77 Rn.65, 114; Kissel, NZA 1995, S.1, 4; Lieb, Arbeitsrecht, Rn.764; MünchArbR-Matthes, § 327 Rn.59 ff.; Waltermann, RdA 1996, S.129 (131).

296 BAG AP Nr.13 zu § 118 BetrVG 1972; BAG AP Nr.3 zu § 87 BetrVG 1972 Lohngestaltung; BAG AP Nr.42 zu § 99 BetrVG 1972; AP Nr.21 zu § 77 BetrVG 1972; BB 1992, S.1418 (1422); BAG BB 1993, S.2096; BB 1996, S.1717; Däubler/Klebe, BetrVG, § 77 Rn.62 f., § 87 Rn.30; Fitting, BetrVG, § 87 Rn.59; GK, BetrVG/Kreutz, § 77 Rn.66; Haug, BB 1986, S.1921 (1922); Kempen/Zachert, Grundl.Rn.258; Weyand, AuR 1989, S.193 (194).

297 Däubler, BetrVG, § 77 Rn.62; Weyand, AuR 1989, S.193 (194).

298 Däubler, BetrVG, § 77 Rn.62; GK-BetrVG/Kreutz, § 77 Rn.64; Haug, BB 1986, S.1921 (1922).

Aus diesem Grund meinen einige Autoren, die Sperrwirkungen jener Vorschriften knüpften allein an die normative Wirkung an[299]. Schuldrechtliche Tarifvereinbarungen seien hingegen nicht geeignet, Beteiligungsrechte des Betriebsrats zu verdrängen[300].

Indessen gehören auch schuldrechtliche Vereinbarungen auf dem Gebiet des § 1 Abs. 1 TVG zu dem tarifautonomen Handlungssystem. § 77 BetrVG bezweckt nicht allein den Schutz der Normsetzungsprärogative. Ein weiterer Zweck ist es, mögliche Unruhen und Spannungen zwischen Gewerkschaften und Betriebsräten bzw. zwischen Arbeitnehmern und Betriebsräten, die materielle Arbeitsbedingungen auf Betriebsebene ausgehandelt haben, zu vermeiden[301]. Vereinbaren Betriebsräte mit den Arbeitgebern Betriebsvereinbarungen, die gegen schuldrechtliche Abkommen der Tarifvertragsparteien verstoßen, so drohen ähnliche Unruhen und Spannungen zwischen Gewerkschaften und Betriebsräten wie bei einem Verstoß gegen normativ wirkende Abmachungen[302]. Insofern erfasst der Zweck des § 77 Abs. 3 BetrVG auch schuldrechtliche Regelungen der Tarifvertragsparteien.

Anders als § 77 Abs. 3 BetrVG[303] verfolgt § 87 Abs. 1 Einleitungssatz BetrVG den weiteren Zweck, die Arbeitnehmer in sozialen Angelegenheiten vor den individualrechtlichen Gestaltungsmöglichkeiten des Arbeitgebers, insbesondere vor dessen Alleinentscheidungsrecht in Form des Direktionsrechts, zu schützen und diese einseitige Gestaltungsmöglichkeit durch kollektive betriebliche Regelungen zu ersetzen[304]. Sind die Arbeitnehmerinteressen im Betrieb durch Regelungen der Tarifvertragsparteien gewahrt, so entfällt das Mitbestimmunsgrecht des § 87 BetrVG. Bei rein schuldrechtlichen Regelungen, die den Arbeitgeber entweder direkt (bei einer Vereinbarung der Gewerkschaft mit dem einzelnen Arbeitgeber) zur Durchführung verpflichten, oder bei welchen der Verband verpflichtet ist, auf den einzelnen Arbeitgeber einzuwirken, kann das einzelne Mitglied den Arbeitgeber oder dessen Verband bei fehlender Einwirkung auf diesen verklagen. Diese Möglichkeit gewährleistet einen ausreichenden Schutz der Arbeitnehmerinteressen. Daher sind Betriebsvereinbarungen auch dann ausgeschlossen, wenn eine schuldrechtliche Vereinbarung der Tarifvertragsparteien mit gleichem Inhalt besteht.

---

299 Plander, ZTR 1997, S.145 (148 Fn.35).

300 Grub, S.118.

301 BAG v. 27.3.63, BB 63, S.687; Stege/Weinspach, § 77 Rn.12.

302 Es sei denn, abweichende Betriebsvereinbarungen sind in der Vereinbarung der Tarifvertragsparteien ausdrücklich zugelassen.

303 Walter, ZfA 1996, S.353 (357).

304 Gast, Anm. zu BAG BB 1987, S.1246 (1249ff.); Haug, BB 1986, S.1921 (1924); Walter, ZfA 1996, S.353 (358); Zachert, NZA 1988, S.185 (188).

Bei der Frage der Sperrwirkung der §§ 77 und 87 BetrVG ist zu berücksichtigen, dass der Gesetzgeber den tariffähigen Koalitionen bezüglich der Ausgestaltung der Arbeitsbedingungen und der Arbeitsentgelte eine weitgehende Monolpolstellung eingeräumt hat[305]. Dabei haben die Tarifvertragsparteien die Wahl, ob sie eine normativ oder eine schuldrechtlich wirkende Vereinbarung über Arbeitsbedingungen treffen. Den Tarifvertragsparteien steht es frei, auf die normative Wirkung zu verzichten und stattdessen schuldrechtliche Vereinbarungen zu treffen. Mit einer solchen Vereinbarung machen die Tarifvertragsparteien ebenso wie mit einer normativen Regelung von ihrer Monopolstellung Gebrauch. Es bedarf auch insoweit des Schutzes durch eine Sperrwirkung. Eine Betriebsvereinbarung kann eine schuldrechtliche Vereinbarung der Arbeitsbedingungen im Sinne des § 1 Abs. 1 TVG ebenso wie eine normativ wirkende Vereinbarung unterwandern. Die Gefahr, dass Betriebsvereinbarungen als Ersatztarifverträge für nichtorganisierte Arbeitnehmer fungieren, ist bei einem schuldrechtlichen Vertrag der Tarifvertragsparteien ebenso gegeben wie bei einem normativ wirkenden Tarifvertrag. Insofern bedürfen schuldrechtliche normersetzende Vereinbarungen des Schutzes durch den Tarifvorbehalt.

§ 77 Abs. 3 BetrVG ist nach seinem Wortlaut bereits bei „üblicherweise“ in Tarifverträgen geregelten Inhalten einschlägig. Insofern greift der Schutz tariflicher Vereinbarungsbefugnis vor Betriebsvereinbarungen bereits, wenn noch kein diese Materie betreffender normativ wirkender Tarifvertrag besteht. Umso eher bedarf es des Schutzes, wenn statt einer normativen bereits eine schuldrechtlich wirkende Vereinbarung der Tarifparteien mit dem Arbeitgeber besteht. Die Tarifüblichkeit entfällt nur, wenn mit einiger Sicherheit feststeht, dass die Tarifvertragsparteien in Zukunft keine tarifliche Regelung anstreben[306]. Wenn bereits eine schuldrechtliche Vereinbarung zwischen Gewerkschaft und Arbeitgeber über materielle Arbeitsbedingungen besteht, ist es möglich, dass in Zukunft ein normativ wirkender Tarifvertrag die schuldrechtliche Vereinbarung ablöst. Zumindest spricht bei Bestehen einer schuldrechtlichen Regelung nichts dafür, dass mit Sicherheit eine normativ wirkende Regelung dieser Frage in Zukunft auszuschließen ist. Somit sperrt § 77 Abs. 3 BetrVG auch Betriebsvereinbarungen, die einen Inhalt betreffen, der bereits in einer schuldrechtlichen Vereinbarung der Tarifvertragsparteien geregelt ist.

In Fällen, in denen die Tarifvertragsparteien keinen Gebrauch von der Normsetzungsbefugnis machen und stattdessen eine rein schuldrechtliche Vereinbarung treffen, liegt die Vermutung nahe, dass sie bewusst auf den Vorrang der ta-

---

305 Däubler, BetrVG, § 77 Rn.62; Schaub, Arbeitsrecht, S.2428 Rn.101 ff.; Wiedemann/Wank, TVG, § 4 Rn.547.

306 LAG Berlin v.5.11.80, DB 81, S.137; Stege/Weinspach, BetrVG, § 77 Rn.13 b.

rifvertraglichen Normsetzung vor der betrieblichen Normsetzung verzichtet haben. Darin ist keine „ausdrückliche Zulassung“ einer Abweichung im Sinne des § 77 Abs. 3 BetrVG zu sehen. Das Wort „ausdrücklich“ verdeutlicht, dass eine konkludente Zulassung nicht ausreicht.

Während § 87 BetrVG eine Verdrängung betrieblicher Mitbestimmungsrechte verhindert[307] und § 87 BetrVG nur Betriebsabsprachen verbietet, soweit ein Tarifvertrag besteht, tritt die Sperrwirkung des § 77 Abs. 3 BetrVG bereits ein, wenn eine tarifvertragliche Regelung dieser Inhalte „üblich“ ist und weder Arbeitgeber noch Arbeitnehmer tarifgebunden sind[308]. Da bereits eine schuldrechtliche Abmachung der Betriebsparteien eine normative Abmachung der Tarifvertragsparteien „unterwandern“ kann, besteht erst recht die Möglichkeit, dass eine normativ wirkende Betriebsvereinbarung eine schuldrechtliche Abmachung der Tarifvertragsparteien „unterwandert“. Daher sind §§ 77 und 87 BetrVG auch auf schuldrechtliche Vereinbarungen anzuwenden, welche Arbeitsbedingungen betreffen. Da die genannten Vorschriften des BetrVG von „ Tarifverträgen“ sprechen, ist davon auszugehen, dass der Begriff des Tarifvertrags unabhängig von seiner Wirkung als Vereinbarung mit arbeitsrechtlichem Inhalt im Sinne des Inhalts, des Abschlusses, der Beendigung von Arbeitsverhältnissen oder betrieblicher oder betriebsverfassungsrechtlicher Fragen zu verstehen ist. An der Regelung darüber hinausgehender Arbeits- oder Wirtschaftsbedingungen besteht seitens der Betriebsparteien kein Interesse, sodass kein Bedarf für eine Anwendbarkeit der §§ 77 Abs. 3, 87 Abs. 1 Einleitungssatz BetrVG auf Vereinbarungen der Tarifvertragsparteien mit einem über die Materie des § 1 Abs. 1 TVG hinausgehenden Inhalt besteht.

3.2. Vergleich der Abgrenzung Betriebsvereinbarung – Betriebsabsprache mit dem Tarifvertragsrecht

Betriebsvereinbarungen und Tarifverträge sind privatrechtliche Normenverträge[309]. Aus diesem Grunde vertreten einige Autoren die Auffassung, dass die anhand der normativen Wirkung erfolgende Abgrenzung der Betriebsvereinbarung von der Betriebsabsprache auf die Abgrenzung des Tarifvertrags von anderen

307 Grub, S.118.

308 Kempen/Zachert, Grundl.Rn.254, 267 f.; Wank, RdA 1991, S.129 (139); Zöllner/Loritz, Arbeitsrecht, § 46 II 6 b; a.A. wonach Arbeitgeber gebunden sein muss: GK-BetrVG/Kreutz, § 77 Rn.83 m.w.N.; Richardi, BetrVG, § 77 Rn. 267.

309 Richardi, BetrV, S.125.

rechtlichen Instrumenten der Tarifvertragsparteien zu übertragen sei[310]. Der Tarifvertrag sei anhand der normativen Wirkung abzugrenzen. Eine Betriebsvereinbarung könne nur Angelegenheiten regeln, für die eine Regelungskompetenz aus dem Gesetz ableitbar sei[311]. Insofern bestehe für die Inhalte einer Betriebsvereinbarung keine Vertragsfreiheit, was auch für den Tarifvertrag zu gelten habe.

Es bestehen jedoch zahlreiche Unterschiede zwischen einer Betriebsvereinbarung und einem Tarifvertrag, welche eine unterschiedliche Behandlung beider Institute notwendig machen. So unterliegt die Betriebsvereinbarung anders als der Tarifvertrag einer Billigkeits- und Inhaltskontrolle im Sinne der §§ 315 ff. BGB, weil der Betriebsrat der absoluten Friedenspflicht gemäß § 74 Abs. 2 S.1 BetrVG unterfällt und ihm nicht das Mittel des Arbeitskampfes zur Erreichung seiner Ziele zur Verfügung steht[312]. Tarifverträge sind erkämpfbar und die damit verbundenen Eingriffe in die Grundrechte der Unternehmer sind bei einem rechtmäßigen Arbeitskampf gerechtfertigt.

Weiterhin sind „erzwingbare“ und „freiwillige“ Betriebsvereinbarungen zu unterscheiden[313]. Eine solche Unterscheidung besteht bei Tarifverträgen nicht[314]. Zudem wirken Betriebsvereinbarungen nach § 77 Abs.4 S.1 BetrVG für alle Arbeitnehmer eines Betriebes, während die normative Wirkung der Tarifverträge nach §§ 4 Abs.1 und 3 Abs.1 TVG auf die Tarifgebundenen begrenzt ist.

Das BetrVG unterscheidet zudem die Begriffe „Betriebsvereinbarung“ (§ 77 Abs. 2-6 BetrVG und „(sonstige) Vereinbarung“ (§ 77 Abs. 1 BetrVG). Das BetrVG differenziert weiterhin zwischen der Betriebsvereinbarung (§ 77 BetrVG), dem Einvernehmen (§ 44 Abs. 2 S.2 BetrVG) und dem Einverständnis (§ 76 Abs. 2 BetrVG). Eine derartige Unterscheidung sieht das TVG nicht vor. Insofern bleibt festzuhalten, dass sich die Rechtsinstitute Tarifvertrag und Betriebsvereinbarung erheblich unterscheiden und in ihrer Abgrenzung zu anderen Rechtsinstituten nicht vergleichen lassen.

Ein elementarer Unterschied zwischen Tarifverträgen und Betriebsvereinbarungen besteht darin, dass der Betriebsrat im Gegensatz zu den Gewerkschaften

---

310 Däubler, TVR, Rn.1611; ders., AuR 1981, S.257 (264); Oetker, S.67 f.; Plander, ZTR 1997, S.145 (150); Säcker/Oetker, Tarifautonomie, S.167 Fn.203; Wank, NJW 1996, S.2273 (2278).

311 Richardi, BetrV, S.125.

312 BAG AP § 242 BGB Nr.142 Ruhegehalt, Bl.6 R; BAG NJW 1980, S.1642 (1643); GK-BetrVG/Kreutz, § 77 Rn.258 ff.; Pahlke, S.144; Richardi, Richterrecht, S.269 (276 ff.); Wank, NJW 1996, S.2273 (2282).

313 Däubler, BetrVG, § 77 Rn.7, S.1054.

314 Auch wenn einige Autoren von erkämpfbaren und nicht-erkämpfbaren Tarifbestimmungen ausgehen.

vom Arbeitgeber abhängig ist und daher bei Betriebsvereinbarungen keine Vertragsparität besteht[315].

Die Diskussion um die Vergleichbarkeit der Abgrenzung von Betriebsvereinbarungen und Betriebsabsprachen mit dem Verhältnis des Tarifvertrags zu schuldrechtlichen Vereinbarungen der Tarifvertragsparteien ist mit der Diskussion um die ratio der Schriftform nach § 1 Abs. 2 TVG vergleichbar. Schuldrechtliche Vereinbarungen mit konkretem Drittbezug (schuldrechtliche Normenverträge) haben eine faktisch normative Kraft. Daher ist die Interessenlage für die Mitglieder der Verbände dieselbe wie bei normativen Abreden[316].

Bei normersetzenden Vereinbarungen zwischen den Tarifvertragsparteien, handelt es sich stets um Normen, bei denen ein erhöhter Grad an Klarheit erforderlich ist, sodass das Formerfordernis, welches die Klarheit des Ausdrucks fördern soll, bei derartigen Vereinbarungen gelten muss[317].

4. Rechtslage im Blick auf sonstige rechtliche Vorgaben

Nach Auffassung von Gamillscheg[318] hat der Tarifvertrag, wenn er nur schuldrechtliche Bestimmungen enthält, eine größere Nähe zum BGB, als wenn er schuldrechtliche und normative Bestimmungen beinhaltet. Werde den schuldrechtlichen Bestimmungen eines Tarifvertrags Vertrauen entgegengebracht, so habe dies nicht dieselbe Bedeutung wie bei Tarifnormen. Der rein schuldrechtliche Tarifvertrag sei dennoch nicht ausschließlich am BGB zu messen. Bei rein schuldrechtlichen Tarifverträgen müsse sich das Ergebnis vielmehr an arbeitsrechtlichen Bedürfnissen ausrichten.
Daher müsse es möglich sein, von den Regeln des BGB abzuweichen.

4.1. Nichtanwendbarkeit der Rechtsfolgen von Anfechtung und Rücktritt

Anerkannt ist dementsprechend, dass die Anfechtung bei (normativ wirkenden) Tarifverträgen nicht wie bei Schuldverträgen nach dem BGB rückwirkend (ex tunc) nach § 142 BGB i.V.m. §§ 119 ff. BGB, sondern nur ex nunc wirkt[319]. Aus Gründen der Rechtssicherheit sei das Vertrauen außenstehender Dritter in den

---

315 Pahlke, S.144.

316 Mangen, RdA 1982, S.229 (230).

317 Mangen, RdA 1982, S.229 (231); Wiedemann, TVG, § 1 TVG Rn.231.

318 Gamillscheg, Koll. Arbeitsrecht, Bd. I, S.512.

319 Hueck-Nipperdey, TVG, § 1 Anm.20; Maus, § 1 Rn.297 f.; Nikisch, Arbeitsrecht II, § 76 I 5 S.352 f.; Streckel, SAE 1983, S.101 (103); Zöllner/Loritz, Arbeitsrecht, S.377.

Bestand der tariflichen Regelung zu schützen[320]. Deshalb greift die Rechtsprechung und eine ihr folgende Autorenmeinung bei der Anfechtung eines Tarifvertrags oder beim Rücktritt statt auf die rückwirkende Auflösung auf das Rechtsinstitut der außerordentlichen Kündigung nach § 314 BGB[321] oder § 626 BGB analog [322] zurück.

Zur Frage der Anwendung allgemeiner Rechtsgrundsätze- wie der rückwirkenden Auflösung durch eine Anfechtung auf rein schuldrechtliche Verträge der Koalitionen – hat das BAG bislang nur bezüglich des Vorvertrags Stellung genommen: dieser sei anfechtbar, da er „noch keine Rechtswirkungen für tarifunterworfene Dritte erzeugt“ [323].

Streckel vertritt zur Frage der Auflösung eines rein schuldrechtlichen Tarifvertrags die Ansicht, dass hierbei noch kein Vertrauen außenstehender Dritter bestehen könne und insofern eine Rückabwicklung problemlos möglich sei[324]. Zöllner/Loritz differenzieren hingegen für den schuldrechtlichen Teil des Tarifvertrags danach, ob eine Rückabwicklung durchführbar sei[325]. Eine Rückabwicklung bezüglich bestimmter Verhaltenspflichten wie der Friedenspflicht sei nicht möglich[326].

Ein Rücktritt nach §§ 323, 324 BGB mit der Folge einer rückwirkenden Aufhebung des Tarifvertrags ist nach herrschender Meinung ausgeschlossen[327]. Der Rücktritt vertrage sich nicht mit dem Tarifvertragsrecht, das eine bestimmte Ordnung schaffe[328]. Eine rückwirkende Auflösung würde zudem zu schwerwiegenden Störungen bei den tarifunterworfenen Arbeitsverhältnissen führen[329].

Die Lehre wendet zudem auch die Rechtsfolgen des geheimen Vorbehalts, des Scheingeschäfts sowie der Scherzerklärung nach den §§ 116 ff. BGB nur modifiziert auf Tarifverträge an[330]. Die Tarifvertragsparteien seien im Interesse der Arbeitnehmer und Arbeitgeber verpflichtet, die Verhandlungen mit Sorgfalt

---

320 Streckel, Anm. zu LAG Köln, SAE 1983, S.101 (103).

321 Erfurter Kommentar/Schaub, § 1 TVG Rn.71; Wiedemann, TVG, § 1 Rn.210, 243.

322 BAG AP Nr.6 zu § 1 TVG Form; AP Nr.23 zu § 72 a ArbGG 1979 Grundsatz; Erfurter Kommentar/Schaub, § 1 TVG Rn.71; Hueck/Nipperdey, TVG, § 1 Rn.20; Maus, § 1 Rn.298; Nikisch, Arbeitsrecht II, S.353; Schaub, Arbeitsrecht, S.1909; Söllner, Arbeitsrecht, Rn.393.

323 BAG AP Nr.6 zu § 1 TVG Form, Bl. 625 (627).

324 Streckel, Anm. zu LAG Köln, SAE 1983, S.101 (104).

325 Zöllner/Loritz, Arbeitsrecht, § 33 V.3 b), S.377.

326 Zöllner/Loritz, Arbeitsrecht, § 33 V.3 b) Fn.39, S.377.

327 Erfurter Kommentar/Schaub, § 1 TVG Rn.71; Nikisch, Arbeitsrecht II, S.352 f.; Nipperdey, Lehrbuch II, S.205, 351 Anm.22.

328 Erfurter Kommentar/Schaub, § 1 TVG Rn.71.

329 Maus, § 1 Rn.297 f.

330 Vgl. Wiedemann, TVG, § 1 Rn.243 m.w.N.

durchzuführen. Da den tatsächlich Betroffenen kein Schadensersatzanspruch nach § 122 BGB zustehe, hätten die Tarifvertragsparteien kein Recht, den Tarifvertrag zu beenden. Nach Gamillscheg ist die Nichtigkeit als Rechtsfolge der §§ 116–118 BGB zwar nicht auf Normen, aber eingeschränkt auf die schuldrechtlichen Abreden von Tarifverträgen anzuwenden[331]. Enthalte ein Tarifvertrag Normen, bei denen sich ein Vertrauenstatbestand gebildet habe, entfalteten diese Wirkungen zugunsten oder zulasten der Arbeitnehmer.

Bei dieser Betrachtung bleibt aber außer acht, dass schuldrechtliche Vereinbarungen normersetzend wirken können und ein schuldrechtlicher Normenvertrag ebenso Wirkungen zugunsten oder zulasten der Arbeitnehmer entfalten kann, die einen Vertrauenstatbestand bilden. Der Zweck, der hinter der „ex nunc" statt „ex tunc" rückwirkenden Nichtigkeit bei der Anfechtung und dem Rücktritt des Tarifvertrags steht, ist der Vertrauensschutz für die von der Regelung Betroffenen. Insofern ist zu entscheiden, inwieweit Verbandsmitglieder auch auf schuldrechtliche Vereinbarungen der Tarifvertragsparteien vertrauen dürfen. Diese Frage ist davon abhängig, in welcher Weise sich rein schuldrechtliche Vereinbarungen der Tarifvertragsparteien auf die Mitglieder auswirken. Bei drittbezogenen schuldrechtlichen Abreden besteht eine Parallele zur Kündigung einer (obligatorischen) Betriebsabsprache. Haug[332] meint daher, dass die Kündigung einer auf Umsetzung einer solchen Vereinbarung im Einzelarbeitsverhältnis gerichteten schuldrechtlichen Verpflichtung des Arbeitgebers nur im Verhältnis zum Betriebsrat wirken könne. Sie könne die vollzogenen Umsetzungsakte aber nicht rückgängig oder ex nunc unwirksam machen. Eine kollektivrechtliche Kündigung führe nicht zur Lösung einzelvertraglicher Bindungen.

Dem ist zuzustimmen. Gleiches muss dann aber auch gelten, wenn eine schuldrechtliche Vereinbarung der Tarifvertragsparteien bereits im Einzelarbeitsverhältnis umgesetzt wurde. Jene Umsetzungsakte lassen ein Vertrauen Dritter entstehen, welches es rechtfertigt, keine Rückwirkung bei der Anfechtung schuldrechtlicher Normenverträge zuzulassen[333]. Die Einwirkung ist beim schuldrechtlichen Normenvertrag zwar nur mittelbarer Natur, dies ändert aber nichts an dem Vertrauen der Verbandsmitglieder in die darin enthaltenen Regelungen. Mittelbare Auswirkungen auf die Mitglieder der Verbände rechtfertigen es, dass die Nichtigkeit als Rechtsfolge der §§ 116-118 BGB sowie der Anfechtungsvorschriften der §§ 119 ff. BGB nur „ex nunc" und nicht „ex tunc" eintritt.

---

331 Gamillscheg, Koll. Arbeitsrecht, Bd. I, S.512.
332 Haug, BB 1986, S.1921 (1930).
333 Nikisch, Arbeitsrecht II, S.352.

Dies gilt umso mehr, wenn schuldrechtliche Verträge der Tarifvertragsparteien als Verträge zugunsten Dritter ausgestaltet sind. Für diese Verträge ist anerkannt, dass die Aufhebung oder Änderung einer bereits wirksam gewordenen Drittberechtigung nicht zulässig ist, wenn der Vertrag keinen entsprechenden Änderungsvorbehalt beinhaltet[334]. Ist der Rechtserwerb beim Dritten eingetreten, so ist allein der Dritte als Rechtsinhaber zu Verfügungen über die ihm zustehende Forderung befugt. Die Zuständigkeit für eine Aufhebung oder Änderung der Drittberechtigung geht zu diesem Zeitpunkt von den Vertragsparteien auf den Dritten über. Rechte, die ein Dritter erworben hat, sollen sich nicht dadurch wieder beseitigen lassen, dass die Vertragsparteien die Vereinbarung anfechten oder den Rücktritt erklären.

Gegen die Rückwirkung der Anfechtung und des Rücktritts bei schuldrechtlichen Vereinbarungen arbeitsrechtlichen Inhalts spricht weiterhin, dass ein schuldrechtlicher Vertrag der Tarifvertragsparteien mit einer Materie des § 1 Abs. 1 TVG, der auf Einwirkung auf die Mitglieder der Verbände gerichtet ist, ein Dauerschuldverhältnis begründet. Die Wirkung der Rechtsverhältnisse, die auf die Begründung eines Dauerschuldverhältnisses gerichtet sind, lassen sich aber nicht rückwirkend beseitigen [335].

Auch insofern ist der Tarifvertragsbegriff in der Weise zu verstehen, dass er nicht nur normativ wirkende, sondern auch rein schuldrechtliche Vereinbarungen erfasst.

4.2. Nichtanwendbarkeit der Bestimmung der Teilnichtigkeit, § 139 BGB

Ein Großteil der Literaturmeinungen lehnt für Tarifverträge eine Anwendbarkeit der Regelung des § 139 BGB bei Teilnichtigkeit ab[336]. Bei der Frage der Teilnichtigkeit einer Tarifvertragsnorm wendet das BAG demgegenüber in mehreren Entscheidungen die Regelung des § 139 BGB an[337]. In diesen Urteilen des BAG bleibt aber offen, ob § 139 BGB auch bei rein schuldrechtlichen Vereinbarungen der Tarifvertragsparteien anwendbar ist.

Einige Autoren sind der Auffassung, dass eine Teilnichtigkeit der rein schuldrechtlichen Vereinbarungen der Tarifvertragsparteien sinnvoll, für den normati-

---

334 Bayer, S.241 f.

335 Vgl. Maus, § 1 Rn.297 f.; Nikisch, Arbeitsrecht II, S.353; Wiedemann, TVG, § 1 Rn.243.

336 Dütz, Arbeitsrecht, Rn.576, S.275 m.w.N; Zöllner/Loritz, Arbeitsrecht, S.377.

337 BAG AP Nr.4 (Bl.6) zu Art.3 GG, AP Nr.87 (Bl.3) zu Art.3 GG, AP Nr.1 und Nr.2 zu § 3 BUrlG; so auch MünchArbR/Löwisch, § 255 Rn.79.

ven Teil des Tarifvertrags jedoch abzulehnen sei[338]. Nur der normative Teil des Tarifvertrags setze Normen[339] und die Nichtanwendung des § 139 BGB gelte nur für „kollektivrechtliche Normen". Die Wirkung des schuldrechtlichen Teils des Tarifvertrags sei dagegen inhaltlich auf die Vertragsparteien begrenzt; insofern stehe die Verkehrssicherheit nicht einer optimalen Verwirklichung des gemeinsamen Geschäftswillens entgegen[340]. Der Verkehrsschutz verbiete aus Gründen der Kontinuität und Sicherheit des objektiven Rechts eine Anwendung des § 139 BGB auf Tarifnormen[341]. Es bestehe bei der Differenzierung zwischen dem normativen und dem schuldrechtlichen Teil auch keine Gefahr, den normativen Teil überzubewerten[342].

Coertgen[343] differenziert demgegenüber bei der Frage der Anwendbarkeit des § 139 BGB auf tarifvertragliche Regelungen zwischen schuldrechtlichen drittbezogenen Bestimmungen und solchen mit reinen Eigenpflichten. § 139 BGB sei nur auf diese, nicht hingegen auch auf jene anwendbar. „Typische Privatnormen mit verbreiteter faktischer Geltung" seien nur theoretisch „relative Schuldverträge". Sie seien kein „Internum" der Vertragsparteien, denn es werde wie bei Normen auf ihren Bestand vertraut. So gelte § 139 BGB nach der BGH-Rechtsprechung[344] nicht für Vereinssatzungen und ebenso wenig für Allgemeine Geschäftsbedingungen[345]. Diesen seien drittbezogene schuldrechtliche Normenverträge gleichzustellen. Auch insoweit passe die Teilnichtigkeit nicht[346]. Die Vermutung gehe aus Gründen des Arbeitnehmerschutzes vielmehr dahin, dass der Tarifvertrag aufrechterhalten bleiben solle[347].

Mitglieder der Tarifvertragsparteien vertrauen aber auch bei schuldrechtlichen Regelungen der Tarifvertragsparteien, welche die Arbeitsverhältnisse ihrer Mitglieder betreffen, auf den Bestand dieser Vereinbarung. Regeln die Tarifvertragsparteien die Arbeitsverhältnisse ihrer Mitglieder auf schuldrechtlichem Weg, so stellt dies kein reines Internum der Vertragsparteien dar. Sobald die Vereinbarung vorsieht, Regelungen mittels der Einwirkung der Verbände auf die Mitglieder umzusetzen, erscheint es gerechtfertigt, § 139 BGB zum Schutz der Konti-

---

338 BAGE 1, S.272 ff.; Herschel, BB 1965, S.791 (792); Hueck/Nipperdey, Lehrbuch d.ArbR II/1, S.354 f.

339 Herschel, BB 1965, S.791 (792).

340 Coertgen, Vorrangprinzip, S.122.

341 Herschel,BB 1965, S.791 (792).

342 Herschel,BB 1965, S.791 (792); Galperin, FS Molitor, S.143 (158); Kaskel/Dersch, § 14 I 2, S.60; Küchenhoff, FS E.Molitor, S.253 (275).

343 Coertgen, Vorrangprinzip, S.122 f.

344 BGHZ 47, S.172 ff.,179.

345 Vgl. jetzt BGHZ 22, S.90 (92 f.)

346 Coertgen, Vorrangprinzip, S.123.

347 Zöllner/Loritz, Arbeitsrecht, S.377.

nuität und Rechtssicherheit auf diese Vereinbarungen nicht anzuwenden. Dies gilt umso mehr, wenn eine Umsetzung bereits erfolgt ist. Räumt eine schuldrechtliche Vereinbarung der Tarifvertragsparteien Dritten sogar einen Anspruch ein, haben diese ein berechtigtes Interesse an der Kontinuität und Sicherheit der schuldrechtlichen Vereinbarung. Auch in dieser Hinsicht ist der Tarifvertragsbegriff in der Weise zu bilden, dass er arbeitsrechtliche Normenverträge schuldrechtlicher Art erfasst.

4.3. Fortwirken bei Auflösung einer Vertragspartei

Löst sich eine der Tarifvertragsparteien auf, bleiben nach der Rechtsprechung des BAG die normativen Bestimmungen eines Tarifvertrags weiterhin wirksam[348]. Ob dies ebenso für den schuldrechtlichen Teil des Tarifvertrags gilt, wird kontrovers beurteilt.

Das BAG[349] hat in Übereinstimmung mit der herrschenden Meinung[350] entschieden, mit der Auflösung eines eingetragenen Vereins, der Tarifvertragspartei ist, falle der obligatorische Teil des Tarifvertrags weg, soweit er den aufgelösten Verein in seiner Eigenschaft als Tarifvertragspartei betrifft. Der schuldrechtliche Teil des Tarifvertrags erzeuge unmittelbar Rechte und Pflichten nur zwischen den Vertragsparteien. Diese erlöschten, wenn sich ein Vertragspartner auflöse oder wegfalle[351]. Löse sich der Verein auf, so falle der Vereinszweck weg, der in der Durchführung von geschlossenen Tarifverträgen liege. Liquidationszweck sei ausschließlich die vermögensrechtliche Abwicklung. Insofern sei auf §§ 49 Abs.2 und 730 Abs.2 BGB zu verweisen [352] . Der Liquidator habe bei Auflösung eines eingetragenen Vereins nicht die Pflicht, die bisherigen Mitglieder des aufgelösten Vereins zur Erfüllung der Friedenspflicht anzuhalten und andere tarifliche Durchführungspflichten zu übernehmen[353].

Einige Autoren meinen demgegenüber, der schuldrechtliche Teil eines Tarifvertrags wirke fort, wenn sich eine Tarifpartei auflöst[354]. Lobscheid führt hierzu aus, dass durch den schuldrechtlichen Teil des Tarifvertrags Forderungen be-

---

348 So BAG NJW 1969, S.861 zu 2.; Krischker, S.18 ff., 65 ff.

349 BAG AP Nr.28 zu § 2 TVG, Bl. 821 R. m. Anm.Wiedemann.

350 Hueck, Recht des Tarifvertrags, S.79; Jacobi, S.218; Nikisch, Arbeitsrecht II, S.355; Richardi, Kollektivgewalt,S.219.

351 BAG AP Nr. 28 zu § 2 TVG, Bl. 822 R.

352 BAG AP Nr. 28 zu § 2 TVG, Bl. 822 R.; Hueck, Recht des Tarifvertrags, S.79; Jacobi, S.218; Nikisch, Arbeitsrecht II, § 76 II 3, S.355; Richardi, Kollektivgewalt, S.219.

353 BAG AP Nr. 28 zu § 2 TVG, Bl. 822.

354 Blomeyer, SAE 1972, S.109(112); Lobscheid, AuR 1972, S.289 ff.; Wiedemann/Wank, TVG, § 4 Rn.77

gründet werden könnten[355] und im BGB die Liquidation eines Vereins nach §§ 47 ff. BGB nicht als Erlöschensgrund für eine Verpflichtung gelte [356]. Das Ende eines Rechtsverhältnisses trete bei Auflösung einer Partei nur dann ein, wenn das Rechtsverhältnis höchstpersönlich sei[357]. Andere Autoren führen aus, dass beim Firmentarifvertrag der Tarifvertrag bei einem Inhaberwechsel ebenfalls auf den neuen Inhaber übergehe[358]. Die tariflichen Bindungen seien nicht höchstpersönlicher Art[359]. Handele es sich bei dem aufgelösten Vertragspartner um einen Einzelarbeitgeber, von welchem Arbeitnehmer die vereinbarten Leistungen beanspruchen könnten, so müsse der Liquidationsverein die Leistungspflichten erfüllen, da Verein und Liquidationsverein das gleiche Rechtssubjekt seien[360]. Daher sei § 3 Abs. 3 TVG analog bei der Auflösung einer Tarifvertragspartei anzuwenden. Die Auflösung eines eingetragenen Vereins nach §§ 21 ff., 47 ff. BGB entbinde diesen nicht von seiner Verpflichtung, Verbindlichkeiten aus einem betagten Tarifvertrag auch nach der Vermögensliquidation bis zur Fälligkeit zu erfüllen[361]. Hierzu meint Wiedemann, dass das BAG bei seiner Entscheidung speziell arbeitsrechtliche Motivationen nicht berücksichtige, sondern allein auf die allgemeine zivilrechtliche Rechtslage abstelle [362]. Die Koalitionen seien nach ihrer Funktion Träger staatlicher Hoheitsverwaltung und insbesondere den Selbstverwaltungskörperschaften ähnlich[363], die verpflichtet seien, einmal in Anspruch genommene Rechtssetzungsmacht auch durchzuführen. Es gebe Normen, die für ganz spezielle, nur von diesem Autonomieträger wahrzunehmende Aufgaben geschaffen worden seien, welche bei Untergang der Körperschaft erlöschten, da Rechtsvorschriften ohne sachlichen Funktionsbereich für die Rechtsordnung wertlos seien. Normen, die einem natürlich gewachsenen Aufgabengebiet der Hoheitsträger entsprächen, blieben aber nach Auflösung des Selbstverwaltungsträgers als autonomes Recht bestehen, sofern die sachlich zu regelnde Materie erhalten bleibe[364]. Dies sei mit der Rechtslage bei Wegfall eines Tarifvertragspartners vergleichbar, insbesondere da nur einer der Normgeber wegfalle und der andere bestehen bleibe. Der Wegfall eines Kontrollorgans könne den Gerechtigkeitswert einer Regelung nicht nachträglich beeinträchtigen, solange das andere

---

355 Lobscheid, AuR 1972, S.289 (296).
356 Lobscheid, AuR 1972, S.289 (295).
357 So auch: Blomeyer, SAE 1972, S.109 (111).
358 Hueck/Nipperdey, Lehrbuch d.ArbR II/1, S.473; Wiedemann, AP Nr.28 zu § 2 TVG, Bl. 826 R.
359 Blomeyer, SAE 1972, S.109 (111).
360 Lobscheid, AuR 1972, S.289 (296).
361 Lobscheid, AuR 1972, S.289 (308).
362 Wiedemann, AP Nr.28 zu § 2 TVG, Bl. 825 R.
363 Wiedemann, AP Nr. 28 zu § 2 TVG, Bl. 825.
364 Wiedemann, AP Nr.28 zu § 2 TVG, Bl. 826.

Organ wie bei Tarifnormen nicht die Möglichkeit habe, die Vereinbarung nachträglich zu verändern.

Wiedemann[365] verweist zudem darauf, dass zu den Liquidationszwecken nach § 49 Abs. 1 BGB die Beendigung der „laufenden Geschäfte" zähle. Darunter falle die Durchführung eines Mietvertrags oder anderer Dauerschuldverhältnisse[366] und somit auch die Erfüllung und Durchführung eines laufenden Tarifvertrags. Die Liquidation umfasse die Abwicklung sämtlicher Verpflichtungen- auch die der übernommenen tarifvertraglichen Pflichten. Mit dem Auflösungsbeschluss verliere ein Verein nur die Fähigkeit, Rechte oder Pflichten zu begründen[367]. Die rechtliche Fähigkeit, alte Verpflichtungen zu erfüllen und auf Mitglieder einzuwirken, bleibe im Liquidationsstadium erhalten[368]. Die Liquidation verändere nicht die Rechtslage der an den laufenden Geschäften beteiligten Parteien[369]. Die Tarifvertragsparteien könnten sich aus Gründen der Rechtssicherheit nicht der einmal übernommenen Verpflichtung entziehen. § 3 Abs. 3 TVG solle verhindern, dass sich die Mitglieder eines Berufsverbandes den Wirkungen eines Tarifvertrags mittels Austritts aus dem Verband entziehen[370]. Dem Gesetz sei der allgemeine Rechtsgedanke zu entnehmen, dass sich die Tarifvertragsparteien ihren Verpflichtungen nicht sollten entziehen können- und das gelte auch für einen Auflösungsbeschluss durch die Berufsverbandsmitglieder[371].

Der Gesetzgeber wolle die Kontinuität tariflicher Regelungen erreichen[372]. Dies gelte ebenso für schuldrechtliche Verpflichtungen eines Tarifvertrags[373].

Ob das BAG und die herrschende Meinung den Wegfall der schuldrechtlichen Bestimmungen des Tarifvertrags bei Auflösung einer Vertragspartei auch für Verträge zugunsten Dritter annehmen, ist bislang nicht entschieden; das BAG hat lediglich die Friedens- und die Durchführungspflicht in den Blick genommen und dazu ausgeführt, diese Pflichten hätten nur dienende Funktionen zur Verwirklichung der tarifvertraglichen Ordnung[374]. Dem setzt Blomeyer entgegen, eine solche Annahme unterschätze die Bedeutung der obligatorischen Wirkung des

---

365 Wiedemann/Wank, TVG, § 4 Rn.77.

366 Wiedemann/Wank, TVG, § 4 Rn.77; so auch Blomeyer, SAE 1972, S.109 (110); Däubler, TVR, Rn.78.

367 Blomeyer, SAE 1972, S.109 (111).

368 Wiedemann/Wank, TVG, § 4 Rn.77.

369 Blomeyer, SAE 1972, S.109 (111); Enneccerus-Nipperderdey, BGB AT S.685; Staudinger/Coing, BGB, § 49 Rn.4.

370 Wiedemann, AP Nr.28 zu § 2 TVG, Bl. 825 R.

371 Wiedemann/Wank, TVG, § 4 Rn.77.

372 Blomeyer, SAE 1972, S.109 (112).

373 Lobscheid, AuR 1972, S.289 (295); Wiedemann, AP Nr.28 zu § 2 TVG, Bl. 825 R.; Wiedemann/Wank, TVG, § 4 Rn.77.

374 Wiedemann, AP Nr.28 zu § 2 TVG, Bl. 826 R.

Tarifvertrags[375]. Dem ist zuzustimmen: Eine nur dienende Funktion der schuldrechtlichen Bestimmungen eines Tarifvertrags erklärt nicht, weshalb es unstreitig auch schuldrechtliche Bestimmungen eines Tarifvertrags geben kann, die eine sog. „eigenständige Bedeutung" haben. Nicht alle schuldrechtlichen Bestimmungen eines Tarifvertrags haben einen Bezug zu normativ wirkenden Bestimmungen. Es ist vielmehr zwischen schuldrechtlichen Bestimmungen, die den normativen Bestimmungen dienen, und solchen, die eigenständige Bedeutung haben, zu differenzieren.

Dauerschuldverhältnisse gelten nach herrschender Meinung bei der Auflösung einer Vertragspartei weiter. Beinhalten die schuldrechtlichen Bestimmungen der Tarifvertragsparteien eine Materie, die das Arbeitsverhältnis oder betriebliche und betriebsverfassungsrechtliche Fragen betrifft, so ist die Vereinbarung auf die Begründung eines Dauerschuldverhältnisses gerichtet. Verträge zugunsten Dritter, die das Arbeits- oder Betriebsverhältnis betreffen, müssen daher wie normativ wirkende Vereinbarungen weitergelten, wenn sich eine der Vertragsparteien auflöst.

Ein Vertrag zugunsten Dritter begründet gemäß § 328 BGB Ansprüche der Arbeitnehmer. Diese Unmittelbarkeit der Ansprüche beim Vertrag zugunsten Dritter ist mit der unmittelbaren Wirkung des normativ wirkenden Tarifvertrags vergleichbar. Ansprüche aus dem normativen Teil des Tarifvertrages entstehen und wirken unmittelbar auf die Arbeitsverhältnisse ein. Verträge zugunsten Dritter begründen ebenfalls unmittelbar Ansprüche. Der arbeitsrechtliche Vertrag zugunsten Dritter liegt sachlich in der Nähe der normativen Bestimmungen des Tarifvertrags. Auf die Nähe zu den normativen Bestimmungen weist Lobscheid hin, indem er ausführt, dass es eine Regelsetzung auch in schuldrechtlicher Form ohne Inanspruchnahme der gesetzlichen Unabdingbarkeit gebe[376]. Es gebe die normative Regelung der Arbeitsverhältnisse (Tarifnormen im engeren Sinn) und die schuldrechtliche Regelung. Ansprüche aus dem normativen Teil seien Ansprüchen aus dem schuldrechtlichen Teil des Tarifvertrags bezüglich der Verpflichtung zur Erfüllung trotz Liquidation gleichzustellen, denn dies sei eine Frage des Dauerschuldverhältnisses.

Die für die normativen Bestimmungen eines Tarifvertrags geltenden Regeln sind daher auf den Vertrag zugunsten Dritter anzuwenden, d.h. der Vertrag zugunsten Dritter besteht nach Auflösung einer Vertragspartei fort. Insofern ist der Tarifvertragsbegriff so zu wählen, dass er auch schuldrechtliche Verträge mit Drittwirkung erfasst.

---

375 Blomeyer, SAE 1972, S.109 (112).

376 Lobscheid, AuR 1972, S.289 (298, 300); ebenso Biedenkopf, Tarifautonomie, S.18 ff.

4.4. Die Anwendung der Auslegungsregeln für Gesetze auf Tarifverträge

Eine weitere Besonderheit der Tarifverträge betrifft ihre Auslegung. Bei der Frage der Auslegungsmethoden für einen Tarifvertrag ist nach der Auffassung des BAG[377] und der herrschenden Meinung[378] zwischen dem normativen und dem schuldrechtlichen Teil des Tarifvertrags zu differenzieren. Es stellt sich daher die Frage, ob rein schuldrechtliche Verträge der Koalitionen nach den Grundsätzen für normativ wirkende Tarifvertragsbestimmungen oder nach denen für schuldrechtliche Bestimmungen auszulegen sind.

4.4.1. Auslegungsregeln für den normativen Teil des Tarifvertrags

Der überwiegende Teil der Lehre differenziert zwischen den Auslegungsgrundsätzen, die für den normativen Teil des Tarifvertrags gelten, und jenen, die für den schuldrechtlichen Teil zu gelten haben[379], wohingegen eine Mindermeinung sowohl den normativen als auch den schuldrechtlichen Teil des Tarifvertrags nach den Auslegungsregeln für Gesetze, mithin einheitlich nach der objektiven Methode auslegt[380].

Nach der objektiven Methode ist der normative Teil des Tarifvertrags wie ein Gesetz auszulegen. Ausschlaggebend für das Auslegungsergebnis ist danach der objektivierte, in der Norm erkennbare Wille des Normgebers[381]. Die tarifliche Vorschrift ist dabei aus sich selbst heraus zu interpretieren[382]. Maßgeblich ist, wie ein Außenstehender die Erklärung objektiv versteht[383]. Der Wille der Tarif-

---

377 BAG AP Nr.2 zu § 1 TVG Tarifverträge; AP Nr. 4; AP Nr.10; AP Nr.96; AP Nr.115; AP Nr.121 zu § 1 TVG; BAG, AP Nr.119 zu § 1 TVG Auslegung; BAG, AP Nr.2 und BAG, AP Nr.113 zu § 611 BGB Gratifikation; AP Nr.124 zu § 1 TVG Auslegung; AP Nr.3 zu § 9 TVG; AP Nr.68 zu Art.3 GG; AP Nr.8 zu § 72 BetrVG 1952; AP Nr.29 zu § 1 FeiertagslohnzahlungsG.

378 Buchner, AR-Blattei (D) Tarifvertrag IX Auslegung Nr.26, Anm. zu BAG v.10.11.76, Bl.1,2; ders. AR-Blattei (D) Tarifvertrag IX Auslegung Nr.50, Anm. zu BAG v.9.3.83, Bl.2; Hueck/Nipperdey, Lehrbuch d.ArbR II/1, S.356; Nikisch, Arbeitsrecht II, S.219.

379 BAG AP Nr.4, 135 zu § 1 TVG Auslegung; Buchner, AR-Blattei, (D) Tarifvertrag, IX Auslegung Nr.26; Buchner, SAE 1987, S.45 ff; Gamillscheg, Koll.Arbeitsrecht, Bd. II, Nr.274, S.79; Hueck/Nipperdey, Lehrbuch d.ArbR II/1, S.356; Nikisch, Arbeitsrecht II, S.219; Schaub, Arbeitsrecht, S.2041.

380 Gröbing, ZTR 1987, S.236 (237 f.); Wiedemann, TVG, § 1 Rn.763, der die Gesetzesauslegung auf alle Regelungen auf dem Gebiet der Arbeits- und Wirtschaftsbedingungen ausdehnt.

381 Dütz, FS Molitor, S.63 (64).

382 BAG, AP Nr.121 zu § 1 TVG Auslegung.

383 Hueck/Nipperdey, Lehrbuch d.ArbR II/1 , S.356.

vertragsparteien und die jeweilige Entstehungsgeschichte sind nur für den Fall zu berücksichtigen, dass diese in dem Wortlaut einen für Dritte erkennbaren Ausdruck gefunden haben[384]. Haben die Tarifvertragsparteien mit dem objektiv Erklärten einen anderen Sinn verbunden, so gilt nur das objektiv Erklärte[385]. Auf den wirklichen Willen der unmittelbar an den Tarifvertragsverhandlungen Beteiligten kommt es nicht an, da die Tarifnormen für Koalitionsmitglieder gelten, welche nicht am Vertragsschluss beteiligt sind. Dritte müssen die Tarifnorm bereits aus ihrem Wortlaut heraus auslegen können. Nur dies entspricht der Rechtssicherheit und dem Rechtsnormcharakter des Tarifvertrags.

Mit einer Entscheidung im Jahre 1984 änderte das BAG[386] seine Meinung dahin, dass sich der wirkliche Wille auch aus dem tariflichen Gesamtzusammenhang ergeben könne und für eine Auslegung eines Tarifvertrags nicht mehr allein der Wortlaut maßgeblich sei. Seien danach noch Zweifel bezüglich Sinn und Zweck einer Norm gegeben, dann sei zur Ermittlung des wirklichen Willens auf die Tarifgeschichte, die praktische Tarifübung und die Entstehungsgeschichte des jeweiligen Tarifvertrags abzustellen[387].

Anders als nach der objektiven Methode legen die Anhänger der subjektiven Methode[388] den Tarifvertrag einheitlich wie einen bürgerlich-rechtlichen Vertrag aus. Bei der Auslegung des normativen Teils sei der Parteiwille zu berücksichtigen[389]. Werde der wirkliche Wille der Tarifvertragsparteien bei richterlichen Entscheidungen nicht berücksichtigt, so könnten Entscheidungen gefällt, die mit den gemeinsamen Vorstellungen der Tarifvertragsparteien nicht in Einklang stünden. Besonders deutlich werde dies im Falle der Nichtanwendung der falsa-demonstratio-Regel. Die Gerichte träfen dann anstelle der Tarifvertragsparteien Entscheidungen. Dadurch nähmen die Arbeitsgerichte eine mit der Tarifautonomie nicht in Einklang stehende Entscheidungsmacht in Anspruch[390]. Die Ausle-

---

384 BAG AP Nr.19 zu § 611 BGB Bühnenengagementsvertrag; BAG, AP Nr.4 zu § 1 TVG Auslegung; BAG, AP Nr.128 zu § 1 TVG Auslegung = AR-Blattei Tarifvertrag IX Entsch.50

385 Nikisch, Arbeitsrecht II, S.222.

386 BAG, AP Nr.135 zu § 1 TVG Auslegung = EzA Nr.14 zu § 1 TVG Auslegung.

387 BAG AP Nr.151 zu § 1 TVG Auslegung; BAG NZA 1985, S.160.

388 Däubler, TVR, Rn.131 ff; Kempen/Zachert, Einl.Rn.309; Löwisch/Rieble, § 1 Rn.384; Wank, RdA 1998, S.71 (77 ff.); Zöllner/Loritz, Arbeitsrecht, S.395 Fn.3; Zöllner, RdA 1964, S.443 (448).

389 Däubler, TVR, Rn.136; Dütz, FS Molitor, S.63 (72); ders. Anm.zu BAG EzA § 4 TVG Bühnen Nr.2 unter III 3, S.36; ders. Arbeitsrecht, § 9 Rn.574; Kempen/Zachert, Grundlagen Rn.308; Löwisch/Rieble, § 1 Rn.383; Wiedemann/Wank, TVG, § 1 Rn.774 ff.; Zöllner/Loritz, Arbeitsrecht, S.339; ders., RdA 1964, S.443 (449).

390 Dütz, FS Molitor, S.63 (74); Däubler, TVR, Rn.134.

gung komme einer Tarifzensur und einer Entmündigung der Tarifvertragsparteien gleich[391]. Art.9 Abs. 3 GG respektiere einen feststellbaren übereinstimmenden Willen der Tarifparteien[392]. Die Konsequenz einer solchen Auslegung wäre ein Eingriff in die Tarifautonomie und damit ein Verstoß gegen Art.9 Abs. 3 GG[393]. So meint Däubler, die Arbeitsgerichte könnten mittels der objektiven Auslegung den Tarifinhalt stärker nach ihren Vorstellungen gestalten, indem sie vom Tarifparteiwillen abstrahierten[394]. Mittels einer „objektiven" Auslegung könnten die Gerichte die Begrenzung einer gerichtlichen Kontrolle über die Rechtmäßigkeit von Tarifverträgen umgehen. Daher komme es einer teilweisen Abtretung der Normsetzungsbefugnis der Tarifparteien an die Gerichte gleich, wenn die Tarifvertragsauslegung der Gesetzesauslegungsmethode folge.

Sowohl die objektive Theorie als auch die subjektive Theorie berücksichtigen aber immerhin den im Wortlaut erkennbaren Parteiwillen[395]. Insofern kommen beide Auslegungsmethoden nur zu unterschiedlichen Ergebnissen, wenn das Ergebnis einer rein objektiven Auslegung von dem durch Aussage der Verhandlungsführer feststellbaren wirklichen Willen abweicht[396], d.h. im Fall der falsa demonstratio[397].

Nach einer anderen Ansicht[398] folgt die Auslegung von Tarifverträgen, da diese dem Privatrecht angehören, grundsätzlich den Grundsätzen über die Auslegung von Willenserklärungen. Bei der Auslegung des normativen Teils seien zusätzlich zu den Grundsätzen der Vertragsauslegung die Regeln für die Auslegung objektiven Rechts zu berücksichtigen. Dabei sei der nach außen erkennbar erklärte Wille der Tarifvertragsparteien entscheidend[399].

Nach der subjektiven Auslegungsmethode ist der normative Teil des Tarifvertrags ebenso wie der schuldrechtliche Teil nach §§ 133, 157 BGB auszulegen. Während § 133 BGB auf den inneren Willen des Erklärenden abstellt, begrenzt § 157 BGB die Ermittlung des wirklichen Willens. Danach sind die Belange der Personen, deren rechtlich geschützte Interessen betroffen sind, zu berücksichtigen[400]. Daher ist bei der Auslegung danach zu fragen, wer Empfänger der Erklärung ist, d.h. beim Tarifvertrag, ob nur die Tarifvertragsparteien Empfänger der

391 Dütz, FS Molitor, S.63 (72).
392 Kempen/Zachert, Einl.309.
393 Dütz, Arbeitsrecht, S.254; ders. Anm.zu BAG EzA § 4 TVG Bühnen Nr.2 unter III 3, S.36 f.
394 Däubler, TVR, Rn.134 ff.
395 Wiedemann, TVG, § 1 Rn.768.
396 Dütz, Arbeitsrecht, S.254; ders., FS Molitor, S.63 (70).
397 Wiedemann, TVG, § 1 TVG Rn.787.
398 Hess, DB 1976, S.2469 (2470); Hueck/Nipperdey, TVG, § 1 Rn.185 m.w.N.
399 Hueck/Nipperdey, Lehrbuch d.ArbR II/1, S.358 m.w.N. in Fn.39, 39 a.
400 Liedmeier, S.154.

Erklärungen sind oder auch die Mitglieder der Tarifvertragsparteien. Bei dem normativen Teil des Tarifvertrags sind stets die Mitglieder, für welche die getroffenen Regelungen unmittelbar und zwingend gelten, Adressaten der Regelung.

Die Auslegung des normativen Teils des Tarifvertrags hat der objektiven Methode zu folgen, da Rechtsnormen ebenso wie Erklärungen an die Allgemeinheit für eine eine unbestimmte Zahl von Personen bedeutsam sind. Es ist allgemeine Auffassung, dass Erklärungen an die Allgemeinheit nach der Verständnismöglichkeit eines „durchschnittlichen Beteiligten“ oder eines Angehörigen des gerade angesprochenen Personenkreises auszulegen sind[401]. Dabei sind neben dem an die Allgemeinheit gerichteten Text nur solche Umstände zu berücksichtigen, die jedermann oder jedem Angehörigen der angesprochenen Kreise bekannt oder erkennbar sind[402]. Dies gilt unter anderem für Satzungen von Vereinen und Hauptversammlungsbeschlüsse. Der normative Teil des Tarifvertrags stellt eine autonome Satzung dar, d.h. er stellt eine von nichtstaatlichen Verbänden im Rahmen ihrer Befugnis erlassene Rechtsnorm dar[403]. Für ihn gelten aus diesem Grund diesselben Auslegungsgrundsätze wie für Satzungen von Vereinen. Die objektive Auslegungsmethode ist bei der Auslegung normativer Bestimmungen des Tarifvertrags vorzuziehen und der Wille der Tarifvertragsparteien nur dann maßgeblich, wenn er in der Vereinbarung Ausdruck gefunden hat.

4.4.2. Auslegungsregeln für den schuldrechtlichen Teil des Tarifvertrags

Die überwiegende Auffassung in der Literatur legt den schuldrechtlichen Teil des Tarifvertrags und damit die schuldrechtlichen Vereinbarungen mit tariflichem Inhalt nach §§ 133, 157 BGB aus[404]. Der Tarifvertrag gehöre dem Privatrecht an, und der schuldrechtliche Teil sei nach den für Willenserklärungen geltenden Auslegungsgrundsätzen zu behandeln[405]. Schuldrechtliche Abreden in einem Tarifvertrag hätten die gleiche Wirkung wie Abreden in einem allgemeinen schuldrechtlichen Vertrag und seien entsprechend nach §§ 133, 157 BGB auszulegen[406].

401 Palandt/ Heinrichs, BGB, § 133 Rn.12.
402 BGH Z 53,307; Palandt/ Heinrichs, BGB, § 133 Rn. 12.
403 Palandt/ Heinrichs, BGB, Einl.Rn.21.
404 Hueck/Nipperdey, Lehrbuch d.ArbR II/1, S.360; Hrodmadka/Maschmann, Bd. 2, S.73, Rn.119; Kempen/Zachert, Einl. Rn.236 f.; Grundl., Rn.305; Maus, § 1 Rn.314; Wiedemann, § 1 TVG Rn.763,768.
405 Hess, DB 1976, S.2469 (2470); Hueck/Nipperdey, TVG, § 1 Rn.185 m.w.N.
406 Liedmeier, S.140.

Eine hiervon abweichende Mindermeinung legt beide Teile des Tarifvertrags einheitlich nach den Auslegungsregeln für Gesetze aus[407]. Abreden auf dem Gebiet der Arbeits- und Wirtschaftsbedingungen seien unabhängig davon, ob die Sachregelung normativ oder schuldrechtlich ausgestaltet sei, wie Gesetze auszulegen. Normative und rein schuldrechtliche Tarifverträge hätten dieselbe Zielrichtung und Bedeutung. Die drittbezogenen Auswirkungen der schuldrechtlichen Vereinbarungen erforderten es, dass die Auswirkungen für Dritte erkennbar sein müssten, damit sich diese darauf einstellen könnten, selbst wenn die Auswirkungen nur indirekter Natur seien. Tarifverträge seien stets das Ergebnis eines Kompromisses, der durch unterschiedliche Interessenlagen geprägt sei. Daher seien beide Arten des Tarifvertrags wie Tarifnormen auszulegen. Wie bei der Auslegung von Tarifnormen sei der wirkliche Wille der Parteien nur zu berücksichtigen, wenn er einen erkennbaren Ausdruck in der Regelung gefunden habe.

Andere Autoren[408] differenzieren bei der anzuwendenden Auslegungsmethode für schuldrechtliche Bestimmungen in Tarifverträgen danach, welche Wirkungen die jeweilige Bestimmung hat. Beim schuldrechtlichen Teil würden grundsätzlich nur für die Tarifparteien selber Rechte und Pflichten begründet[409]. Dabei seien im Gegensatz zum normativen Teil die Interessen der am Vertragsschluss nicht Beteiligten grundsätzlich nicht zu berücksichtigen[410]. Anders stelle sich die Rechtslage dar, wenn ausnahmsweise schuldrechtliche Bestimmungen des Tarifvertrags (unmittelbare) Wirkungen gegenüber Personen entfalten, die am Vertragsschluss nicht beteiligt sind. Liedmeier führt hierzu aus, dass schuldrechtliche Abreden mit Wirkungen für nicht am Vertragsschluss beteiligte Personen wie etwa die Friedenspflicht[411] nach den für den normativen Teil des Tarifvertrags geltenden Regeln auszulegen seien[412]. Bei der Auslegung sei das Interesse der betroffenen Mitglieder zu berücksichtigen. Daher sei der Wille der Tarifparteien nur bei der Auslegung heranzuziehen, wenn er mit dem Text vereinbar sei.

Diese differenzierende Ansicht vermag zu überzeugen. Welche Auslegungsmethode für den schuldrechtlichen Teil des Tarifvertrags und für schuldrechtliche Tarifverträge gilt, muss davon abhängen, ob der auszulegende Vertrag Rechte

---

407 Gröbing, ZTR 1987, S.236 (237 f.) ; Wiedemann, TVG, § 1 Rn.763, der die Gesetzesauslegung auf alle Regelungen auf dem Gebiet der Arbeits- und Wirtschaftsbedingungen ausdehnen will.

408 Hueck/Nipperdey,Lehrbuch d.ArbR II/1, S.360; Liedmeier, S.141.

409 Hueck/Nipperdey, Lehrbuch d.ArbR II/1, S.207; Schaub, Arbeitsrecht, S.1317; Zöllner/Loritz, Arbeitsrecht, S.366.

410 Liedmeier, S.141. Als Beispiel nennt er Kostentragungsverpflichtungen sowie Vertragsstrafenvereinbarungen

411 Brox/Rüthers, Arbeitskampfrecht, Rn.220; Wiedemann, TVG, § 1 Rn.671.

412 Liedmeier, S.142.

und Pflichten von am Vertragsschluss nicht beteiligten Personen begründet. Ist dies der Fall, so sind sie wie die Normen eines Tarifvertrags auszulegen. Muss auf die Interessen Dritter hingegen keine Rücksicht genommen werden, weil diese nicht betroffen sind, sind schuldrechtliche Abreden dergestalt auszulegen, dass die Willenserklärungen ohne Einschränkungen in der Weise gelten, wie es dem gemeinsamen Verständnis der Tarifparteien entspricht.

Die Autoren, die bei der Auslegung des normativen Teils des Tarifvertrags die Auslegungsregeln für Gesetze heranziehen, führen an, dass die Tarifnormen für nicht unmittelbar am Zustandekommen des Vertrags Beteiligte gelten sollten[413]. Dies trifft ebenso auf schuldrechtliche Vereinbarungen zu, die Regelungen enthalten, die Ansprüche für Dritte begründen. Ebenso betreffen Abreden, die mittels Einwirkungs- und Durchführungspflichten auf Dritte Einfluss nehmen, am Vertragsschluß Unbeteiligte und haben einen normersetzenden Inhalt. Daher überzeugt Wiedemanns Auffassung, wonach derartige schuldrechtliche Bestimmungen wie normativ wirkende Tarifverträge auszulegen sind[414].

Grundsätzlich sind Erklärungen, die für eine unbestimmte Anzahl von Personen Bedeutung haben, wie bereits oben ausgeführt, nach der Verständnismöglichkeit eines durchschnittlichen Beteiligten oder eines Angehörigen des gerade angesprochenen Personenkreises auszulegen[415]. Rein schuldrechtliche Verträge der Koalitionen betreffen, wenn sie zugunsten Dritter ausgestaltet sind, eine Vielzahl von Personen[416]. Schuldrechtliche Vereinbarungen, deren Inhalt Dritte im Sinne der arbeitsrechtlichen Inhalte des § 1 Abs.1 TVG betreffen, sind wie Erklärungen an die Allgemeinheit nach der Verständnismöglichkeit eines durchschnittlichen Beteiligten oder eines Angehörigen des gerade angesprochenen Personenkreises nach der objektiven Methode auszulegen[417]. Der Wille der Tarifvertragsparteien muss freilich, um bei einer Auslegung Berücksichtigung zu finden, in der Vereinbarung seinen Ausdruck gefunden haben.

Diese Auffassung entspricht der Ansicht des BAG, dass die schuldrechtlichen Koalitionsverträge zugunsten Dritter aufgrund ihrer tarifvertragsersetzenden Funktion wie Tarifverträge auszulegen sind. Die typische Wirkungsweise und Funktion des Tarifvertrags hängt für das BAG nicht mit der unmittelbaren und zwingenden Wirkung zusammen. Dies ist zutreffend: Die typische Funktion des Tarifvertrags besteht vielmehr darin, Verträge mit arbeitsrechtlichen Inhalten für Dritte zu regeln und in diesem Rahmen ggf. Ansprüche für Dritte zu begründen. Dieser Umstand rechtfertigt es, die objektive Auslegungsmethode anzuwenden,

413 BAG AP Nr.117, 124 zu § 1 TVG Auslegung.
414 BAG AP Nr. 29 zu § 1 TVG ; Wiedemann, TVG, § 1 Rn.22, S. 321.
415 Palandt/Heinrichs, BGB, § 133 Rn.12.
416 BAG NZA 1998, S.654 (658 f.).
417 Palandt/Heinrichs, BGB § 133 Rn.12.

da die Funktion eines Vertrags darüber entscheidet, welche Auslegungsmethode anzuwenden ist. Das BAG nennt in besagtem Urteil keinen Grund, warum der Tarifvertragsbegriff schuldrechtliche Koalitionsverträge trotz tarifvertragsersetzender Funktion nicht erfasst. Damit ein Vertrag einen anderen funktionell ersetzen kann, muss er aber dieselbe Funktion wie dieser erfüllen. Es ist aber gerade die Funktion eines Vertrags, die ihn als solchen qualifiziert und an welchen sich die Rechtsfolgen knüpfen.

Das Vertrauen Dritter ist bei der Auslegung eines Vertrags der Tarifparteien aber nur dann zu schützen, wenn ein schützenswertes Interesse der Verbandsmitglieder besteht, den Inhalt der Vereinbarung aus dem Vertragstext entnehmen zu können. Dies ist nur bei Verträgen der Tarifparteien der Fall, die mittels Einwirkungspflicht Einfluss auf die Mitglieder der Verbände nehmen. Schuldrechtliche Bestimmungen, die allein die Rechte und Pflichten der Tarifvertragsparteien als Internum regeln und keinerlei Auswirkungen auf Dritte haben, sind nach §§ 133, 157 BGB auszulegen.

Damit ist noch nicht entschieden, nach welchen Grundsätzen eine Auslegung einer Vereinbarung zu erfolgen hat, bei welcher fraglich ist, ob es sich dabei um einen Tarifvertrag handelt oder um einen außertariflichen Koalitionsvertrag. Das BAG[418] hat in seinem Urteil vom 14. April 2004[419] erklärt, in einem solchen Zweifelsfall habe die Auslegung der Vereinbarung nach den Auslegungsregeln schuldrechtlicher Verträge gem. §§ 133, 157 BGB zu erfolgen. Die Regeln über die Auslegung von Tarifverträgen beträfen demgegenüber nur den normsetzenden Teil des Tarifvertrages.

Dabei verkennt das BAG, dass auch schuldrechtliche Normenverträge Normen setzen und normersetzend wirken können. Dies hat das BAG in einem früheren Urteil[420] anerkannt, indem es ausführt, die Auslegung nichttariflicher Koalitionsverträge sei nach den Grundsätzen für die Auslegung von Tarifverträgen vorzunehmen, da „nichttarifliche Koalitionsverträge- wie im Normalfall ein Tarifvertrag- eine Vielzahl von Personen“ betreffe, „zu deren Gunsten er Ansprüche zur Entstehung bringe und somit tarifvertragsersetzende Funktion habe“. Bei einer solchen Funktion sei der Vertrag wie ein Tarifvertrag auszulegen. Die Funktion eines Vertrags entscheidet folglich über die anzuwendenden Auslegungsregeln. Die Funktion eines Tarifvertrags wird sowohl von schuldrechtlichen Normenverträgen mit arbeitsrechtlichem Inhalt erfüllt als auch von normativ wirkenden Verträgen der Tarifvertragsparteien. Die Funktion eines Vertrags entscheidet aber ebenso über dessen Zuordnung zu einem bestimmten Vertragstyp. Haben

418 BAG MDR 2004, S.1426 (1427) = AP Nr. 188 zu § 1 TVG Auslegung.
419 BAG MDR 2004, S.1426 (1427) = AP Nr. 188 zu § 1 TVG Auslegung
420 BAGE 87, S.45 (61)= AP Nr.29 zu § 1 TVG.

rein schuldrechtliche Koalitionsverträge tarifvertragsersetzende Funktion und dieselben sachlich-gegenständlichen Inhalte wie Tarifverträge, sind sie nicht nur wie Tarifverträge auszulegen, sondern als solche zu qualifizieren.

Es überzeugt nicht, dass das BAG bei normersetzenden Verträgen andere Auslegungsgrundsätze anwenden will als bei der Frage, ob es sich um normersetzende Verträge oder um rein schuldrechtlich wirkende Verträge handelt. Käme man nach einer entsprechenden Auslegung zu dem Schluß, dass es sich bei der Vereinbarung um einen normativ wirkenden Tarifvertrag handelt, müsste man dessen Inhalt wiederum nach den Grundsätzen der Gesetzesauslegung auslegen. Da man zur Klärung der Frage, ob es sich bei diesem Vertrag um einen Tarifvertrag handelt, aber ebenfalls dessen Inhalt auslegt, käme man zu dem Ergebnis, dass ein und derselbe Inhalt mal nach §§ 133, 157 BGB und mal nach den Auslegungsregeln für Gesetze auszulegen ist. Für eine solche Unterscheidung besteht kein sachlicher Grund.

5. Stellungnahme und Ergebnis zur Begriffsnotwendigkeit der normativen Wirkung

Nach allem bleibt festzustellen, dass die normative Wirkung des Tarifvertrags für diesen ein typisches, aber kein begriffsnotwendiges Merkmal ist. Derselbe Begriff kann verschiedene Arten eines Vertragstyps erfassen[421]. So erfasst der Tarifvertragsbegriff den rein schuldrechtlich und den normativ wirkenden Tarifvertrag[422].

Dies ergibt sich bereits daraus, dass sich die Bildung eines Begriffs nach dessen Zweck richtet und der Zweck des Tarifvertrags nach den für den Tarifvertrag maßgeblichen Gesetzen und Rechtsgrundsätzen auch rein schuldrechtliche Vereinbarungen der Tarifvertragsparteien erfasst. Das Tarifvertragssystem bezweckt den Ausgleich der strukturellen Unterlegenheit des Arbeitnehmers beim Abschluss des Arbeitsvertrags durch die Möglichkeit des kollektiven Handelns. Auf kollektivem Weg soll der Tarifvertrag ein annähernd ausgeglichenes Aushandeln der Arbeitsbedingungen ermöglichen[423]. Somit fällt von der ratio her jeder Vertrag unter den Tarifvertragsbegriff, der den erwähnten Zweck erfüllt und die Arbeitsverhältnisse der Verbandsmitglieder durch Vereinbarungen der Verbände und Einzelarbeitgeber im Sinne des § 1 Abs. 1 TVG regelt. Zur Erreichung dieser

421 Vgl. S.11 Fn.101.
422 So Hueck/Nipperdey, Lehrbuch d. ArbR II/1, S.15; Rebsamen, S.29.
423 BVerfG DB 1991, S.1678 (1680); BVerfG BB 1995, S.1538 (1538 f.); Richardi, Gutachten B, B 38.

Zielsetzung sind aber nicht allein normative, sondern auch schuldrechtliche Vereinbarungen geeignet.

Der Zweck des Tarifvertrags liegt in seiner Funktion und nicht in seiner rechtlichen Wirkung[424]. Der Tarifvertrag kann auch ohne normative Wirkung seine Normenfunktion[425] erfüllen. Dies ergibt sich bereit daraus, dass der Tarifvertrag bereits vor seiner Normierung durch die TVVO als schuldrechtlicher Normenvertrag bestand und bereits zu dieser Zeit seine Funktionen der Ordnung und Befriedung des Arbeitslebens erfüllte. Zöllner führt hierzu aus, dass die Tarifvertragsparteien vor der Geltung der TVVO dieselben Wirkungen wie nun nach § 3 Abs. 2 TVG, erreichen konnten, indem sie ihre Mitglieder kraft ihrer Satzungs- und Verbandsgewalt indirekt veranlassten, sich an die Tarifbestimmungen zu halten[426]. Auf diesen Weg waren die Tarifvertragsparteien zur Zeit der TVVO auch bei Abschluss- und Beendigungsnormen angewiesen. Jene konnten nur auf schuldrechtlichem Weg umgesetzt werden, da die normative Wirkung nach der TVVO nur für Inhaltsnormen galt. Trotz dieser „wesentlich schwächere(n) Unterworfenheit“ der Mitglieder im Vergleich zu der später möglichen normativen Wirkung hatten die Tarifverträge bereits vor der Möglichkeit einer normativen Wirkung eine vergleichbare ordnende Kraft wie später mittels der Tarifnormen.

Die Einwirkung der Verbände auf ihre Mitglieder bei nur schuldrechtlichen, d.h. mittelbar wirkenden Regelungen mit Drittwirkung ist mit der normativen Wirkung durchaus vergleichbar. Die normative Wirkung unterscheidet sich nur in der Intensität der Einwirkung auf die Mitglieder der Verbände von der schuldrechtlichen Wirkung drittbezogener Regelungen. Nach Reuter ist die normative Wirkung „nichts weiter als eine rechtstechnische Verbesserung der Effizienz, ohne die die Tarifvertragsparteien zur ‘Durchführung’ den mühsamen Weg der Einwirkung auf ihre Mitglieder mit dem Ziel der einzelvertraglichen Vereinbarung der Tarifvertragsinhalte beschreiten müssten“[427]. Löwisch meint denn auch, dass die Charakterisierung als Tarifvertrag nicht davon abhängen könne, mit welcher Intensität eine Regelung auf das Einzelarbeitsverhältnis einwirke[428].

Die Unterschiede zwischen Normenverträgen mit normativer oder schuldrechtlicher Wirkung sind nur konstruktiver Art. Gewerkschaften haben bei schuldrechtlichen Abreden einen Erfüllungsanspruch, wonach die Arbeitgeber z.B. verpflichtet sind, Arbeitsverträge entsprechend der schuldrechtlichen Abrede auszugestalten. Schuldrechtliche Vereinbarungen sind insofern ein „wirkungs-

---

424 Däubler, TVR, Rn.258; Kaskel/Dersch, S.49; Köppe, S.85.
425 Kaskel/Dersch, S.47.
426 Zöllner, RdA 1962, S.453 (453).
427 Reuter, ZfA 1978, S.1 (12 f.); ders., JuS 1987, S.666 (666).
428 MünchArbR/Löwisch/Rieble, § 246 Rn.47.

gleiches, nichthoheitliches Instrumentarium“ [429] im Verhältnis zu den normativ wirkenden Bestimmungen eines Tarifvertrags. Schuldrechtliche Tarifregelungen können die Rechtstellung der Außenseiter ebenso beeinträchtigen wie die Rechtstellung der gewerkschaftsangehörigen Arbeitnehmer sich mittels der normativ wirkenden Regelungen beeinflussen lässt. Die Tarifvertragsparteien sind, sofern sie beabsichtigen, Regelungen über betriebliche und betriebsverfassungsrechtliche Fragen auf die Außenseiter auszudehnen, nicht auf die normative Wirkung angewiesen. Schuldrechtliche Abreden sind nur insofern weniger effektiv als Rechtsnormen, als es um Dritte belastende Vereinbarungen geht. Wegen des Verbots von Verträgen zulasten Dritter können schuldrechtliche Abreden in Form von Verbandstarifverträgen verbandsangehörige Arbeitnehmer und Arbeitgeber nicht unmittelbar binden, sofern sie keine begünstigenden Bestimmungen für diese enthalten. Schuldrechtliche Abreden können jedoch Einwirkungspflichten enthalten, die sicherstellen, dass schuldrechtliche Klauseln in ihrer Effektivität den normativ wirkenden Bestimmungen nahe kommen. Die Zwangswirkung der Einwirkungspflicht auf den Arbeitgeber ist hierbei allerdings vom tatsächlichen Kräfteverhältnis abhängig[430]. Das bedeutet, dass schuldrechtliche Mittel beim Firmentarifvertrag eine stärkere Zwangswirkung entfalten als beim Verbandstarifvertrag; beim Firmentarifvertrag ist der Arbeitgeber Vertragspartner, sodass die Arbeitnehmerkoalition von ihm verlangen kann, die vereinbarte Leistung zu erbringen. Beim Verbandstarifvertrag ist hingegen die Arbeitgeberkoalition der Vertragspartner für die Gewerkschaft, sodass jene nicht gegen den einzelnen Arbeitgeber vorgehen kann. Die Gewerkschaft hat nur einen Anspruch gegen den Arbeitgeberverband, auf seine Mitglieder einzuwirken, ihrerseits die vereinbarten Leistungen zu erbringen. Die Gewerkschaft kann die Arbeitgeberkoalition dazu verklagen, diese Einwirkung zu erbringen[431]. Bei Verbandstarifverträgen besteht eine Zwangswirkung mithin allenfalls bei „kleinen“ Arbeitgebern, während sie bei Großunternehmen nicht in dem Maße wirkt[432], da diese riskieren können, sich auch nach Einwirkung ihres Verbandes nicht entsprechend der Vereinbarung ihres Verbandes zu verhalten.

Es entspricht auch den Wertungen des BGB, bei der Qualifizierung von Vertragstypen auf die geregelte Materie des vereinbarten Inhalts abzustellen. Dies verdeutlicht auch die Unterteilung der Verträge zugunsten Dritter in echte und unechte Verträge zugunsten Dritter. Während der Dritte beim echten Vertrag einen eigenen Anspruch gegen den Versprechenden erhält, fehlt ein solcher beim

429 Reuter, ZfA 1978, S.1 (13).
430 Gamillscheg, Differenzierung, S.75.
431 Hölters, S.26; Hueck/Nipperdey, Lehrbuch d.ArbR II/1, S.711 ff.
432 Hölters, S.26.

unechten Vertrag[433]. Beide Vertragsarten fallen aber unabhängig von ihrer unterschiedlichen Wirkung unter den Begriff „Vertrag zugunsten Dritter". Auch bei dieser Qualifizierung ist somit nicht die Wirkung des Vertrags entscheidend.

Es trägt auch nicht zur Rechtsklarheit und Rechtssicherheit bei, die normative Wirkung als Kriterium zur Abgrenzung heranzuziehen, da oftmals normative und schuldrechtliche Bestimmungen ineinander übergehen[434]. Eine Trennung von normativen und schuldrechtlichen Bestimmungen lässt sich aus diesem Grund nicht immer stringent und äußerlich erkennbar vornehmen[435]. Oft ist auch schwer feststellbar, ob eine Regelung der Tarifvertragsparteien normativ oder schuldrechtlich wirken soll[436]. Dies verdeutlichen die zahlreichen Kriterien und Indizien, die erforderlich sind, um die normative Wirkung einer Regelung zu bestimmen[437] sowie der Streit über die Rechtsnormqualität des „Verhandlungsergebnisses" zwischen dem Arbeitgeberverband der Metall- und Elektroindustrie und der IG Metall im Jahre 1993[438] und die Streitigkeit zum Lehrerpersonalkonzept[439]. Während bei letzterem BAG[440] und LAG Mecklenburg -Vorpommern vom 12.9.2001[441] der Auffassung waren, dass das Lehrerpersonalkonzept (LPK) keine normativen Bestimmungen enthalte[442], vertrat Plander[443] die gegenteilige Auffassung. Vereinbaren die Parteien z.B. eine begrenzte Geltungsdauer, lässt sich dies sowohl als Indiz für eine schuldrechtliche Regelung[444] als auch als Indiz für eine normative Regelung auslegen[445]. Erst die Auslegung des LPK unter Heranziehung weiterer Umstände ergab, dass das LPK Verpflichtungen der Arbeitnehmer enthielt, die gegen eine rein schuldrechtliche Vereinbarung sprachen[446].

---

433 Palandt/Heinrichs, BGB, Einf.v. § 328 Rn.1.
434 Kämpgen, S.98.
435 Kämpgen, S.97.
436 MünchArbR/Löwisch/Rieble, § 253 Rn. 43.
437 Auch in SächsLAG, LAGE Nr.6 zu § 1 TVG, wo fraglich war, ob der Vertrag keine normativen Abreden enthielt: vgl. Plander, FS Kehrmann, S.295 (318 Fn.42).
438 Während die Arbeitgeberverbände das Ergebnis für schuldrechtliche Verpflichtungen zum Abschluss von Tarifverträgen halten (Wolter, DB 1993, S.934 (934)), meint die IG Metall, dass es sich dabei bereits um Tarifverträge handele.
439 BAG AP Nr.29 zu § 1 TVG; zuvor LAG Mecklenburg –Vorpommern, PersR 2002, S.311); vgl. hierzu auch Plander, PersR 2002, S.292 (294, 297). Vgl. zu den Inhalten des LPK auch Däubler, ZTR 1997, S.289 (290); Plander, PersR 1997, S.289 ff.
440 BAG AP Nr.29 zu § 1 TVG Auslegung.
441 LAG Mecklenburg-Vorpommern, PersR 2002, S.311.
442 BAG AP Nr.29 zu § 1 TVG; LAG Mecklenburg-Vorpommern, PersR 2002, S.311.
443 Plander, PersR 2002, S.292 (294, 297).
444 In Form des Vertrags zugunsten Dritter.
445 Plander, PersR 2002, S.292 (294).
446 So können Kündigungsschutz- und Abfindungshöhebestimmungen sowohl als Rechtsnormen als auch als schuldrechtliche Bestimmungen auszulegen sein.

Insofern ist die Abgrenzung anhand der normativen Wirkung nicht einfach zu handhaben und zudem nicht praxisnah. Da die Gerichte die für die Qualifizierung als Tarifvertrag maßgeblichen Umstände und die für die Auslegung wesentlichen Umstände ermitteln müssen[447], entlastet es die Gerichte, wenn sie nur ermitteln müssen, ob ein Vertrag die Arbeitsbedingungen regelt, statt feststellen zu müssen, ob eine Regelung unmittelbar und zwingend wirkt.

Kommt es für die Abgrenzung des Tarifvertrags von anderen Verträgen der Koalitionen nur auf den Bezug zu Arbeitsverhältnissen Dritter an, so vermeidet dies im Übrigen Schwierigkeiten bei der Feststellung der Tarifvertragseigenschaft. Dies ist insbesondere dann bedeutsam, wenn sich vertragsschließende Verbände gegenüber ihrer Spitzenorganisation verpflichtet haben, ohne deren Zustimmung keine Tarifverträge abzuschließen. Es ist davon auszugehen, dass nach einer solchen Absprache auch der Abschluss inhaltsgleicher schuldrechtlicher Verträge nur mit Zustimmung erfolgen soll. Stellen normativ wirkende und schuldrechtliche Verträge ein begriffliches „aliud" dar, so könnten die Verbände und Gewerkschaften ihre Vereinbarungen mit ihren übergeordneten Koalitionen umgehen, indem sie inhaltsgleiche Vereinbarungen mit nur schuldrechtlichem Charakter schließen. Die Vertragsparteien wären dann verpflichtet, ihre Vereinbarungen einzuhalten und in den Einzelarbeitsverhältnissen umzusetzen. Es fördert die Rechtsklarheit, wenn Vereinbarungen schuldrechtlicher Natur, die Inhalte des § 1 Abs. 1 TVG betreffen, ebenfalls als Tarifverträge zu qualifizieren sind.

Für dieses Abgrenzungskriterum spricht auch die Praxis der Tarifvertragsparteien. Diese bezeichnen in ihren Veröffentlichungen „außertarifliche Sozialpartnervereinbarungen[448]" ebenfalls als Vereinbarungen, die „Themen abdecken, die nicht für eine Regelung durch einen Tarifvertrag geeignet sind"[449] und grenzen den Tarifvertrag damit in ihrer Vertragspraxis anhand der Themen der Vereinbarung vom außertariflichen Koalitionsvertrag ab[450]. Sie nennen Vereinbarungen dann „Sozialpartnervereinbarungen" statt Tarifvertrag, wenn diese aus dem

447 BGH Z 20, S.109 (112); BGH NJW 1999, S.1702 (1703); Plander, PersR 2002, S.292 (295).

448 Bundesarbeitgeberverband Chemie, Außertarifliche Sozialpartnervereinbarungen, Dezember 1996; ähnlich: Eich, NZA 1995, S.149 (153 ff).

449 Auch hier wird nicht anhand der normativen Wirkung, sondern anhand der Themen abgegrenzt (s.o.).

450 Die Themen der außertariflichen Vereinbarungen in der Chemie-Industrie betreffen den Arbeitsschutz , die Berufsbildung, die Chancengleichheit, Fragen zu Drogen in der Arbeitswelt und dem Europäischen Binnenmarkt und die gesamtdeutsche Entwicklung, die Gruppenarbeit, die Standortsicherung und Beschäftigungsförderung, den Umweltschutz, die Vertrauensleute in den Betrieben sowie die Weiterbildung und Schulungen.

„Katalog der tariflichen Vereinbarungstypen“ [451] herausfallen und nach ihren Themenkreisen nicht für eine Regelung durch den Tarifvertrag geeignet sind[452]. So führen die Industriegewerkschaft Bergbau, Chemie, Energie und der Bundesarbeitgeberverband Chemie e.V., bei ihrem gemeinsamen Internetauftritt[453] aus, dass Sozialpartnervereinbarungen gerade die nicht für den Tarifvertrag geeigneten Themen abdecken sollen.

Weiterhin stellt der schuldrechtliche Tarifvertrag eine Alternative und einen rechtlichen Beitrag zur Lösung der Krise des Flächentarifvertrags dar[454], denn die zunehmende Kritik an der derzeitigen Tarifpolitik knüpft insbesondere an die zwingende Wirkung der (Flächen-) Tarifverträge an[455]. Den Betriebsparteien müsse, so etwa Eich[456] und Wank[457], ein größerer Spielraum zur Regelung der Arbeitsbedingungen zustehen. Zwingende Einheitsvorschriften passten nicht mehr für alle von einem Flächentarifvertrag erfassten Unternehmen. Schuldrechtliche Vereinbarungen seien zudem flexibler als normativ wirkende. So habe es im letzten Jahrzehnt vermehrt Verbandsaustritte auf Arbeitgeberseite gegeben[458]. Grund hierfür sei vermehrt der Wunsch der Mitgliedsunternehmen, einer Tarifbindung zu entgehen. Die Unternehmen seien zwar bereit, einem Verband anzugehören, da sie an dessen Serviceleistungen, an der verbandsmäßigen Vertretung gemeinsamer Interessen und der sozialen Selbstverwaltung interessiert seien, und sie wollten auch an der Beschlussfassung in der Mitgliederversammlung teilnehmen und an allen Rechten aus dem Mitgliedstatus teilhaben, ohne aber an den Tarifvertrag gebunden zu sein. Sie wollten dabei zwar die normative Bindung[459], nicht jedoch auch die schuldrechtliche Bindung beim Verbandstarifvertrag vermeiden. Eine Anerkennung rein schuldrechtlicher Tarifverträge hätte gerade in Zeiten der steigenden Zahl von Mitgliedschaften ohne Tarifbindung in den Arbeitgeberverbänden einen erweiterten Schutz der Tarifautonomie zur Folge und würde die Anerkennung der Funktionsfähigkeit des Tarifsystems fördern. Könnte der Verband Tarifverträge mit rein schuldrechtlichem statt mit normativem Inhalt schließen, so käme dies den Arbeitgebern entgegen, da sie von der Regelung nur mittelbar über die Einwirkungspflichten der Verbände betroffen wären und sich diesen mittels Austritts aus ihrem Verband entziehen könnten.

451 Zachert, FS Hanau, S.137 (138).
452 K. Molitor, FS Stahlhacke, S.339 (341); Zachert, FS Hanau, S.137 (138).
453 www.sozialpartnernetz.de.
454 So auch Heinze, DB 1996, S.729 (734).
455 K.Molitor,FS Stahlhacke, S.339 (339).
456 Eich, NZA 1995, S.149 (153,155).
457 Wank, NJW 1996, S.2273 (2278).
458 Buchner, NZA 1994, S.2 (2).
459 Buchner, NZA 1994, S.2 (4).

Dies entspricht der Forderung Heinzes, die Tarifvertragsparteien möchten zunehmend auf den Abschluss normativ wirkender Tarifverträge verzichten und stattdessen versuchen, allein schuldrechtlich wirkende Tarifverträge abzuschließen"[460].

Der schuldrechtliche Tarifvertrag ermöglicht es den Tarifvertragsparteien, ihrer sozialstaatlichen Aufgabe zur Schaffung echter „Mindestbedingungen" nachzukommen[461]. So meint Heinze, es gebe in der chemischen Industrie bereits zahlreiche schuldrechtlich wirkende „Tarifverträge", die außertarifliche Sozialpartnervereinbarungen genannt würden[462]. Schuldrechtlich wirkende Tarifverträge haben im Vergleich zu den normativ wirkenden den Vorteil, Maßstäbe und inhaltliche Vorgaben zu setzen, die nicht unmittelbar und zwingend auf den Inhalt der einzelnen Arbeitsverträge wirken und die es den tarifgebundenen Arbeitgebern überlassen, die schuldrechtlichen Verpflichtungen aufgrund der Einwirkungs- und Durchführungspflichten umzusetzen. Wank meint zwar einschränkend, schuldrechtliche Tarifverträge seien insofern nachteilig, als durch die rein schuldrechtliche Wirkung die „Errungenschaft des Tarifvertragssystems", die in der normativen Wirkung des Tarifvertrags gesehen liege, verloren gehe[463]. Dies trifft aber insoweit nicht zu, als schuldrechtliche Tarifverträge ebenso wie normative Tarifverträge Mindeststandards setzen. Daher können schuldrechtliche Tarifverträge ein Unterlaufen der Tarifautonomie verhindern. Der Einigungszwang ergibt sich beim schuldrechtlichen Tarifvertrag aus der Möglichkeit, bei Nichtabschluss einen Arbeitskampf mit dem Ziel eines normativ wirkenden Tarifvertrags durchzuführen.

Neben normativ wirkenden Abreden können schuldrechtliche Vereinbarungen der Tarifvertragsparteien den Arbeitnehmerschutz auf dem Gebiet des § 1 Abs. 1 TVG ebenfalls gewährleisten, denn der schuldrechtliche Teil eines Tarifvertrags begründet ebenfalls Rechte für die Verbandsmitglieder im Rahmen eines Vertrags zugunsten Dritter (§ 328 BGB). Kommt eine Tarifpartei ihren Verpflichtungen gegenüber einem begünstigten Dritten nicht nach, so liegt in diesem Verhalten ein Tarifbruch[464]. Hieraus folgt, dass es sich bei einer solchen Verpflichtung gegenüber einem begünstigten Dritten um einen Tarifvertrag handeln muss, da andernfalls kein Tarifbruch vorläge.

---

460 Heinze, DB 1996, S.729 (734).

461 So auch Heinze, DB 1996, S.729 (735).

462 Bei diesen Vereinbarungen ist allerdings fraglich, ob es sich tatsächlich um schuldrechtliche Tarifverträge handelt. Es ist daher nachfolgend zu untersuchen, ob diese Sozialpartnervereinbarungen schuldrechtliche Tarifverträge oder Koalitionsverträge sui generis sind (vgl. Abschnitt H).

463 Wank, NJW 1996, S.2273 (2278).

464 Kaskel/Dersch, S. 89.

Dass Tarifbruch gegenüber einem nach § 328 BGB durch schuldrechtliche Bestimmungen begünstigten Dritten begangen werden kann, verdeutlicht ebenso, dass die schuldrechtlichen Pflichten des Tarifvertrags nicht nur als „Hilfsstellung zur Sicherung des Hauptzwecks der Normsetzung“ zu sehen sind, sondern einen Selbstzweck verfolgen können. Es ist anerkannt, dass die Tarifvertragsparteien in den schuldrechtlichen Bestimmungen besondere schuldrechtliche Tarifpflichten vereinbaren können, die den Bedürfnissen des praktischen Arbeitslebens entsprechend außerordentlich vielfältig sein können. Diese gesondert vereinbarten schuldrechtlichen Bestimmungen der Tarifvertragsparteien sind gegenüber den Mitgliedern mittels Einwirkungspflicht durchzusetzen. Wenn die schuldrechtlichen Verpflichtungen mannigfaltige Inhalte haben können und zum Tarifvertrag gehören, wenn sie in demselben Vertragstext stehen wie normative Bestimmungen, aber in keinem Zusammenhang zu diesen stehen, müssen die schuldrechtlichen Bestimmungen aber, auch wenn sie alleiniger Inhalt einer Vereinbarung sind, tarifliche Bestimmungen sein, denn es kann ihre rechtliche Qualifizierung nicht beeinflussen, wenn sie zufällig in demselben Vertragstext mit normativen Bestimmungen stehen. Eine Einwirkungspflicht zur Einhaltung eventueller „sonstiger“ schuldrechtlicher Bestimmungen, wie allgemein anerkannt, ist auch nur sinnvoll, wenn die schuldrechtliche Bestimmung einen eigenständigen Inhalt im Verhältnis zu den ebenfalls vorhandenen normativen Bestimmungen hat und anders als die normative Regelung inhaltlich auf das Verhalten der Mitglieder, nicht nur der Verbände selbst bezogen ist. Dies spricht für eine selbständige Bedeutung der schuldrechtlichen Pflichten der Tarifvertragsparteien und gegen eine bloße Hilfsstellung.

Rein schuldrechtliche Tarifverträge haben darüber hinaus einen weiteren Vorteil gegenüber normativ wirkenden: sie erleichtern die Durchsetzung von Ansprüchen der Arbeitnehmer, da die Tarifvertragsparteien bei der Durchsetzung von Ansprüchen einzelner Mitglieder aus rein schuldrechtlichen Vereinbarungen mitwirken. Ansprüche, welche hingegen normative Bestimmungen eines Tarifvertrags gewähren, muss der Einzelne persönlich und direkt gegenüber seinem Arbeitgeber geltend machen- die Berufsverbände wirken bei der Durchsetzung nicht mit. Die individuellen Ansprüche der Arbeitnehmer können kein Gegenstand eines Verbandskonflikts sein. Es besteht insoweit kein Anlass für eine Intervention der Verbände. Hierbei besteht jedoch die Gefahr, dass der einzelne Arbeitnehmer seine Ansprüche gegenüber dem Arbeitgeber nicht durchsetzen kann. Aus diesem Grund bestand in der Schweiz bereits 1947 die Tendenz, jede individuelle Streitigkeit von Mitgliedern einer Tarifpartei zur Verbandsangelegenheit zu machen und die Möglichkeit einen Verbandsstreits zu führen[465].

465 Schweingruber, Entwicklungstendenzen, S.193 (206).

Rechtsbegriffe sind zwar nicht unabänderlich und können einem Wechsel unterliegen[466]. Der Gesetzgeber kann bei dem Erlass einer Norm Merkmale für einen Rechtsbegriff vor Augen gehabt haben, die sich später als nicht mehr begriffsnotwendig erweisen[467]. Den Tarifvertragsbegriff gab es in der Praxis der Koalitionen in Deutschland ebenso wie in anderen europäischen Ländern bereits vor seiner Normierung. Der Tarifvertrag ist damit eine Schöpfung der Praxis[468]. Die Vertragspraxis hat sich aber im Laufe der Zeit geändert. Mit der geänderten Vertragspraxis wandelte sich auch das Verständnis der herrschenden Lehre vom Tarifvertragsbegriff, nach welchem normativ wirkende sowie rein schuldrechtliche Tarifverträge anerkannt sind.

Der Gesetzgeber hat, wie Herschel[469] ausführt, dem bereits bestehenden Phänomen des Tarifvertrags nur eine gesetzliche Grundlage geben wollen, ohne dabei Wertungen über dessen Rechtsqualität zu treffen. Dies sollte der Rechtsprechung und Praxis überlassen bleiben. Daher handelt es sich bei dem Begriff des Tarifvertrags um eine Gebrauchsdefinition. Bei dieser definieren die Rechtsprechung und die Literatur den Begriff[470]. Die Rechtsprechung definiert den Tarifvertrag mit Urteil vom 31.10.1958[471] auch als einen rein schuldrechtlich möglichen Vertrag der Tarifvertragsparteien. Dieses Urteil hat das BAG mit Urteil vom 4.5.1982 [472] bestätigt. Dem ist die herrschende Lehre gefolgt[473]. Insofern haben Literatur und Rechtsprechung die Rechtsqualität des Tarifvertrags zugunsten einer auch rein schuldrechtlichen Vereinbarungsmöglichkeit anerkannt und ausgestaltet.

---

466 Schneider, S.24.

467 Pawlowsky, S.121, Rn.225, nennt für das Bsp. der Gesellschaft das Gesellschaftsvermögen als solches Charakteristikum.

468 Hug, Koalitionsfreiheit, S.185 (187).

469 Herschel, BB 1965, S.791 (792).

470 Wank, Arbeitnehmer, S.4.

471 BAGE 6, S.321 (341)= AP Nr.2 zu § 1 TVG Friedenspflicht.

472 BAG AP Nr.6 zu § 87 BetrVG 1972 Altersversorgung, Bl.997 R.

473 BAG AP Nr.2 zu § 1 TVG Friedenspflicht; AP Nr. 23 zu § 72 a ArbGG 1972 Grundsatz; AP Nr. 20 zu § 1 TVG Form; Beuthien, ZfA 1983, S.141 (150,159 f.); Buchner, AR-Blattei (D) Tarifvertrag V Inhalt A II 1 b; Däubler, TVR, Rn.130; Heinze, DB 1996, S.729 (734); Kempen/Zachert, § 1 Rn.223; Mangen, RdA 1982, S.229 (233); so noch Hueck/Nipperdey, Lehrbuch d. ArbR II/1, 6.Aufl., S.156 (anders in 7. Aufl., S.211); Streckel, SAE 1983, S.103 (103); Wiedemann, TVG, § 1 Rn.7; Wiedemann, Anm.zu BAG AP Nr.20 zu § 1 TVG Form; sofern sie Bezug zu Tarifnormen haben: Zöllner/Loritz, Arbeitsrecht, S. 366.

E. Abgrenzung Tarifvertrag und sonstiger Koalitionsvertrag anhand der Vertragsinhalte?

Nach allem ergibt sich, dass Tarifverträge ebenso wie sonstige Koalitionsverträge ausschließlich schuldrechtlich wirkende Abreden enthalten können. Diese beiden Vertragstypen lassen sich somit nicht anhand des Kriteriums der normativen Wirkung voneinander abgrenzen.

Deshalb ist nach einem anderen Abgrenzungsmerkmal zu suchen. Ein solches könnte darin liegen, dass Tarifverträge auf die in §§ 1 Abs. 1 und 4 Abs. 2 TVG bezeichneten Inhalte beschränkt sind, Koalitionsverträge sui generis hingegen Bestimmungen treffen können, die zwar die in Art. 9 Abs. 3 GG angeführten Arbeits- und Wirtschaftsbedingungen betreffen, aber gerade nicht tariflich geregelt werden können.

Eine solche Lösung setzte freilich voraus, dass Tarifverträge in der Tat nur im Rahmen der inhaltlichen Vorgaben der §§ 1 Abs. 1, 4 Abs. 2 TVG getroffen werden können, was der herrschenden Meinung entspricht[474].

Teilweise nehmen Rechtsprechung und Schrifttum aber an, ungeachtet des enger gefassten Wortlauts dieser Bestimmungen könnten die Tarifpartner über grundsätzlich alle Fragen Tarifverträge schließen, die sich dem Begriffspaar „Arbeits- und Wirtschaftsbedingungen" zuordnen lassen[475].

Im Hinblick darauf, dass Meinungsunterschiede auch darüber bestehen, ob sich der Umfang der Befugnis zu normativer tariflicher Regelung mit derjenigen

---

474 Badura, C 95, S.152; Beuthien, ZfA 1983, S.141 (142 ff.), (159 ff.); Biedenkopf, Tarifautonomie, S.105; Däubler, Mitbestimmung, S.193; Dörrwächter, S.214; Hueck/Nipperdey, Lehrbuch des ArbR II/1, S.239; Hölters, S.107 f.; Lieb, Arbeitsrecht, S.162 f.; Loritz, DB 1985, S.531 ff.; Löwisch/Rieble, § 1 Rn.23; Maus, § 1 Rn.53; Mayer-Maly, BB 1966, S.1067 (1069); Misera, S.18 f.; MünchArbR/Löwisch/Rieble, § 246 Rn.53; Reuter, ZfA 1990, S.535 (548); ders., Anm.EzA Nr.49 zu Art.9 GG; Rieble, ZTR 1993, S.54 (55); ders. RdA 1993, S.141 ff. (145); Säcker/Oetker, S.100 ff., 102 ff.; Weyand, S.84 f.; Zöllner, Differenzierungsklauseln, S.35 f.; a.A. Gamillscheg, Koll. Arbeitsrecht, Bd. I, S.539.

475 Vgl. Biedenkopf, Tarifautonomie, S.18 ff.; Däubler, Mitbestimmung, S.194; ders. TVR, Rn.175 f.; Gamillscheg, Koll. Arbeitsrecht, Bd. I, S.625; Hölters, S.107 f.; Jahnke, S.75; Kempen/Zachert, § 1 Rn.363; Löwisch/Rieble, § 1 Rn.267; Maus, § 1 Rn.18; MünchArbR /Löwisch/Rieble, § 246 Rn.53; Schelp, FS Nipperdey, II, S.587; Weyand, Mitbestimmung, S.104; Wiedemann, TVG § 1 Rn.745.

zu schuldrechtlicher Regelung deckt[476], ist im Folgenden zunächst zu fragen, ob Art. 9 Abs. 3 GG die Befugnis der Tarifpartner zur Normsetzung über den Wortlaut der §§ 1 Abs. 1, 4 Abs. 2 TVG hinaus erweitert, und sodann, ob diese Bestimmung jedenfalls die Kompetenz, schuldrechtlich wirkende Tarifabreden zu treffen, erweitert.

Dahinstehen kann dabei jeweils, welche Grenzen die Norm des Art. 9 Abs. 3 GG ihrerseits abschließend bestimmt, denn davon können ersichtlich weder der Begriff des Tarifvertrags noch derjenige des sonstigen Koalitionsvertrags abhängen – es kann auch wegen Kompetenzüberschreitung nichtige Verträge dieser und jener Art geben.

I. Verträge mit Inhalten nach §§ 1 Abs. 1, 4 Abs. 2 TVG

Die Frage, ob Tarifverträge ausschließlich Inhalte des §§ 1 Abs.1, 4 Abs. 2 TVG enthalten können, knüpft an die Frage an, ob schuldrechtliche Tarifverträge die gleichen sachlich-gegenständlichen Inhalte wie normativ wirkende Tarifverträge haben müssen. Hierzu ist zunächst der Frage nachzugehen, ob Art. 9 Abs. 3 GG die Befugnis der Tarifpartner zur Normsetzung über den Wortlaut der §§ 1 Abs. 1, 4 Abs. 2 TVG hinaus erweitert.

1. Umfang der Normsetzung

Nach überwiegender Literaturmeinung[477] bestimmt § 1 Abs. 1 TVG abschließend den Umfang der tariflichen Normsetzung. Das TVG habe das Begriffspaar „Arbeits- und Wirtschaftsbedingungen“ einfachgesetzlich konkretisiert[478]. Eine Begrenzung der tariflichen Regelungsmöglichkeiten mittels eines förmlichen Geset-

---

476 Für Kongruenz treten ein: Hueck/Nipperdey, Lehrbuch d. ArbR II/1, S.329 f., S.337 f., 657; Mayer-Maly, BB 1965, S.829 (833); ders., BB 1966, S.1067 (1069); eingeschränkt auch: Biedenkopf, Tarifautonomie, S.13; Bötticher, Gemeinsame Einrichtungen, S.142 f., 152, 253; Nikisch, RdA 1967, S.87 (89); Reuter, JuS 1997, S.184 (184); Richardi, Kollektivgewalt, S.197 ff.; gegen eine Kongruenz sprechen sich demgegenüber aus: Clausen, S.40 f., 123; Gamillscheg, Differenzierung, S.83; ders., BB 1967, S.45 (52); Herschel, 46.DJT, Teil D, S.7, 19 f.; Hölters, S.47; Wallisch, S.80.
Vgl. hierzu Gamillscheg, Koll. Arbeitsrecht, Bd.I, S.333; Otto/Schwarze, ZfA 1995, S.639 (645).

477 Vgl. Fn. 481.

478 Loritz, Tarifautonomie, S.67 Fn.13; Mayer-Maly, BB 1966, S.1067 (1069); Reuter, ZfA 1990, S.535 (546); Reuter, Anm.zu BAG, EzA Art.9 GG Nr.49; Säcker/Oetker, S.102; Zöllner, Differenzierungsklauseln, S.35 f.

zes sei erforderlich gewesen, da mittels Tarifvertrags Eingriffe in die Grundrechte Dritter, wie vor allem der Berufsausübungsfreiheit der Arbeitnehmer und Arbeitgeber sowie der Unternehmerfreiheit, möglich seien[479]. Das TVG sei das „Ausführungsgesetz“ für den von Art. 9 Abs. 3 GG gegebenen Gestaltungsspielraum[480]. Die Tarifautonomie sei ein „Institut des einfachen Rechts, das insofern verfassungsrechtlich verbürgt ist, als der Gesetzgeber es nicht abschaffen und nicht unter das zur effektiven Wahrung und Förderung der Arbeits- und Wirtschaftsbedingungen durch die Koalitionen unerlässliche Maß verkürzen darf[481]“. Dementsprechend hat das BVerfG[482] die Auffassung vertreten, die Koalitionsfreiheit bedürfe einer gesetzlichen Ausgestaltung. Die von der Koalitionsbetätigung „berührten Belange (...) im Bereich der Wirtschafts- und Sozialordnung“ machten „gesetzliche Regelungen notwendig, die der Koalitionsfreiheit auch Grenzen ziehen können[483]“. Art. 9 Abs. 3 GG verweise den Gesetzgeber darauf, die Zweckverfolgung der Koalitionen mit den konkurrierenden Interessen Dritter und der Allgemeinheit abzustimmen und in die allgemeine Rechtsordnung zu integrieren[484].

Für diejenigen Autoren, die § 1 Abs. 1 TVG als nicht abschließend ansehen[485], liegt die Grenze der normativen Gestaltungsfreiheit des Tarifvertrags in Art. 9 Abs. 3 GG: Der Wortlaut des § 1 TVG sei älter als das Grundgesetz, sodass das TVG den Begriff der Arbeits- und Wirtschaftsbedingungen in Art. 9 Abs. 3 GG nicht habe konkretisieren können[486]. Daran habe auch die unveränderte Neuverkündung des § 1 TVG nach Erlass des Grundgesetzes 1949 nichts geändert. § 1 TVG sei entsprechend Art.9 Abs.3 GG erweiternd auszulegen.

Das TVG vom 9.4.1949 ist zwar in der Tat älter als das Grundgesetz vom 23.5.1949. Es gilt aber in der Fassung des Bundesgesetzes vom 11.1.1952 (BGBl I S.19)[487]. Damit ist zwar der Wortlaut des TVG älter als derjenige des Art.9 Abs.3 GG; er wurde aber erst mit Gesetz vom 11.1.1952, mit welchem das TVG des Wirtschaftsrats übergeleitet wurde, bundesrechtlich anerkannt[488]. Der Auffassung, dass das TVG den Umfang der in Art. 9 Abs. 3 GG garantierten Tarifauto-

---

479 Löwisch/Rieble, § 1 Rn.23; MünchArbR/Löwisch/Rieble, § 239 Nr.43.
480 Säcker/Oetker, S.102.
481 Isensee, S.170 f.; Reuter, Anm.zu BAG EzA Art.9 GG Nr.49, Bl.19.
482 BVerfGE 50, S.290 (368 f.); ebenso BVerfGE 58, S.233 (247).
483 BVerfGE 50, S.290 (368 f.); ebenso BVerfGE 58, S.233 (247).
484 BVerfGE 57, S.220 (246); zustimmend Isensee, S.175.
485 Birk, AuR 1977, S.235 (236); Gamillscheg, Koll. Arbeitsrecht, Bd I, S.539.
486 So etwa das BAG AP Nr.56 zu Art.9 GG; Biedenkopf, Tarifautonomie, S.105; Gamillscheg, Koll.Arbeitsrecht, Bd I, S.540; Misera, S.20 ff.; Weyand, AuR 1991, S.65 (65 ff.); Wiedemann, TVG Einl.Rn.159 ff.
487 Kaskel/Dersch, S.50.
488 Däubler, Mitbestimmung, S.193.

nomie konkretisiere, kann folglich nicht entgegengehalten werden, dies sei nicht möglich, da das TVG älter sei als das Grundgesetz[489].

§ 1 Abs. 1 TVG erfasst auch die möglichen normativ regelbaren Inhalte des Tarifvertrags abschließend. Um eine nicht abschließende Aufzählung zum Ausdruck zu bringen[490], hätte der Gesetzgeber des TVG ein Wort wie „insbesondere" einfügen können, worauf er aber verzichtet hat[491]. Zudem hat der Gesetzgeber den Katalog des § 1 Abs. 1 TVG im Verhältnis zur TVVO erweitert. Nach dem TVG sind, anders als nach der TVVO, nicht nur die Inhalts- und Abschlußnormen als Rechtsnormen möglich, sondern auch Betriebsnormen und betriebsverfassungsrechtliche Normen sowie nach § 4 Abs. 2 TVG Normen über gemeinsame Einrichtungen. Wären die Inhalte des Tarifvertrags nach dem TVG nicht abschließend, hätte es keiner Erweiterung der normativ regelbaren Materie auf betriebliche und betriebsverfassungsrechtliche Fragen sowie auf Regelungen über Gemeinsame Einrichtungen bedurft. Gegen eine erweiternde Auslegung des § 1 Abs. 1 TVG spricht zudem, dass der im Verhältnis zu § 1 Abs. 1 TVG engere § 1 TVVO auch nicht im Lichte der WRV erweiternd ausgelegt wurde[492].

Selbst Autoren, die eine verfassungsunmittelbare Tarifautonomie annehmen, gehen davon aus, dass § 1 TVG die möglichen Inhalte des Tarifvertrags abschließend beschreibe[493] bzw. dass § 1 TVG die verfassungsrechtliche Kollektivvertragsfreiheit zur Tarifautonomie konkretisiere[494]. Die Grenze des tariflich Regelbaren ist daher nicht in Art. 9 Abs. 3 GG zu sehen, da der Tarifvertrag dort keine Erwähnung findet. Als einfaches Gesetz enthält § 1 Abs. 1 TVG damit die Grenze tariflicher Normsetzung. Mit dieser Feststellung ist noch nicht entschieden, ob § 1 Abs. 1 TVG auch die Grenze der schuldrechtlichen tariflichen Vereinbarungsbefugnis ist.

2. Umfang der schuldrechtlichen tariflichen Vereinbarungsbefugnis

Der Umfang der schuldrechtlichen tariflichen Vereinbarungsbefugnis ist für die Abgrenzung des Tarifvertrags vom außertariflichen Koalitionsvertrag besonders bedeutsam, da außertarifliche Koalitionsverträge ausschließlich schuldrechtlich

---

489 So aber Biedenkopf, Tarifautonomie, S.105; Gamillscheg, Koll. Arbeitsrecht, Bd I, S.540; Misera, S.20 ff.; Weyand, AuR 1991, S.65 (65); Wiedemann, TVG, Einl. Rn.159 ff.

490 MünchArbR/Löwisch/Rieble, § 246 Nr.53.

491 Vgl. zu diesem Argument bereits vorstehend D.II. 1.1.1.

492 Vgl. hierzu Gamillscheg, Koll. Arbeitsrecht, Bd.I, S.540.

493 Biedenkopf, Tarifautonomie, S.105.

494 Däubler, Mitbestimmung, S.193; Schnorr, JR 1966, S.327 (330).

wirken. Geht die schuldrechtliche Regelungsbefugnis nicht weiter als die normative, kommt die Materie des § 1 Abs. 1 TVG als Abgrenzungskriterium in Betracht.

Der Umfang der schuldrechtlichen tariflichen Regelungsbefugnis richtet sich entweder nach der vor allem durch Art. 2 Abs. 1 GG gewährleisteten Vertragsfreiheit, nach Art. 9 Abs. 3 GG oder nach § 1 Abs. 1 TVG.

2.1. Art. 2 Abs. 1 GG als Grund und Grenze der Vereinbarungsbefugnis

Da der Tarifvertrag bis zum Erlass der Tarifvertragsordnung im Jahr 1918 ein ausschließlich schuldrechtlich wirkender Vertrag war[495], haben zahlreiche Autoren auch noch nach Erlass des TVG die Ansicht vertreten, im schuldrechtlichen Teil des Tarifvertrags habe das allgemeine Schuldrecht zu gelten[496] und die Tarifparteien nähmen bei Abschluss eines Tarifvertrags die schuldrechtliche Vertragsfreiheit in Anspruch[497]. Einige Autoren[498] vertreten auch heute die Ansicht, für den schuldrechtlichen Teil des Tarifvertrags sei allein die Vertragsfreiheit nach Art. 2 Abs. 1 GG maßgeblich. Der Verweis auf eine Spezialität des Art. 9 Abs. 3 GG im Verhältnis zu Art.2 Abs. 1 GG gehe fehl, weil beide Grundrechte vom Regelungsbereich her nicht identisch seien[499]. Das Verständnis des Art. 9 Abs. 3 GG als institutionelle und funktionsbezogene Garantie, die einen Rückgriff auf Art.2 Abs. 1 GG verbiete, überzeuge nicht[500].

Gegen Art. 2 Abs. 1 GG als Grenze des schuldrechtlichen Teils des Tarifvertrags spricht indessen zunächst, dass Art. 9 Abs. 3 GG als lex specialis dem allgemeinen Grundrecht nach Art. 2 Abs. 1 GG vorgeht. Nach der allgemeinen Konkurrenzlehre ist Art. 2 Abs. 1 GG nicht einschlägig, wenn der Schutzbereich einer besonderen Grundrechtsnorm eingreift[501]. So hat das BVerfG im Elfes-

---

495 Clausen, S.7; Molitor,E.,TVVO, S.2 und 6.

496 Hueck/Nipperdey, Lehrbuch des ArbR II/1, S.153 Rn.4 und S.201 Anm.84; Hueck/Nipperdey, TVG § 1 Rn.82, 88; Hueck, RdA 1961, S.141 (148); a.A.: Molitor,E.,TVVO, S.99.

497 Gamillscheg, BB 1967, S.45 (49); Hueck, RdA 1961, S.141 (148).

498 Adomeit, S.162; Buchner, in: AR-Blattei (D) Tarifvertrag V Inhalt, A.IV.1.; Flume, FS 100. Jahre DJT, S.143; Gamillscheg, Differenzierung, S.78 ff., 97 (Fn.38); ders. BB 1967, S.45,7 ff.; Herschel, 46. DJT, Bd.II, Teil D, S.7,19 f.; Huber, Wirtschaftsverwaltungsrecht, S.434; Hueck, RdA 1961, S.141(148); Hueck, Tarifausschlussklauseln, S.55; Hueck/Nipperdey, TVG, § 1 Rn.88, 82; Konertz, S.126 f.; Mayer-Maly, BB 1965, S.829 (833).

499 Bunge, S.44.

500 Bunge, S.44; Hölters, S.77 f.

501 Säcker, Koalitionsfreiheit, S.25.

Urteil[502] entschieden, dass das Auffanggrundrecht des Art.2 GG nur einschlägig ist, wenn die jeweilige Form der Handlungsfreiheit nicht als Annex zu einem Sachkomplex gehört, der in einer speziellen Grundgesetznorm enthalten ist.

Im Bereich der Arbeits- und Wirtschaftsbedingungen muss sich der Maßstab einer Vereinbarung nach Art. 9 Abs. 3 GG und nicht nach der allgemeinen Handlungsfreiheit des Art. 2 Abs. 1 GG richten. Demgemäß hat das BVerfG im vorgenannten Urteil entschieden, dass für die Koalitionen auf dem Sektor der Arbeits- und Wirtschaftsbedingungen der Inhalt und die Schranken der Betätigungsfreiheit allein aus Art. 9 Abs. 3 GG zu entwickeln seien, Art. 2 Abs. 1 GG dabei also außer Betracht bleibe.

Zudem gleichen auch schuldrechtliche Verträge der Koalitionen auf dem Gebiet des § 1 Abs. 1 TVG, die diese für ihre Mitglieder abschließen, keinem sonstigen Schuldvertrag des BGB. Vertragsparteien allgemeiner Schuldverträge schließen diese grundsätzlich im eigenen Interesse. In diesem Sinn ist auch das BAG[503] zu verstehen, welches ausgeführt hat, dass „schuldrechtliche Verträge eigener Art" wie Schlichtungsvereinbarungen, wenn man sie nicht als Tarifverträge ansähe, „in erster Linie im Interesse und zugunsten der beiderseitigen Mitglieder geschlossen" würden. Mit Abschluss von Verträgen auf dem Gebiet der Arbeits- und Wirtschaftsbedingungen erfüllten die Koalitionen keinen Selbstzweck. Sie handelten „im Interesse und zugunsten ihrer Mitglieder[504]".

In der Tat schließen Koalitionen Verträge im Kollektiv- und nicht im Individualinteresse. Während Verträge zugunsten Dritter im BGB eher eine Besonderheit darstellen, sind Verträge der Koalitionen grundsätzlich auf ein Handeln im Interesse Dritter angelegt. Das Vertragsmodell des BGB ist demgegenüber auf die Verfolgung von Individualinteressen von Privatpersonen ausgerichtet. Als „allgemeiner Schuldvertrag" ist nur ein Vertrag im Bereich des Art. 2 Abs. 1 GG zu bezeichnen, der sich mit Individualinteressen auseinandersetzt, da nur ein solcher Vertrag jeder Person und Vereinigung zusteht und somit „allgemein" sein kann. Art. 9 Abs. 3 GG räumt den Koalitionen demgegenüber eine besondere Stellung im Verhältnis zu anderen Rechtsubjekten des Privatrechts ein, soweit die Arbeits- und Wirtschaftsbedingungen betroffen sind. Die Tarifvertragsparteien verfolgen bei Verträgen auf dem Gebiet der Arbeits- und Wirtschaftsbedingungen Interessen ihrer Mitglieder und keine eigenen Interessen[505]. Die Regelungsbefugnis zur Gestaltung der Arbeits- und Wirtschaftsbedingungen ist insofern von jener zur Gestaltung der freien Verbandstätigkeit zu unterscheiden[506]. Der

502 BVerfGE 6, S.32 (37).
503 BAGE 6, S.321 (340 f.).
504 BAGE 6, S.321 (341).
505 Konzen, ZfA 1980, S.77 (88).
506 Hölters, S.111.

Tarifvertrag ist das Mittel zur Wahrnehmung öffentlicher Aufgaben[507]. Auf diesem Gebiet stellen die Koalitionen als Interessenvertreter ihrer Mitglieder eine „abstrakte Gleichgewichtslage“ her und versuchen, Vertragsgerechtigkeit auf dem Gebiet der Lohn- und sonstigen Arbeitsbedingungen zu schaffen.

Es überzeugt im übrigen auch nicht, wenn Vertreter der Ansicht, der Umfang der schuldrechtlichen tariflichen Regelungsbefugnis der Tarifpartner bestimme sich nach Art. 2 Abs. 1 GG, ergänzend ausführen, der Gesetzgeber habe keine Einschränkung der Vertragsfreiheit bezweckt, als er das TVG schuf[508]. Den Tarifvertragsparteien müsse daher zusätzlich zur Tarifautonomie die allgemeine Vertragsfreiheit zur Verfügung stehen[509]. Eine Kongruenz der normativen und der schuldrechtlichen Regelungsmöglichkeiten bestünde nur, wenn die Tarifvertragsparteien allein die Tarifautonomie nach Art. 9 Abs. 3 GG, nicht hingegen auch die Vertragsfreiheit nach Art. 2 Abs. 1 GG in Anspruch nehmen könnten[510]. Dies sei aber abzulehnen, denn die Tarifautonomie erwiese sich dann als Beschränkung der Regelungsmöglichkeiten statt als Privileg der Tarifpartner.

Entgegen dieser Ansicht liegt in einer Beschränkung der tariflichen Regelungsmöglichkeiten für schuldrechtliche Inhalte auf Inhalte nach § 1 Abs. 1 TVG aber noch keine Diskriminierung von Tarifvertragsparteien gegenüber anderen Rechtssubjekten, weil nicht tariffähige Rechtssubjekte überhaupt keine Möglichkeit eines tariflichen Vertragsabschlusses haben. Anderen Rechtssubjekten steht auch nicht die Möglichkeit, einen Vertragsabschluß mit Mitteln des Arbeitskampfes zu erwirken, zur Verfügung, wie dies für tarifliche Regelungsziele der Fall ist[511]. Ebenso wie andere Rechtssubjekte können die Tarifvertragsparteien auch außertarifliche Verträge schließen. Die Tarifvertragsparteien sind dadurch nicht in ihren vertraglichen Regelungsmöglichkeiten beschränkt, wenn Verträge außerhalb der TVG- Materie nicht als Tarifverträge zu qualifizieren sind. Sinzheimer stufte den Tarifvertrag zudem bereits vor dessen gesetzlicher Normierung durch die TVVO, mithin zu einer Zeit, als er rein schuldrechtlich wirkte, als eine „nicht bloß (...) neue Form des Schuldvertrags“ ein[512]. Die Befugnis zum Abschluss von Tarifverträgen sollte bereits zu dieser Zeit nicht der Vertragsfreiheit unterfallen. Stattdessen entwickelte Sinzheimer die Idee der Tarifautonomie. Auch nach Erlass des TVG hat sich an der Besonderheit des Tarifvertrags und auch des schuldrechtlichen Teils des Tarifvertrags, wie Beuthien ausführt, nichts geändert. Der schuldrechtliche Teil des Tarifvertrags ist kein allgemeiner Schuldvertrag im

507 So BVerfGE 28, S.295 (304).
508 Kraft/Konzen, S.61.
509 Hölters, S.47.
510 Bunge, S.44.
511 Vgl. Reuter, Anm.zu BAG EzA Art.9 GG Nr.49, Bl.15.
512 So Sinzheimer, Arbeitstarifgesetz, S.24 ff., 34 ff., 121 ff., 189 ff.

Sinne des Art. 2 Abs. 1 GG[513]; er stellt eine Vereinbarung des Tarifvertragsrechts dar.

Art. 2 Abs. 1 GG ist nach allem nicht Grundlage und Grenze des schuldrechtlichen Teils des Tarifvertrags. Die Norm ist allerdings Grundlage für Verträge der Koalitionen, die sich auch auf Art. 9 Abs. 3 GG nicht mehr stützen lassen, weil sie keine Arbeits- und Wirtschaftsbedingungen betreffen. Solche Verträge der Koalitionen sind allerdings keine Tarifverträge. Sie sind vielmehr in der Tat dem Schuldrecht zuzuordnen[514].

2.2. Art. 9 Abs. 3 GG als Grund und Grenze der Vereinbarungsbefugnis

Bestimmt sich die Zulässigkeit von Vereinbarungen der hier interessierenden Art nach allem nicht nach Art. 2 Abs. 1 GG, so könnte dafür aber die Bestimmung des Art. 9 Abs. 3 GG maßgeblich sein. Manche Autoren nehmen dies in der Tat an[515]. Sie halten das TVG zwar für die momentane Ausprägung der durch Art. 9 Abs. 3 GG gewährleisteten Koalitionsgarantie, soweit es den normativen Teil des Tarifvertrags anbelangt[516], weil dieses Gesetz die Koalitionsfreiheit konkretisiert habe: Die Zulässigkeit schuldrechtlicher Abreden richte sich aber allein nach Art. 9 Abs. 3 GG, da das TVG für schuldrechtliche Inhalte keine ausdrückliche gesetzliche Grenzziehung enthalte[517]. Die Tarifautonomie werde durch Art. 9 Abs. 3 GG gewährleistetet[518]. Diese Norm räume den Koalitionen eine weitergehende Tarifmacht ein, als in § 1 Abs. 1 TVG vorgesehen. Für schuldrechtliche Abreden nur auf § 1 TVG abzustellen, enge die Tarifautonomie unzulässig ein. § 1 TVG bezeichne nur die wichtigsten herkömmlichen Inhalte in Tarifverträgen, schöpfe aber deren Wesen nicht aus und enthalte auch keine abschließende Regelung[519]. Die sachliche Schranke der Tarifautonomie sei der Sachzusammen-

---

513 Beuthien, ZfA 1984, S.1 (23); ders. ZfA 1983, S.141 (159 ff.).

514 Däubler, TVR, Rn.175 d, S.130; Hueck/ Nipperdey, TVG, § 1 Rn.8; Weyand, Mitbestimmung, S.104.

515 Biedenkopf, Tarifautonomie, S.18 ff.; Däubler, Mitbestimmung, S.194; ders. TVR, Rn.175 f.; Gamillscheg, Koll. Arbeitsrecht, Bd. I, S.625; Hölters, S.107 f.; Jahnke, S.75; Kempen/Zachert, § 1 Rn.363; Löwisch/Rieble, § 1 Rn.267; Maus, § 1 Rn.18; MünchArbR /Löwisch/Rieble, § 246 Rn.53; Schelp, FS Nipperdey, II, S.587; Weyand, S.104; Wiedemann, TVG § 1 Rn.745.

516 Hölters, S.107 f.

517 Däubler, Mitbestimmung, S.193 f.; ders., TVR, Rn.175 d; Herschel, 46. DJT, Bd.II, S.19; Hölters, S.58 ff., 107, 181; Jahnke, Tarifautonomie, S.75; Kempen/Zachert, § 1 Rn.362; Runggaldier, S.138 f. (139);Wendeling-Schröder, S.165; Weyand, Mitbestimmung, S.10.

518 So statt vieler: Schnorr, JR 1966, S.327 (330).

519 Schnorr, JR 1966, S.327 (330).

hang mit dem Arbeitsverhältnis. Die Tarifvertragsparteien könnten Tarifverträge mit einem zwar über § 1 Abs.1 TVG hinausgehenden, sich aber noch im Rahmen des Art. 9 Abs. 3 GG bewegenden Inhalt allerdings nur mit schuldrechtlichen Abreden schließen[520].

Auch diese Lehre überzeugt nicht. Dies gilt bereits für die Annahme, die Tarifautonomie sei zwar einerseits im TVG konkretisiert, solle andererseits aber nur für normativ wirkende Inhalte gelten. Der Gesetzgeber hat die Tarifautonomie und die tariflich regelbaren Inhalte insgesamt, d.h. für normativ wirkende und schuldrechtliche Inhalte, im TVG konkretisiert. Die schuldrechtliche Seite des Tarifvertrags ist in § 1 Abs. 1 TVG mit den „Rechten und Pflichten der Tarifvertragsparteien" neben der normativen Seite erwähnt. Damit ist das TVG und nicht Art. 9 Abs. 3 GG maßgeblich für die tariflich regelbaren Inhalte. Der schuldrechtliche und der normative Teil des Tarifvertrags sind deshalb rechtlich einheitlich zu behandeln[521]. Die Tarifvertragsparteien können folglich nicht auf der Grundlage von Durchführungs- und Einwirkungspflichten Wirkungen erzielen, die sie durch Tarifnormen nicht erreichen können[522].

Unzutreffend ist zudem die Annahme, zugunsten der Fortentwicklung des Tarifrechts müsse weiterhin die Möglichkeit bestehen, schuldrechtlich in einem Tarifvertrag zu vereinbaren, was normativ nicht regelbar sei, und aus diesem Grunde sei eine Beschränkung der schuldrechtlichen Vereinbarungsbefugnis auf den Sachkatalog des § 1 Abs. 1 TVG abzulehnen[523]. Die „Rechte und Pflichten" in § 1 Abs. 1 TVG sind „keine Experimentierklausel zur außergesetzlichen Fortentwicklung der Tarifautonomie auf bisher tarifrechtlich nicht regelbare Gegenstände[524]". Zudem gehörten die in § 1 TVG aufgenommenen betrieblichen und betriebsverfassungs-rechtlichen Fragen bereits vor ihrer Normierung in § 1 Abs. 1 TVG zum Kernbereich der Tarifautonomie[525]. Es ist auch nicht davon auszugehen, dass in Zukunft weitere Bereiche zu der in § 1 TVG enthaltenen Materie hinzukommen werden. Neben dem Tarifvertragsgesetz ist daher kein Rückgriff auf den verfassungsrechtlich geschützten Kernbereich der Tarifautonomie erforderlich.

Beuthien ist in der Annahme zuzustimmen, dass die verfassungsrechtlich gewährleistete Koalitionsbetätigungsfreiheit und die verfassungsrechtlich garan-

---

520 Däubler, TVR, Rn.175 ff.

521 Hueck/Nipperdey, Lehrbuch d. ArbR II/1, S.336 Anm.1.

522 Bötticher, Gemeinsame Einrichtungen, S.142 Anm.29, S.146 f., 151, 152; Clausen, S.32; Hueck/Nipperdey, Lehrbuch d. ArbR II/1, S.337.

523 Weyand, Mitbestimmung, S.103; Leventis, S.102.

524 Vgl. Beuthien, ZfA 1983, S.141 (161).

525 Beuthien, ZfA 1983, S.141 (161 Fn.57).

tierte Tarifautonomie nicht identisch sind[526]. Während die Koalitionsautonomie als Befugnis der Koalitionen, Arbeits- und Wirtschaftsbedingungen autonom, insbesondere unabhängig von staatlicher Einflussnahme zu regeln, vollständig in Art. 9 GG enthalten ist[527], findet sich die Tarifautonomie nur insoweit in Art. 9 Abs. 3 GG, als sie dort in ihrem Bestand garantiert wird[528]; Art. 9 Abs. 3 GG gewährleistet, dass die Tarifautonomie nicht vollständig abgeschafft werden kann; sie ist nicht in Art. 9 Abs. 3 GG geregelt, sondern einfachgesetzlich ausgestaltet und im Tarifvertragsgesetz konkretisiert[529].

Das BVerfG[530] definiert die Tarifautonomie als „rechtliche Möglichkeit, die einzelnen Arbeitsbedingungen durch Vereinbarung mit dem sozialen Gegenspieler zu regeln". Die Definition der Tarifautonomie knüpft damit allein an den Begriff der „Arbeitsbedingungen", nicht aber an den der „Wirtschaftsbedingungen" an. Auch § 1 Abs. 1 TVG enthält Aussagen, die nur die Arbeitsbedingungen, nicht auch Wirtschaftsbedingungen betreffen. Dies spricht dafür, dass das BVerfG nicht Art. 9 Abs. 3 GG als Grenze der Tarifautonomie sieht. Die Tarifautonomie ist durch das TVG begrenzt und zugleich inhaltlich ausgestaltet. Insofern sind die Inhalte des § 1 Abs. 1 TVG und nicht die des Art. 9 Abs. 3 GG maßgeblich für die Grenze der Tarifautonomie.

Diese Ansicht ist auch deshalb sinnvoll, weil der Rechtsbegriff „Arbeits- und Wirtschaftsbedingungen" ein unbestimmter Rechtsbegriff ist. Dies verdeutlichen bereits die unterschiedlichen Auffassungen zur Weite des Begriffs, die zu erheblichen Rechtsunsicherheiten führen. Der Umfang der Tarifautonomie – ebenso wie der Tarifvertragsbegriff – müssen im Interesse der Tarifvertragspraxis leicht zu handhaben sein. Die klar umrissenen Inhalte des § 1 Abs. 1 TVG machen eine Einschätzung leichter als der weite Begriff der Arbeits- und Wirtschaftsbedingungen nach Art. 9 Abs. 3 GG. Auch dies spricht dafür, dass § 1 Abs. 1 TVG

526 So auch Beuthien, ZfA 1984, S.1 (22) Fn.55. Sofern er hier darauf verweist, dass die Tarifautonomie nur in einem Kernbereich gewährleistet werde, trifft dies seit der Aufgabe der Kernbereichstheorie durch das BVerfG (BVerfGE 93, Nr.15, S.358 unter B I 3) nicht zu, doch ergibt sich dies schon aus dem Wortlaut des Art.9 Abs.3.

527 So wiederum Waltermann, Rechtsetzung, S.56 (59).

528 So BAGE 1, S.258 (264); 33, S.140 (149); BVerfGE 4, S.96 (108); Buchner, AR-Blattei (D) Tarifvertrag I B Übersicht unter I 2 a; Dütz, Arbeitsrecht, Rn.490; Galperin, FS Molitor, S.143 (S.154); Hueck/Nipperdey, Lehrbuch des ArbR II/1, S.342 f.; Kreutz, S.80; Misera, S.12 ff., 18 ff.; MünchArbR/Löwisch/Rieble, § 260 Rn.24 ff.; Peters/Ossenbühl, S.8 ff., 15; Säcker, Gruppenautonomie, S.265 ff., 271 Fn.83; Wiedemann/TVG, Einl.Rn.131, § 1 Rn.46 ff.; Zöllner/Loritz, Arbeitsrecht, S.375 f.; Zöllner, Differenzierungsklauseln, S.35.

529 Reuter, Anm.zu BAG EzA Art.9 GG Nr.49, Bl.19.

530 BVerfGE 18, S.18 (28).

einheitlich für normative und schuldrechtliche Inhalte den Umfang tariflicher Regelungsbefugnis bestimmt.

Bunges[531] Auffassung, die Beschränkung der tarifvertraglichen Regelbarkeit auf Inhalte des § 1 Abs. 1 TVG diskriminiere die Tarifvertragsparteien, geht nicht darauf ein, dass die tariffähigen Koalitionen eine Materie auch außertariflich regeln können, ohne dass darin eine Diskriminierung liegt. Die einzige Konsequenz einer Beschränkung auf die Inhalte des § 1 Abs. 1 TVG liegt darin, dass die außerhalb des § 1 Abs. 1 TVG liegenden Inhalte nicht zu „dem spezifisch arbeitsrechtlichen Institut des Tarifvertrags" gehören[532]. Es handelt sich dann nicht um einen Tarifvertrag und die Vereinbarung unterliegt nicht den Vorschriften des TVG, sondern Art. 9 Abs. 3 GG. Darin liegt keine Diskriminierung der Tarifvertragsparteien im Vergleich mit anderen Privatrechtssubjekten; diesen steht keine Möglichkeit tariflicher Regelung zu. Außerhalb des tariflich regelbaren Bereichs besteht damit keine Diskriminierung der Tarifvertragsparteien, sondern eine Gleichstellung mit anderen Rechtssubjekten. Der Gesetzgeber könnte über §§ 1 Abs. 1, 4 Abs. 2 TVG hinausgehende Inhalte allerdings künftig mit der Möglichkeit normativer Wirkung versehen. Sie würden dann zu Tarifverträgen (vgl. bereits oben, S.91).

Die Auffassung, dass sich nur die normative Regelungsbefugnis des Tarifvertrags nach § 1 Abs. 1 TVG, die schuldrechtliche aber nach Art. 9 Abs. 3 GG bestimme, kann im Übrigen nicht erklären, weshalb Klauseln, die mit normativer Wirkung unzulässig sind, auch in schuldrechtlicher Form unzulässig sind[533]. Diese Auffassung begründet nicht, warum die tarifliche schuldrechtliche Vereinbarungsbefugnis über § 1 TVG hinausgeht, die Tarifvertragsparteien aber nichts schuldrechtlich vereinbaren können, was normativ unzulässig ist. Diese Schlussfolgerung ist nur konsequent, wenn man annimmt, dass für normative und schuldrechtliche tarifliche Regelungen dieselben Grenzen gelten.

2.3. § 1 Abs.1 TVG als Grenze der schuldrechtlichen Vereinbarungsbefugnis

Dieser Kritik entsprechend beschränken einige Autoren[534] die Befugnis der Tarifvertragsparteien, schuldrechtliche tarifliche Vereinbarungen zu treffen, auf In-

---

531 Bunge, S.44.

532 In diesem Sinne ebenfalls Däubler, Mitbestimmung, S.329; Jahnke, S.75; Richardi, Kollektivgewalt, S.203, Runggaldier, S.140; Weyand, Mitbestimmung, S.104.

533 BAG GS AP Art.9 GG Nr.13 = DB 1968, S.1539; Grub, S.59; MünchArbR/Löwisch/Rieble, § 265 Rn.22; Wiedemann, TVG, § 1 Rn.663 b, 746; Zöllner, Differenzierungsklauseln, S.41.

534 Badura, C 95, S.152; Beuthien, ZfA 1983, S.141 (150, 159 ff., 161 f.); Biedenkopf, Tarifautonomie, S.20 f.; Bötticher, Gemeinsame Einrichtungen, S.142, 253, Dörr-

halte nach §§ 1 Abs. 1 Halbsatz 2, 4 Abs. 2 TVG. Wegen des Schriftformerfordernisses nach § 1 Abs. 2 TVG müssten sich die Koalitionen innerhalb des sachlich-gegenständlichen Bereichs des § 1 Abs. 1 TVG der Vertragsform des Tarifvertrags bedienen[535]. Andernfalls drohe eine Umgehung der Schutzzwecke aus § 1 Abs. 2 TVG[536]. Den Tarifvertragsparteien stehe kein Wahlrecht zwischen einem Tarifvertrag und einem sonstigen Koalitionsvertrag zu. Die Beschränkung der Befugnis zu normativer Regelung auf bestimmte Inhalte sei sinnlos, wenn die Tarifvertragsparteien auf schuldrechtlichem Weg (fast) die gleichen Regelungseffekte erreichen könnten[537]. Wo Tarifnormen nicht möglich seien, könnten die Tarifparteien den ihnen danach verwehrten Effekt nicht auf schuldrechtlichem Weg erreichen. Daher könne der schuldrechtliche Teil nicht regeln, was dem normativen Teil verschlossen sei[538]. Bei der Materie des § 1 Abs. 1 TVG seien zudem stets Drittinteressen berührt, die zu berücksichtigen seien[539].

Das Sächsische LAG[540] teilt diese Ansicht allerdings nicht; es führt aus, die Tarifvertragsparteien könnten, wenn sie die Wirkung des § 4 Abs. 1 TVG vermeiden wollten, die Materie des § 1 Abs. 1 TVG auch außertariflich regeln. Art. 9 Abs. 3 GG verpflichte die Tarifvertragsparteien nicht, die in § 1 Abs. 1 TVG genannten Bereiche ausschließlich durch Tarifvertrag zu regeln[541].

Dieser Auffassung ist entgegenzuhalten, dass der Gesetzgeber die ihm durch Art. 9 Abs. 3 GG übertragene Aufgabe der verbandsmäßigen Ausgestaltung der Befugnis zu Regelungen über Arbeits- und Wirtschaftsbedingungen auch nach

---

wächter, S.113, 215 f.; Hueck/Nipperdey, Lehrbuch des ArbR II/1, S.168, 330, 337 f.; Konzen, ZfA 1980, S.77 (86); Maus, § 1 Rn.53; Mayer-Maly, BB 1965, S.829 (833); ders., BB 1966, S.1067 (1069 ff.); Misera, S.19 f.; MünchArbR/Löwisch/Rieble, § 273 Rn.7; Nikisch, RdA 1967, S.87 (89 f); Peters/Ossenbühl, S.18; Reuter, Anm.zu BAG EzA Art.9 GG Nr.49, Bl.15; Reuter, ZfA 1990, S.535 (548); Richardi, Kollektivgewalt, S.197 f., 199 f., S.202 f; Säcker, BB 1966, S.1031 (1031); ders. RdA 1969, S.291 (294); Säcker/Oetker, S.155 f.,167; Schwendy, S.107 ff.; Zöllner/Loritz, Arbeitsrecht, S.393, 427; Zöllner, Differenzierungsklauseln, S.35 f.

535 Säcker/Oetker, S. 323, S.155.

536 Biedenkopf, 46. DJT (1966), S.97 (136 f.); Mayer-Maly, BB 1965, S.829 (833); BB 1966, S.1067 (1069 ff.); Nipperdey, Gutachten, S.42; Säcker/Oetker, S.167.

537 Beuthien, ZfA 1983, S.141 (151); Dörrwächter, Tendenzschutz, S.215; Misera, S.20.

538 Bötticher, Gemeinsame Einrichtungen, S.142, 253; Hueck/Nipperdey, Lehrbuch d.ArbR II/1, S.168 Anm. 34, S.337; Mayer-Maly, BB 1966, S.1067 (1069); Nikisch, RdA 1967, S.87 (89); Richardi, Kollektivgewalt, S.198 ff.; Säcker, BB 1966, S.1031; ders. RdA 1969, S.291 (294); Säcker/Oetker, S.156.

539 Säcker/Oetker, S.166.

540 LAG Sachsen v.15.11.1995, LAGE § 1 TVG Nr.6, S.1 (1) = AuA 1996, S.33 (34).

541 LAG Sachsen v.15.11.1995, LAGE § 1 TVG Nr.6, S.1 (1) = AuA 1996, S.33 (34).

Ansicht des BVerfG mit dem TVG in verfassungsgemäßer Weise konkretisiert hat[542]. Durch das TVG hat der Gesetzgeber den Koalitionen die Möglichkeit gegeben, Verträge über besondere Arbeitsbedingungen im Sinne des TVG zu schließen, die den Anforderungen der kollektiven Koalitionsfreiheit in besonderem Maß gerecht werden[543]. Der Gesetzgeber durfte der Betätigung der Koalitionen mittels Tarifvertrags aber auch insoweit Schranken setzen[544], als er den tariflich regelbaren Bereich insgesamt, d.h. auch für die obligatorischen Abreden, auf die Sachgebiete nach §§ 1 Abs. 1 Halbsatz 2 und 4 Abs. 2 TVG beschränkt hat. Das TVG zieht damit auch schuldrechtlichen tariflichen Regelungen Grenzen. Für die Sachmaterie des § 1 Abs. 1 TVG ist der Tarifvertrag alleiniges Regelungsinstrument[545]. Die Regelungen des TVG sind jedoch nicht abschließend. Den Koalitionen muss wegen der sich aus Art. 9 Abs. 3 S.1 GG ergebenden Ordnungsaufgabe außerhalb des Tarifvertrags noch ein weiteres Instrumentarium zur koalitionsautonomen Einigung zur Verfügung stehen[546]. Hierfür kommt in der Tat der außertarifliche Koalitionsvertrag als vertragliche Sonderform in Betracht.

Das Sächsische LAG übersieht bei besagter Entscheidung, dass die Tarifvertragsparteien auch nach höchstrichterlicher Auffassung des BAG vom 31.10.1958[547] die Inhalte des § 1 Abs. 1 TVG ohne normative Wirkung vereinbaren können, und es sich dennoch um einen Tarifvertrag handeln kann. Der Tarifvertrag unterscheidet sich nicht durch seine normative Wirkung von außertariflichen schuldrechtlichen Verträgen der Tarifvertragsparteien, sondern durch seinen Inhalt. Da die Arbeitsbedingungen, die im § 1 Abs. 1 TVG abschließend aufgeführt sind, die Arbeitnehmer in besonderem Maße in ihren Arbeitsverhältnissen betreffen, bedarf es eines besonderen Schutzes der betroffenen Arbeitnehmer, den die Regelungen des TVG gewährleisten. Verträge, welche die in § 1 Abs. 1 TVG aufgezählte Sachmaterie regeln, sind daher stets als Tarifverträge zu qualifizieren, sofern sie Einwirkungspflichten enthalten.

---

542 BVerfGE 28, S.295 (306); 50, S.290 (368 f); 55, S.233 (247); so wie bereits BVerfGE 19, S.303 (322); Dörrwächter, S.216; Säcker/Oetker, S.167; Vollmer, S.115.

543 Säcker/ Oetker, S.165.

544 BVerfGE 28, S.295 (306); 50, S.290 (368); 55, S.233 (247); Dörrwächter, S.216; Loritz, Tarifautonomie, S.32; MünchArbR/Löwisch/Rieble, § 246 Rn.53; Runggaldier, S.129; Weber, S.22 ff.

545 Säcker /Oetker, S.166; im Ergebnis ebenso: Beuthien, ZfA 1983, S.141 (162 f.).

546 So statt aller: Säcker/ Oetker, S.165.

547 BAGE 6, S.321 (341)= AP Nr.2 zu § 1 TVG Friedenspflicht.

II. Verträge, die ausschließlich Eigenpflichten der Vertragsparteien begründen sollen

Zweifelhaft ist jedoch, ob auch Vereinbarungen mit reinen Eigenpflichten, also Vereinbarungen der Tarifvertragsparteien, die allein die rechtlichen Beziehungen der Tarifvertragsparteien zueinander regeln, als Tarifvertrag zu qualifizieren sind. Die im Schuldrecht anerkannte Unterscheidung der schuldrechtlichen Pflichten in eigene Erfüllungs-und Einwirkungspflichten lässt sich auch auf das Tarifrecht und dessen Grenzen übertragen[548]. Dementsprechend sehen einige Autoren[549] die Besonderheit des Tarifvertrags neben den besonderen Inhalten des § 1 Abs. 1 TVG gerade in der Einwirkungsmöglichkeit der Vertragsschließenden auf Rechtsverhältnisse Dritter. Eine rein schuldrechtliche Vereinbarung müsse, um als Tarifvertrag qualifiziert zu werden, Einwirkungspflichten enthalten, also die Verbände verpflichten, daraufhin zu wirken, dass die schuldrechtlichen Inhalte auch von ihren Mitgliedern umgesetzt werden. Beuthien[550] nimmt daher die schuldrechtlichen Abreden der Tarifparteien, die nur Eigenpflichten enthalten, aus dem Tarifvertragsbegriff heraus. Dies überzeugt: Für den Tarifvertragscharakter ist die „Tatsache der Regelung“[551] von Arbeitsverhältnissen Dritter maßgeblich, d.h. sein Charakter als arbeitsrechtlicher Normenvertrag, der die außerhalb der gegenseitigen Beziehungen der Tarifvertragsparteien liegenden Arbeitsverhältnisse gestaltet[552].

Vereinbarungen der Tarifvertragsparteien, die lediglich Eigenpflichten begründen, sind dem „privatautonomen Vertragsbild“ angenähert und haben rein individualrechtlichen Charakter, denn sie bezwecken – anders als die drittbezogenen Abreden – nur den Ausgleich privatrechtlicher Interessen der Tarifvertragsparteien[553]. Diese Vereinbarungen unterscheiden sich mithin nicht von anderen Verträgen des Schuldrechts und sollten aus diesem Grund auch nicht als Tarifvertrag qualifiziert werden. Enthält ein Vertrag der Tarifvertragsparteien hingegen Einwirkungspflichten mit den Inhalten des § 1 Abs. 1 TVG, die sich auf

548 Auf diese Parallele zum BGB weist insbesondere Wiedemann, TVG, § 1 Rn. 663 hin.

549 Clausen, S.6 ff.; Hueck/Nipperdey, Lehrbuch des ArbR II/1, S.303 f., 337, 342 f.; Maus, § 1 Rn.170 ff.; Mayer-Maly, BB 1966, S.1067 (1069); Nikisch, Arbeitsrecht, Bd.II, S.326 f.; Nikisch, RdA 1967, S.87 (87); Richardi, Kollektivgewalt, S.199, 202; ders., RdA 1968, S.427 (429); Säcker/Oetker, S.156 f.,163; Schlaffke, S.82; Zöllner/Loritz, Arbeitsrecht, S.377, 427.

550 Beuthien, ZfA 1983, S.141 (163 Fn.64).

551 Biedenkopf, Tarifautonomie, S.20.

552 Coester, Vorrangprinzip, S.111.

553 Konzen, ZfA 1980, S.77 (88); Richardi, Kollektivgewalt, S.202; Säcker/Oetker, S.156 .

das Arbeitsverhältnis des Einzelnen auswirken, so entfernt sich die Vereinbarung von dem „privatautonomen Vertragsbild“ und stellt einen arbeitsrechtlichen Normenvertrag und damit einen (schuldrechtlichen) Tarifvertrag dar. So führt Rebsamen[554] aus, dass obligatorische Bestimmungen, die Einwirkungspflichten der Verbände begründen[555], „prima facie“ als Vertrag zulasten Dritter angesehen werden könnten[556]. Sie entfalteten gegenüber einzelnen Arbeitnehmern Wirkung, welche daher des Schutzes durch das TVG bedürfen.

Nach allem erscheint es daher zweckmäßig, Beuthien[557] in der Annahme zu folgen, es sei sinnvoll, Bestimmungen, die Einwirkungspflichten begründen, in den Tarifvertragsbegriff aufzunehmen und Bestimmungen, die ausschließlich Eigenpflichten begründen, als nichttarifliche zu bezeichnen. Dabei verdeutlicht die Herausnahme von Eigenpflichten statuierenden Bestimmungen aus dem Begriff „Tarifvertrag“, dass dessen Besonderheiten insoweit nicht gegeben sind.

Ein weiterer Vorteil liegt darin, dass den Tarifvertragsparteien auf diese Weise die Möglichkeit bleibt, über die Wahl des Koalitionsvertrags sui generis Gegenstände ohne Einholung einer Zustimmung der Mitglieder vertraglich zu regeln, bei denen das Erfordernis einer Zustimmuung nicht sachgerecht ist und eine Schlichtung erschweren würde. Einige Satzungen der Koalitionen sehen nämlich vor, dass in bestimmten Fällen eine Zustimmung der Mitglieder oder ihrer Repräsentanten erforderlich ist, damit ein Vertrag der Tarifvertragsparteien eine Bindungswirkung entfaltet. Dies kann sich aber auf die Sachgerechtigkeit der Verhandlung und auf die Schlichtung erschwerend auswirken[558]. Dieses plebiszitäre Element der Zustimmung der Mitglieder besteht auch bei rein schuldrechtlichen Verträgen mit Drittbezug. Insofern ist es im Sinne der Satzungsklarheit wichtig, zwischen Verträgen mit Drittbezug und rein schuldrechtlichen Verträgen ohne Drittwirkung zu differenzieren.

Unzutreffend ist die Annahme, dass eine Begrenzung des schuldrechtlichen Tarifvertrags auf das TVG der historischen Entwicklung des Tarifrechts widerspreche, da es bereits vor Inkrafttreten der TVVO im Jahre 1918 ausschließlich schuldrechtliche Tarifregelungen gegeben habe[559] und diese durch kein Gesetz

554 Rebsamen, S.94.

555 Als Beispiel nennt er Bestimmungen über die Beschäftigung von Frauen, Kindern und Lehrlingen, die Errichtung von Einrichtungen sozialer und hygienischer Art sowie deren Unterhaltung durch die Mitglieder eines Verbandes.

556 So auch Bringmann, S.27; Nikisch, Arbeitsrecht II, S.105; Nipperdey, Lehrbuch des ArbR II/1, S.107,121; für das Schweizerische Recht: Schönenberger, No.49 zu Art.322 OR.

557 Beuthien, ZfA 1983, S.141 (163 Fn.64).

558 Zöllner/Loritz, Arbeitsrecht, § 33 III 6., S.372.

559 So aber Weyand, Mitbestimmung, S.103.

wie die TVVO oder das TVG beschränkt gewesen seien[560]. Dabei wird übersehen, dass schon damals nur solche Vereinbarungen als Tarifverträge galten, die Arbeitsbedingungen der Tarifvertragsparteien betrafen. Der Gesetzgeber hat die durch Art. 9 Abs. 3 GG nur allgemein gewährleistete Koalitionsvertragsfreiheit erst mit dem Bundesgesetz vom 11.1.1952 in dem Sinne ausgestaltet, dass er auf der Grundlage und nach Maßgabe dieses Gesetzes eine Befugnis zum Abschluss von Tarifverträgen begründete. Damit hat er einen sich aus Art. 9 Abs. 3 GG ergebenden Verfassungsauftrag erfüllt.

Dabei ist zu beachten, dass zunächst das einfache Recht und damit das TVG verbindlich ist, wenn der Gesetzgeber eine ausgestaltungsbedürftige grundrechtliche Gewährleistung in verfassungsgemäßer Weise regelt[561]. Auf die Verfassung kann dann nur noch zurückgegriffen werden, wenn die Voraussetzungen einer verfassungskonformen Auslegung vorliegen. Mit der Schaffung des TVG hat der Gesetzgeber von seiner Gestaltungsbefugnis aus Art. 9 Abs. 3 GG Gebrauch gemacht und in § 1 TVG eine nicht nur beispielhafte Aufzählung der tariflich regelbaren Materie vorgenommen[562]. Mit dieser Regelung wird jede Vereinbarung der Tarifvertragsparteien, die eine der in § 1 Abs. 1 TVG aufgeführten Materien regelt, begriffsnotwendig ein Tarifvertrag. Dies bedeutet zugleich, dass sich die tariflich regelbare Materie nicht mittels Rückgriffs auf Art. 9 Abs. 3 GG über den Bereich des § 1 TVG hinaus ausdehnen lässt.

Art. 9 Abs. 3 GG erwähnt weder Tarifverträge noch Tarifvertragsparteien. Diese Begriffe finden sich erst in § 1 Abs. 1 TVG. Es liegt daher nahe, Verträge der Koalitionen im Bereich des Art. 9 Abs. 3 GG, also im Bereich der Arbeits- und Wirtschaftsbedingungen, die sich nicht auf Inhalte nach dem TVG beschränken, nicht als Tarifverträge, sondern als (sonstige) „Koalitionsverträge" zu qualifizieren. Dies gilt indes nur für Verträge tariffähiger Koalitionen. Verträge nichttariffähiger Koalitionen sind auch dann als Koalitionsverträge zu qualifizieren, wenn sie eine Materie des § 1 Abs. 1 TVG betreffen, da sie keine Tarifverträge schließen können.

Schuldrechtliche Abreden tariffähiger Koalitionen, welche die Arbeits- und Wirtschaftsbedingungen betreffen und sich zudem im Rahmen des § 1 Abs. 1 TVG halten, sind von solchen Arbeitsbedingungen, die keine der in § 1 Abs. 1 TVG aufgezählten Sachgebiete betreffen, zu unterscheiden, weil aus der Bezeichnung als „Tarifvertragsgesetz" hervorgeht, dass dieses Gesetz abschließend für den Inhalt von Tarifverträgen maßgeblich sein soll. Wenn ein Gesetz den

560 Diese Argumente verwenden einige Autoren zur Begründung, Art.2 Abs.1 GG sei die Grenze der schuldrechtlichen Vereinbarungsbefugnis.

561 Hrodmadka/Maschmann, Rn.143, S.81.

562 S.o. zu C III 1.1.

Namen „Tarifvertragsgesetz" trägt, so impliziert dies, dass es sämtliche Inhalte umfasst, die zum Tarifvertrag gehören. Der einfache Gesetzgeber des TVG hat in § 1 TVG mögliche Inhalte des Tarifvertrags aufgezählt. Einen Vertrag als „Tarifvertrag" zu bezeichnen, der inhaltlich den Bereich des TVG verlässt, dient nicht der Rechtsklarheit. Vergleichbare Unterscheidungen zwischen tariflichen und außertariflichen Vereinbarungen sind auch in einigen ausländischen Rechtsordnungen bekannt[563]. Ebenso wie in der Schweiz, wo die Möglichkeit eines rein schuldrechtlichen Tarifvertrags sogar ausdrücklich gesetzlich statuiert ist, sind auch in Deutschland rein schuldrechtliche Tarifverträge anzuerkennen. Der Gesetzgeber hat die tariflichen Arbeitsbedingungen auf die Inhalte des § 1 Abs. 1 TVG konkretisiert, worin neben Rechtsnormen auch „Rechten und Pflichten der Tarifvertragsparteien" Erwähnung finden.

Dabei ist in Deutschland ebenso wie in der Schweiz zwischen schuldrechtlichen Bestimmungen der Tarifvertragsparteien mit Eigenpflichten (direkte schuldrechtliche Bestimmungen) und solchen mit Einwirkungspflichten auf die Mitglieder (indirekte schuldrechtliche Bestimmungen) zu unterscheiden. Enthält ein Vertrag der Tarifvertragsparteien ausschließlich Eigenpflichten, die keinen Bezug zu drittbezogenen Regelungen haben, so handelt es sich um einen reinen Schuldvertrag. Da rein schuldrechtliche Tarifverträge in anderen europäischen Staaten bereits die Regel sind, erleichtert die Anerkennung rein schuldrechtlicher Tarifverträge in Deutschland eine Harmonisierung des Tarifrechts über die nationalen Grenzen hinaus und damit eine europaweite Angleichung des Tarifvertragsrechts[564].

III. Verträge über vom Wortlaut des Art. 9 Abs. 3 GG nicht erfasste Arbeits- und Wirtschaftsbedingungen

Wären alle Vereinbarungen, die keinen Tarifvertrag darstellen, begriffsnotwendig allgemeine Schuldverträge im Sinne des Art. 2 Abs. 1 GG und des § 311 BGB, so gäbe es einen verfassungsrechtlich den Koalitionen zur Regelung überlassenen Bereich der Arbeits- und Wirtschaftsbedingungen, der durch kein Koalitionsmittel gedeckt wäre. Dann gäbe es keine Privilegierung der Koalitionen gegenüber sonstigen Vereinigungen außerhalb des TVG. Art. 9 Abs. 3 GG privilegiert die Koalitionen aber gerade gegenüber den sonstigen Rechtspersonen und Vereini-

563 Däubler, Mitbestimmung, S.193.

564 Dies gilt auch, obwohl die Schweiz nicht Mitglied der EU ist, da auch andere Länder schuldrechtlich wirkende Tarifverträge kennen (Gamillscheg, Koll. Arbeitsrecht, Bd.I, § 15 I. 1.a), S.538 f.

gungen und den natürlichen Personen, soweit die Arbeits- und Wirtschaftsbedingungen betroffen sind. Es ist daher eine weitere Vertragsform neben dem Tarifvertrag und dem Schuldvertrag erforderlich. Betreffen Verträge eine über § 1 Abs. 1 TVG hinausgehende Materie der Arbeits- und Wirtschaftsbedingungen, handelt es sich dennoch nicht um allgemeine Schuldverträge nach Art. 2 Abs. 1 GG[565]. Bei einer Begrenzung der mittels Tarifvertrags regelbaren Materie auf Inhalte des § 1 Abs. 1 TVG bedarf es also wegen der durch Art. 9 Abs. 3 GG den Koalitionen zugewiesenen Aufgabe neben dem Tarifvertrag einer weiteren Form vertraglicher Einigungen[566].

So ist Däubler[567] und Scholz[568] zuzustimmen, die neben dem Tarifvertrag einen weiteren Typus des Kollektivvertrags fordern, der die über § 1 Abs. 1 TVG hinausgehende Materie der Arbeits- und Wirtschaftsbedingungen abdeckt und so die Wertentscheidung des Art. 9 Abs. 3 GG verwirklicht. Dieser Kollektivvertrag ist der Koalitionsvertrag sui generis.

IV. Verträge über Inhalte, die keine Arbeits- und Wirtschaftsbedingungen betreffen

Wie bereits vorstehend zu E.I. 2.1. festgestellt, handelt es sich bei Verträgen, die keine Arbeits- und Wirtschaftsbedingungen regeln, um solche des Art. 2 Abs. 1 GG. Solche Verträge befassen sich nicht mit Kollektivinteressen. Anders als bei Verträgen nach Art. 9 Abs. 3 GG, geht es bei Verträgen im Sinne des Art. 2 Abs. 1 GG nicht darum, als Koalition für Mitglieder Regelungen der Arbeits- und Wirtschaftsbedingungen zu treffen. Beispielsweise kann es um einen Mietvertrag über ein Erholungsheim oder Bürogebäude des anderen Sozialpartners gehen. Dabei treten die Koalitionen nicht in ihrer typischen Funktion auf, sondern in einer privatrechtlichen Funktion. Sie bedürfen dabei keines besonderen Schutzes und zählen deshalb nicht zu den Koalitionsverträgen sui generis.

565 So aber Säcker/Oetker, S.166, Fn.200.
566 So allerdings auch Säcker/Oetker, S.165.
567 Däubler, Mitbestimmung, S.193.
568 Scholz, Koalitionsfreiheit, S.55.

V. Zusammenfassung der wesentlichen Ergebnisse zur Abgrenzung des Tarifvertrags vom Koalitionsvertrag sui generis

Nach den bisherigen Ergebnissen erfolgt die Abgrenzung des Koalitionsvertrags sui generis vom Tarifvertrag anhand der in der Vereinbarung geregelten Materie: Verträge mit Inhalten nach § 1 Abs. 1 TVG sind Tarifverträge. Betreffen die Inhalte hingegen eine außerhalb der tariflichen Normsetzung im Rahmen des § 1 Abs. 1 TVG liegende Materie, handelt es sich um Koalitionsverträge sui generis[569]- also um Verträge, die zwar unter Art. 9 Abs. 3 GG, nicht aber unter § 1 Abs. 1 TVG fallen[570]. Sie unterscheiden sich durch die Art der Interessenvertretung von allgemeinen Schuldverträgen im Sinne des § 311 BGB: Während die Koalitionen bei Verträgen im Sinne des Art. 9 Abs. 3 GG Arbeitsbedingungen der Mitglieder in deren Interesse regeln, betreffen allgemeine Schuldverträge nicht die Arbeitsbedingungen. Privatrechtliche Schuldverträge schließen die Koalitionen nur ab, wenn sie außerhalb der spezifischen Aufgaben des Art. 9 Abs. 3 GG kontrahieren. Da Koalitionsverträge sui generis die Arbeitsbedingungen im Interesse der Arbeitnehmer regeln, bedürfen sie eines besonderen verfassungsrechtlichen Schutzes, da sie unter die Koalitionsbetätigungsfreiheit[571] fallen. Sie stellen insofern eine andere Vertragsform als der privatrechtliche Schuldvertrag nach § 311 BGB dar.

569 Eich, NZA 1995, S.149 (154).
570 Schack, NZA 1996, S.923 (923).
571 So im Ergebis auch Däubler, Mitbestimmung, S.193; MünchArbR/Löwisch/Rieble, § 280 Rn.3; Schlaffke, S.81.

F. Einstufung besonderer Vereinbarungen als Koalitionsverträge sui generis oder als Tarifverträge

Bei einigen Sozialpartnervereinbarungen der Tarifparteien wie bei Vereinbarungen zur Unternehmensverfassung, bei Notdienstvereinbarungen, bei Schlichtungsvereinbarungen sowie bei Vereinbarungen über Gewerkschaftsrechte im Betrieb, ist zweifelhaft, ob sie als außertarifliche Koalitionsverträge oder als Tarifverträge einzuordnen sind.

I. Notdienstvereinbarungen

Einige Autoren stufen Notdienstvereinbarungen als „sonstige Kollektivverträge“ [572] ein, andere hingegen als Tarifvertrag[573]. In Notdienstvereinbarungen legen die Parteien diejenigen Tätigkeiten fest, die von den Arbeitnehmern während des Arbeitskampfes notwendigerweise vorzunehmen sind[574]. In der Regel geschieht dies in der Weise, dass eine Tarifpartei in einem „Notdienstplan“ die zum Notdienst erforderlichen Arbeitnehmer auflistet und der Tarifpartner diesem Plan zustimmt[575].

Nach der Rechtsprechung des BAG haben Notdienstvereinbarungen keine normative Wirkung[576].

Eine Gestaltungswirkung komme ihnen nur insoweit zu, als sie den Umfang kollektiver Handlungsmöglichkeiten, also die Ausübung des Streikrechts, verbindlich festlegten.

Rechtsprechung[577] und Literatur machen die Entscheidung der Frage, ob es sich bei Notdienstvereinbarungen um Tarifverträge oder um „sonstige Kollektivverträge“ handelt, dabei insbesondere am Schriftformerfordernis fest. So ist Ga-

---

572 Däubler, TVR, Rn.1620; ders., Arbeitsrecht I, S.269; G. Müller, RdA 1982, S.86 (97); Oetker, S.68.

573 Reichel, § 1 TVG Rn.64; für schriftliche Vereinbarungen: Gamillscheg, Koll.Arbeitsrecht, Bd. I, S.508.

574 Däubler, TVG, Rn.847, ders., TVR, Rn.1616.

575 Däubler, AuR 1981, S.257 (264).

576 BAG AP Nr.129 zu Art.9 GG Arbeitskampf, Bl.3.

577 BAG, AP Nr.127 zu Art.9 GG Arbeitskampf; BAG AP Nr.129 zu Art.9 GG Arbeitskampf Bl.3, Gründe I 4 a).

millscheg der Ansicht, dass es sich um Tarifverträge handele, sofern die Notdienstvereinbarungen schriftlich abgefasst seien[578].

Das BAG hat eine mündliche Notdienstvereinbarung als wirksam anerkannt[579]; dabei hat es festgestellt, dass die Annahme eines Tarifvertrags an der Nichteinhaltung der Schriftform des § 1 Abs. 2 TVG scheitere[580]. Es hat damit den Notdienstvereinbarungen ausdrücklich die Tarifvertragsnatur aberkannt und dabei ausdrücklich „offen gelassen", ob es sich bei der Notdienstvereinbarung um eine allgemeine schuldrechtliche Regelung oder eine „kollektivrechtliche Regelung eigener Art" handelt[581].

Das BAG[582] hat in einer späteren Entscheidung eine Notdienstvereinbarung als wirksam anerkannt, ohne auf die Wahrung der Schriftform nach § 1 Abs. 2 TVG abzustellen. Daraus zieht Däubler den Schluss, das BAG habe anerkannt, dass Notdienstvereinbarungen „sonstige" außertarifliche Koalitionsverträge seien[583]. Dementsprechend stuft auch Däubler Notdienstvereinbarungen mangels Schriftform als „sonstige Kollektivverträge eigener Art"[584] ein, die nicht unter das Tarifvertragsgesetz fielen. Da die Beteiligten bei dem Abschluss von Notdienstvereinbarungen häufig auf die Schriftform bewusst verzichteten, sei die Tarifvertragsqualität zweifelhaft[585]; es fehle in der Regel die beiderseitige Unterschrift unter dem verbindlichen Text[586]. Die Verbindlichkeit der Notdienstvereinbarungen stehe aber aufgrund langjähriger Praxis fest. Notdienstvereinbarungen seien aufgrund praktischer Bedürfnisse entstanden[587], ohne dass die Beteiligten den Willen hätten, einen Tarifvertrag zu schließen[588]. Daher sprächen die Parteien der Notdienstvereinbarungen oftmals von „Vereinbarungen" statt von „Tarifverträgen". Zudem fehle bei derartigen Vereinbarungen oft die bei Tarifverträgen übliche innergewerkschaftliche Willensbildung[589], und die Arbeitnehmerseite sei nach der Gewerkschaftssatzung verpflichtet, beim Abschluss von Tarifverträgen zuvor die ausdrückliche Vollmacht des Hauptvorstandes zum Ab-

578 Gamillscheg, Koll.Arbeitsrecht, Bd. I, S.508.
579 BAG, AP Nr.127 zu Art.9 GG Arbeitskampf.
580 BAG, AP Nr.127 zu Art.9 GG Arbeitskampf; BAG AP Nr.129 zu Art.9 GG Arbeitskampf Bl.3, Gründe I 4 a).
581 BAG AP Nr.129 zu Art.9 GG Arbeitskampf Bl.3., Gründe I 4 a).
582 BAG AP Nr.135 zu Art.9 GG Arbeitskampf Bl.2 ff.
583 Däubler, TVG, Einl.Rn.879.
584 Däubler, AuR 1981, S.257 (264).
585 So auch: BAG AP Nr.127 zu Art.9 GG Arbeitskampf; Däubler, TVG, Einl.Rn.847; Däubler, TVR, Nr.1616, 1620;
586 Däubler, AuR 1981, S.257 (264).
587 Fitting//Kaiser, BetrVG, § 77 Anm.68 f.
588 Däubler, TVR Nr.1616.
589 Däubler, TVG, Einl. Rn.847 ; Däubler, TVR Nr.1616.

schluß eines entsprechenden Vertrages einzuholen und gegebenenfalls die Tarifkommission einzuschalten. Dies erschwere jedoch unnötig den Abschluss von Notdienstvereinbarungen, weshalb diese nicht als Tarifverträge qualifiziert werden sollten.

Zu dem Kriterium der Schriftform ist, wie bereits vorstehend unter D. II. 1.2. dargestellt, auszuführen, dass diese nur die Wirksamkeit der getroffenen Vereinbarung, entgegen Däublers Ansicht aber nicht ihre Qualifizierung beeinflussen kann. Die fehlende Schriftform der Notdienstvereinbarung kann nur ein Indiz dafür sein, dass die Tarifvertragsparteien keinen Tarifvertrag vereinbaren wollten. Gleiches gilt für die Bezeichnung eines Vertrags durch die Tarifvertragsparteien. Für die Qualifizierung als Tarifvertrag ist der entgegenstehende Wille der Tarifparteien nicht maßgeblich[590].

Reichel[591] meint, Notdienstvereinbarungen gehörten zum normativen Teil eines Tarifvertrags, wenn sie Verpflichtungen zu Leistungen der Arbeitnehmer gegenüber dem Arbeitgeber begründeten. Soweit es jedoch allein um eigene Verpflichtungen der Tarifvertragsparteien gehe, handele es sich um Tarifbestimmungen schuldrechtlicher Art. Dieser Ansicht ist entgegenzuhalten, dass es sich bei Vereinbarungen mit reinen Eigenpflichten nicht um Tarifverträge handelt, sondern allenfalls um Koalitionsverträge sui generis, wenn die Materie Arbeits- und Wirtschaftsbedingungen betrifft, bei einem darüberhinausgehenden Inhalt um Schuldverträge nach § 311 BGB. Notdienstvereinbarungen haben nur dann die Rechtsnatur eines Tarifvertrags, wenn deren Inhalte die Arbeitsverhältnisse im Sinne des § 1 Abs. 1 TVG betreffen, also Inhalt eines Einzelarbeitsverhältnisses sein können oder sich auf betriebliche oder betriebsverfassungsrechtliche Fragen beziehen und zudem Einwirkungspflichten enthalten.

Notdienstvereinbarungen betreffen nur dann den Inhalt der Arbeitsverhältnisse im Sinne des § 1 Abs. 1 TVG, wenn sie Leistungen näher bestimmen, die einzelne Arbeitnehmer gegenüber dem Arbeitgeber erbringen sollen. Grundsätzlich enthalten Notdienstvereinbarungen die Verpflichtung einzelner Arbeitnehmer zur Verrichtung von Notdienstarbeiten während des Arbeitskampfes. Die Arbeitspflicht betrifft eine Materie des § 1 Abs. 1 TVG. Nach Ottos Ansicht[592] folgt diese aber nicht aus der Notdienstvereinbarung, sondern aus dem ursprünglichen Arbeitsverhältnis.

Dem ist zuzustimmen: Notdienstvereinbarungen belassen einen Spielraum hinsichtlich der zum Notdienst einzuteilenden einzelnen Arbeitnehmer. Sie bein-

---

590 Vgl. Ausführungen zu Kapitel C.

591 Reichel, § 1 TVG Rn.64.

592 MünchArbR/Otto, § 285 Rn.150; ebenso: Däubler/Schumann, Arbeitskampfrecht, Rn.228; Heckelmann, Erhaltungsarbeiten, S.17 f. ; Löwisch/Mikosch, ZfA 1978, S.153 (164 ff.); Oetker, S.72.

halten die Pflicht der Gewerkschaft, Arbeitnehmer, die gewisse Tätigkeiten ausüben, weiter arbeiten zu lassen, wie sie es im Arbeitsvertrag vereinbart haben. Notdienste betreffen keine Inhalte des Einzelarbeitsverhältnisses; sie lassen dessen Inhalte unberührt. Sie betreffen auch keine Materie nach § 1 Abs. 1 TVG, da sie ausschließlich eine Ausnahme von dem „Verbot" während eines Streiks zu arbeiten regeln. Notdienstvereinbarungen sind zudem nicht, wie für Tarifverträge typisch, als Dauerschuldverhältnisse angelegt. Sie sind vielmehr, wie der Große Senat des BAG zutreffend entschieden hat, ein Teil der tariflichen Arbeitskampfordnung[593] und grenzen den Streikaufruf für den Einzelnen ein[594], sodass der Einzelne sein Streikrecht nur noch in diesem Rahmen ausüben kann. Notdienstvereinbarungen legen somit die Ausübung des Streikrechts in ihrem Umfang verbindlich fest[595]. Dementsprechend meint Däubler, durch die Notdienstvereinbarung werde das Arbeitsverhältnis nicht gestaltet, sondern vielmehr werde die spezifische Bedingung der Ausübung eines Rechts, das auf einer anderen Grundlage, nämlich auf Art. 9 Abs. 3 GG beruhe, näher festgelegt[596]. Nach dieser Auffassung betreffen Notdienstvereinbarungen eine Materie des Art. 9 Abs. 3 GG, nicht des § 1 Abs. 1 TVG.

Dies trifft zu: Notdienstvereinbarungen sind Maßnahmen zum Zweck des Arbeitskampfes. Sie bestimmen die Leistungen der Arbeitnehmer während des Streiks und betreffen den Arbeitskampf und dessen Modalitäten. Notdienstvereinbarungen regeln also keine Materie nach § 1 Abs. 1 TVG, sondern eine solche nach Art. 9 Abs. 3 GG. Zwar sind die Gewerkschaften verpflichtet, auf einzelne Arbeitnehmer dahin einzuwirken, dass diese bestimmte Tätigkeiten im Sinne der Notdienstvereinbarung ausführen, doch beruht die Arbeitsleistung des einzelnen Arbeitnehmers auf dessen Arbeitsvertrag und nicht auf der Notdienstvereinbarung.

Dass zwischen tarifvertraglicher Materie und Arbeitskampfmaßnahmen zu unterscheiden ist, findet auch eine Stütze in § 2 Abs. 1 ArbGG; diese Vorschrift regelt Rechtsstreitigkeiten im Zusammenhang mit dem Tarifvertrag in § 2 Abs. 1 Nr. 1 ArbGG, in § 2 Abs. 1 Nr. 2 ArbGG demgegenüber Rechtsstreitigkeiten, die sich mit Maßnahmen zum Zweck des Arbeitskampfes befassen. Tarifverträge und Arbeitskampfmaßnahmen sind somit ein rechtliches aliud.

Notdienstvereinbarungen sind nach allem Koalitionsverträge sui generis, keine normativ oder schuldrechtlich wirkenden Tarifverträge. Als solche sind sie

593 BAG AP Nr.43 zu Art.9 GG Arbeitskampf = AuR 1971, S.384.
594 BAG AP Nr.129 zu Art.9 GG Arbeitskampf Bl.3.
595 Däubler, TVR Nr.1620.
596 Däubler, TVR Nr.1620.

formlos möglich, was bei Notdienstvereinbarungen nicht zuletzt einem praktischen Bedürfnis entspricht.

II. Schlichtungsvereinbarungen

Schlichtungsvereinbarungen enthalten institutionalisierte Konfliktlösungsmechanismen zur Verhütung von Arbeitskämpfen mit der Möglichkeit der Verlängerung der Friedenspflicht[597]. Sie sehen ein in der Vereinbarung näher geregeltes Verfahren für den Fall vor, dass ein Tarifvertrag endet oder Tarifverhandlungen scheitern, um die Verhandlungen der Tarifvertragsparteien zu fördern und einen tariflichen Konflikt zu lösen[598].

Aufgrund dieses Zusammenhangs zu tariflichen Konflikten hat das BAG[599] dann auch mit Urteil vom 31.10.1958[600] eine Schlichtungsvereinbarung als rein schuldrechtlichen Tarifvertrag qualifiziert, was Zuspruch bei der seitdem herrschenden Meinung fand[601]. Nikisch meint hingegen, es widerspreche dem Sprachgebrauch, selbständige Schlichtungsvereinbarungen, die eine zeitliche Verlängerung der Friedenspflicht beinhalten, als „Tarifverträge" zu bezeichnen[602].

Die Friedenspflicht, die durch Schlichtungsvereinbarungen verlängert wird, ist wesentlicher Bestandteil eines jeden Tarifvertrags und als Teil eines Vertrags zugunsten Dritter ausgestaltet. Schlichtungsvereinbarungen können sich aber darauf beschränken, abstrakt die Verpflichtung der Tarifvertragsparteien zu regeln, bei Ablauf der Laufzeit eines Tarifvertrages ein in der Vereinbarung näher geregeltes Verfahren einzuhalten oder den Ablauf des Schlichtungsverfahren und die Zusammensetzung der Schlichtungsstellen zu regeln. Schlichtungsvereinbarungen beschränken sich nicht auf eine Verlängerung der Friedenspflicht; neben Regelungen zur Übermittlung von Forderungen, zur Aufnahme von Verhandlungen, zu den nötigen Voraussetzungen eines Schlichtungsverfahrens und zur Errichtung von Schlichtungsstellen können Schlichtungsvereinbarungen auch Regelungen

---

597 Däubler/Schumann, Arbeitskampfrecht, Rn.217 ff.; Kempen/Zachert, § 1 Rn.366; Wolter, DB 1993, S.934 (936 Fn.30).

597 BAGE 6, 321 (340 f.)= AP Nr.2 zu § 1 TVG Friedenspflicht; Kittner/Zwanziger, ArbR, § 10 Rn.43.

598 Löwisch, Arbeitskampf- und Schlichtungsrecht, 170.11 A.I.1.

599 BAGE 6, 321 (340 f.)= AP Nr.2 zu § 1 TVG Friedenspflicht.

600 Vgl. bereits oben zu diesem Urteil Abschnitt B.

601 Däubler/Schumann, Arbeitskampfrecht, Rn.217 ff.; Kempen/Zachert, § 1 Rn.325 ff., Rn.358; Kittner/Zwanziger, ArbR, § 10 Rn.43; Reichel, § 1 Anm.61, S.82 d.; Wolter, DB 1993, S.934 (936 Fn.30)

602 So auch Bötticher, BB 1957, S.621 (622).

zur Schlichtung während eines Streiks oder einer Aussperrung enthalten[603]. Zwar kann das Resultat eines Schlichtungsverfahrens ein Tarifvertrag sein-die schlichtungsrechtliche Verbindlichkeitserklärung verleiht einem Regelungsgeflecht die Rechtsqualität eines Tarifvertrages[604], die Vereinbarung eines Schlichtungsverfahrens ist aber von dem Resultat dieses Verfahrens zu unterscheiden. Schlichtungsvereinbarungen stehen nur im Zusammenhang mit Tarifverträgen und tariflichen Konflikten. Zudem gehören Tarifverträge als Gestaltungsmittel der materiellen Arbeitsbedingungen zum materiellen Recht[605], während die Verfahrensregelungen der Schlichtungsvereinbarungen prozessualer Natur sind. Die Vereinbarung eines Schlichtungsverfahrens ist schon aus diesem Grund kein Tarifvertrag. Schlichtungsvereinbarungen enthalten zum Teil auch Klauseln, nach denen Rechte und Pflichten aus der Vereinbarung ausschließlich unter den abschließenden Parteien begründet werden[606], sodass es an einer Drittwirkung fehlt. Es handelt sich auch um keine Materie, die den Inhalt, den Abschluß, die Beendigung von Arbeitsverhältnissen oder betriebliche oder betriebsverfassungsrechtliche Fragen und somit Arbeitsverhältnisse Dritter betrifft. Ridder[607] meint denn auch, das BAG habe die Schlichtungsvereinbarung 1958 „irrig als Tarifvertrag" gewertet und führt hierzu aus, dass dies bereits dem Wortlaut des § 1 TVG widerspreche[608]. Eine Schlichtungsvereinbarung sei vielmehr eines von mehreren zur Herbeiführung eines Tarifvertrags geeigneten Mitteln. Das nach dem Ende eines Tarifvertrages einzuhaltende Verfahren betrifft zwar keine Materie des § 1 Abs. 1 TVG, wohl aber die Arbeits- und Wirtschaftsbedingungen im Sinne des Art. 9 Abs. 3 GG. Schlichtungsvereinbarungen sind daher nicht als Tarifverträge zu qualifizieren.

III. Abmachungen über Gewerkschaftsrechte im Betrieb

Die rechtliche Einordnung als Tarifvertrag oder als sonstiger Kollektivvertrag bereitet auch bei Abmachungen der Tarifvertragsparteien über Gewerkschaftsrechte

603 Siehe hierzu Schlichtungs- und Schiedsvereinbarung für die Metallindustrie vom 1.Januar 1980, Abschnitt III, abgedruckt in: RdA 1980, S.165 (169).

604 Vgl. hierzu Löwisch, Arbeitskampf- und Schlichtungsrecht, 170.11 A.I. 2.Rn.3.

605 So Ridder, Gewerkschaften im Sozialstaat, S.35 Fn.73.

606 Vgl. Schlichtungs- und Schiedsvereinbarung für die Metallindustrie vom 1.Januar 1980, § 20,abgedruckt in: RdA 1980, S.165 (169).

607 Vgl. Ridder, Gewerkschaften im Sozialstaat, S.35.

608 Ridder, Gewerkschaften im Sozialstaat, S.35 Fn.73.

im Betrieb Schwierigkeiten[609]. Der Inhalt dieser Vereinbarungen kann beispielsweise darin liegen, dass sich eine Gewerkschaft mit der Geschäftsleitung eines Unternehmens verständigt, in welchem Umfang Plakatierungen im Betrieb erlaubt sein sollen oder unter welchen Modalitäten ein Zugangsrecht der Gewerkschaftsmitarbeiter besteht[610] oder ob sich ein einzelner Arbeitnehmer an einer gewerkschaftlichen Plakatierungsaktion beteiligen darf.

Zur Rechtsnatur solcher Abmachungen meint Däubler, Koalitionen könnten derartige Abmachungen als Tarifvertrag vereinbaren, was aber zu aufwändig sei[611]. Dem ist entgegenzuhalten, dass Abmachungen über den zulässigen Umfang der gewerkschaftlichen Betätigung im Betrieb ebenso wie Notdienstvereinbarungen das aus Art. 9 Abs. 3 GG folgende Recht des einzelnen Arbeitnehmers sowie der Gewerkschaft, sich kollektivrechtlich zu betätigen, konkretisieren [612]. Gewerkschaftsrechte im Betrieb betreffen zudem keine Inhalte des § 1 Abs. 1 TVG. Zwar kann die kollektivrechtliche Betätigung die Ordnung im Betrieb betreffen, doch handelt es sich hierbei nur um eine mittelbare Folge der kollektivrechtlichen Betätigung und nicht um eine Regelung, die auf die Regelung der betrieblichen Ordnung abzielt. Da die Inhalte von Vereinbarungen über Gewerkschaftsrechte im Betrieb nicht das Arbeitsverhältnis Dritter oder betriebliche oder betriebsverfassungsrechtliche Fragen im Sinne von § 1 Abs. 1 TVG betreffen, sind diese somit als außertarifliche Koaltionsverträge zu qualifizieren.

IV. Mitbestimmungsverträge

Als Themen für den Koalitionsvertrag sui generis kommen auch Fragen der Unternehmensverfassung und der Unternehmenspolitik in Betracht[613], die u.a. Inhalt unternehmerischer Mitbestimmungsverträge sind.

Als Beispiel eines Mitbestimmungsvertrags ist das Lüdenscheider Abkommen von 1959 zwischen DGB, IG Metall und IG Bergbau und Energie mit der Hoesch AG zu nennen. Hierbei schlossen die Gewerkschaften und der Rechtsträger des Unternehmens einen Mitbestimmungsvertrag über die Errichtung von Mitbe-

---

609 Däubler, TVG, Einl. Rn.880; ders., TVR Nr.1621, Nr.1617; ders. Gewerkschaftsrechte, Rn.366; Dütz, Gewerkschaftliche Betätigung, S.65.

610 Däubler, Gewerkschaftsrechte im Betrieb, Rn.361; Däubler, TVR Nr.1617.

611 Däubler, TVG, Einl. Rn.848; Däubler, TVR Nr.1617.

612 Däubler, TVG, Einl. Rn.880.

613 So auch MünchArbR/Löwisch/Rieble, § 280 Rn.3.

stimmungsorganen in den durch Verschmelzung unselbständig gewordenen Unternehmensteilen[614].

Normativ wirkende Tarifverträge scheiden als Vertragsform für Mitbestimmungsverträge aus, da es einhellige Meinung[615] ist, dass sich normativ keine paritätische Mitbestimmung begründen läßt, denn § 1 Abs. 1 TVG sieht nur für betriebliche und betriebsverfassungsrechtliche Fragen, nicht aber auch für unternehmensverfassungsrechtliche Fragen wie die der paritätischen Mitbestimmung eine normative Wirkung vor[616].

Nicht geklärt ist jedoch, ob eine vertragliche Erweiterung der Mitbestimmung in diesem Sinne als schuldrechtlicher Tarifvertrag oder als Koalitionsvertrag sui generis zu qualifizieren ist.

Diejenigen Autoren, die Art. 9 Abs. 3 GG als Grenze des schuldrechtlichen Tarifvertrags sehen, qualifizieren Mitbestimmungsverträge als schuldrechtliche Tarifverträge[617] bzw. als obligatorische Tarifvereinbarungen[618]. Sie meinen, die Erweiterung der Arbeitnehmerbeteiligung falle in den Kernbereich der Tarifautonomie.

Däubler[619] stuft „Mitbestimmungsvereinbarungen“ zwar ebenfalls als Tarifverträge ein, stellt aber maßgeblich auf den Willen der Beteiligten ab, der dieser Qualifizierung entsprechen müsse. Beabsichtigten die Tarifvertragsparteien nicht den Abschluss eines Tarifvertrags, liege nur ein zivilrechtlicher Vertrag vor, der die Arbeitgeberseite verpflichte, auf die vereinbarte Zusammensetzung des Aufsichtsrats hinzuwirken.

Die Qualifizierung eines Vertrags[620] kann aber nicht von dem Willen der Vertragsparteien abhängen.

---

614 Vgl. Mitbestimmungsgespräch, 1959, S.14 f.; Spieker, Das Mitbestimmungsgespräch 1962, S.181 (182).

615 Vgl. statt aller: Däubler, Mitbestimmung, S.98 f., 328 ff.m.w.N; Fabricius, FS für Hilger/Stumpf, S.155 (165, 176); Farthmann, Die AG 1969, S.205; Hueck/Nipperdey-Stahlhacke, TVG, § 1 Rn. 75; Hueck/Nipperdey, Lehrbuch II/1, S.295; Hueck, BB 1952, S.925 (928); Raiser, RdA 1972, S.65 (68); Siebert, BB 1958, S.421 (421); Spieker,Mitbestimmungsgespräch 1962, S.181 (182 f.); Wiedemann, TVG, § 1 Rn.135, 593.

616 Fabricius, FS für Hilger/Stumpf, S.155 (165); Farthmann, Die AG 1969, S.205; Hensche, AuR 1971, S.33 (38); Konzen, Die AG 1983, S.289 (295); Spieker, Mitbestimmungsgespräch, S.181,182 f..

617 Fabricius, FS für Hilger/Stumpf, S.155 (165,176): Ebenso sei eine vertragliche Bindung mittels mitbestimmungsrechtlichen Unternehmens- oder mittels Stimmbindungsvertrags denkbar; Kempen/Zachert, § 1 Rn.302.

618 Däubler, Mitbestimmung, S.329 f.; Hensche, AuR 1971, S.33 (38); Wendeling-Schröder,S.169.

619 Däubler, TVR, Rn.1622.

620 Vgl. hierzu bereits Abschnitt B., S.44.

Nach Gamillscheg[621] sind Verträge über die Unternehmensmitbestimmung bürgerlich-rechtliche Verträge gemäß § 311 BGB, da sie nicht die Arbeits- und Wirtschaftsbedingungen beträfen.

Dem widersprechen Hensche[622] und Beuthien[623]; es handle sich bei mitbestimmungsrechtlichen Unternehmensverträgen um keine allgemeinen bürgerlichrechtlichen Verträge, da die paritätische Mitbestimmung unter den Begriff der Arbeits- und Wirtschaftsbedingungen im Sinne des Art. 9 Abs. 3 GG falle. Hensche[624] führt hierzu aus, dass diese Grundrechtsbestimmung den institutionellen Rahmen für bestimmte Formen der Koalitionsbetätigung umfasse[625]. Der mitbestimmungsrechtliche Unternehmensvertrag sei als Annexinstitut der Koalitionsfreiheit von Art. 9 Abs. 3 GG erfasst[626]. Er stelle das rechtliche Instrument für die Gewerkschaften dar, ihrer verfassungsgemäßen Aufgabe zu entsprechen und die Arbeits- und Wirtschaftsbedingungen auf dem Gebiet der Unternehmensverfassung zu fördern. Somit gewährleiste die Verfassung das Instrument des Mitbestimmungsvertrags. Ein mitbestimmungsrechtlicher Unternehmensvertrag sei ein besonderer kollektivrechtlicher Vertragstyp. Da die Kollektivvertragsarten „Tarifvertrag und Betriebsvereinbarung“ in ihren Regelungsgegenständen gesetzlich beschränkt seien, könnten die Tarifparteien eine Erweiterung der Mitbestimmung im Unternehmen in Form einer paritätischen Besetzung des Aufsichtsrats nicht durch einen „herkömmlichen Kollektivvertragstyp“ umsetzen[627]. Es komme insofern nur der außertarifliche Koalitionsvertrag als Vertragsform in Betracht. Auch Beuthien meint, dass unternehmensrechtliche Mitbestimmungsverträge keine Tarifverträge seien[628], sondern schuldrechtlich wirkende Mitbestimmungsverträge eigener Art[629]. Auch wenn diese aus Art. 9 Abs. 3 GG resultierten, könnten die Koalitionen sie nicht als Tarifverträge vereinbaren, da auch in mitbestimmungsrechtlichen Fragen von einer funktionalen Einheit der normativen und der nichtnormativen Regelungsbefugnis der Tarifvertragsparteien auszugehen sei.

Hensche und Beuthien ist hinsichtlich der Rechtsnatur von Mitbestimmungsverträgen zuzustimmen; es handelt sich dabei um Koalitionsverträge sui generis, denn sie haben eine Materie zum Inhalt, die den Koalitionen von der Verfassung

---

621 Gamillscheg, Koll.Arbeitsrecht, Bd. I, S.509.
622 Hensche, AuR 1971, S.33 (38).
623 Beuthien, ZfA 1983, S.141 (141, 153 ff.).
624 Hensche, AuR 1971, S.33 (38 f.).
625 Einhellige Meinung, statt aller: Hueck/Nipperdey, Lehrbuch des ArbR II/1, S. 137 ff., S.147; Säcker, Koalitionsfreiheit, S.69 ff.; Söllner, Arbeitsrecht, Rn.174.
626 Hensche, AuR 1971, S.33 (38 f.).
627 Hensche, AuR 1971, S.33 (39).
628 Beuthien, ZfA 1983, S.141 (141, 153 ff.).
629 Beuthien, ZfA 1984, S.1 (24).

ausdrücklich zugewiesen und zur autonomen Regelung übertragen wurde. Das Regelungsinstrument hierfür ist der Koalitionsvertrag sui generis, denn es bedarf zur Förderung der von Art. 9 Abs. 3 GG umfassten Unternehmensverfassung neben dem Tarifvertrag eines besonderen Vertragstyps. Der Tarifvertrag kommt als Regelungsinstrument demgegenüber nicht in Betracht, da die unternehmerische Mitbestimmung zwar die Arbeitnehmerposition beeinflusst, dies aber eine Materie außerhalb des § 1 Abs. 1 TVG, nämlich die „sonstigen“ Arbeitsbedingungen im Sinne des Art. 9 Abs. 3 GG, betrifft.

Dies ergibt sich daraus, dass die Fragen der Unternehmensmitbestimmung die Arbeitsverhältnisse nur mittelbar und damit nicht im Sinne des § 1 Abs. 1 TVG betreffen, aber dennoch im Bereich der Arbeitsbedingungen des Art. 9 Abs. 3 GG liegen.

G. Rechtliche Einordnung verschiedener Formen des Koalitionsvertrags sui generis

Diese Arbeit hat neben der inhaltlichen Bestimmung des Tarifvertragsbegriffs die Untersuchung der Koalitionsverträge sui generis zum Gegenstand. Diese haben, wie bereits aus der Bezeichnung als Verträge hervorgeht, verbindlichen Charakter. In der Praxis verwenden die Tarifparteien die Bezeichnung „außertarifliche Sozialpartnervereinbarungen" jedoch sowohl für verbindliche als auch für unverbindliche Übereinkünfte[630]. Da aber nur Vereinbarungen mit Vertragscharakter unter den Begriff des Koalitionsvertrags fallen, bedarf es einer Abgrenzung der verbindlichen von den unverbindlichen Abkommen der Koalitionen.

I. Abgrenzung unverbindlicher Formen der Übereinkunft vom Koalitionsvertrag sui generis

Übereinkünfte mit unverbindlichem Charakter bezeichnen einige Autoren in Anlehnung an den Begriff „soft law" als „soft agreement"[631] oder als „gentleman agreement"[632].

Als rechtlich unverbindliche außertarifliche Übereinkünfte stufen einige Autoren[633] auch Richtlinienverträge ein, die Empfehlungen und Richtlinien zum Inhalt haben. Dem ist jedoch in Übereinstimmung mit einem Großteil der Literatur zu widersprechen[634].

Übereinkünfte, die Empfehlungen aussprechen, haben durchaus verbindlichen Charakter für die vertragsschließenden Parteien, auch wenn die Vereinbarungen für die Arbeitnehmer und die nicht an der Vereinbarung beteiligten Arbeitgeber unverbindlich sind. Mit der Bezeichnung der Vereinbarung als „Empfehlung" bringen die Tarifvertragsparteien zum Ausdruck, dass die Vereinbarung zwar ge-

630 Vgl. Debler, NZA 1997, S.529 (530); K. Molitor, FS Stahlhacke S.339 (340 ff.).

631 Däubler, TVR, Rn.1630.

632 Plander, FS Kehrmann, S.295 (304). Für England: Blanpain, Soziales Europa, Beiheft 4/1992, S.97 (104); Blanpain/Schmidt/Schweibert, Europäisches Arbeitsrecht, Rn.218, S.156; Weiss, in: FS Kissel, S.1253 (1254)

633 Grub, S.88; Karsten, S.309; K. Molitor, FS Stahlhacke, S.339 (341, 343).

634 Däubler, TVG, Einl.Rn.889; ders. TVR, Rn.1629; Lutz, NJW 1958, S.128 (128); MünchArbR/Löwisch/Rieble, § 280 Rn.11 mit Verweis auf Hueck,Normenverträge, S.33, 47 f.

genüber den Adressaten der Übereinkunft, also den Betriebsparteien (Betriebsräten und Einzelarbeitgebern), keine Rechtsverbindlichkeit entfalten soll. Die Vereinbarung ist aber im Verhältnis der Vertragsparteien zueinander verbindlich und stellt daher einen Vertrag dar. Die Besonderheit des Richtlinienvertrages, der Empfehlungen enthält, besteht darin, dass er begriffsnotwendig das Bestreben der Parteien enthält, den Willen derjenigen, an die sie sich inhaltlich richtet, in einem bestimmten Sinne zu beeinflussen[635]. Die Beeinflussung der Entschlussfreiheit des Empfängers erfolgt dabei aber weder mittels direkten noch indirekten Rechtszwangs[636], sodass es sich bei Empfehlungen enthaltenden Übereinkünften um eine Erklärung ohne rechtliche Durchsetzungsmöglichkeit gegenüber den Betriebsparteien handelt. Doch auch ohne eine solche gehen die Sozialpartner bei Vereinbarungen dieser Art davon aus, dass sich die Betriebsparteien an die entsprechenden Vereinbarungen halten[637]. Zudem verpflichten sich die Tarifparteien bei einer Empfehlung gegenüber der anderen Tarifpartei, den Inhalt der Erklärungen enthaltenden Übereinkunft bekannt zu geben[638], sich werbend für die Realisierung einzusetzen[639] und Maßnahmen zu unterlassen, die ihrem Zweck zuwiderlaufen[640].

Das wechselseitige Verhalten der Beteiligten ist daher nach Treu und Glauben mit Rücksicht auf die Verkehrssitte gemäß § 157 BGB so auszulegen, dass bei Übereinkünften dieser Art jene Pflichten zumindest konkludent entstehen, auch wenn die Koalitionen sie nicht ausdrücklich vereinbaren[641]. Wegen dieser zumindest konkludent begründeten Pflichten ist bei Vereinbarungen, bei welchen die Sozialpartner den Betriebsparteien Empfehlungen geben wollen, von einem Rechtsbindungswillen auszugehen[642].

Demgegenüber sind rein informelle Absprachen der Tarifparteien unverbindlich. Ob eine Absprache nur eine informelle oder eine mit Rechtsbindungswillen geschlossene Übereinkunft ist, entscheidet die Auslegung. Bei ihr ist auf den Empfängerhorizont abzustellen[643]. Dabei spricht die Vereinbarung einer bestimmten Laufzeit für eine verbindliche Festlegung[644]. Gleiches gilt für verein-

---

635 BGH Beschluss vom 14.1.1960, NJW 1960, S.723 (723).
636 Paul, DB 1958, S.1319 (1319); Pinder, NJW 1958, S.579 (579).
637 Däubler, TVR, Rn.1626.
638 Däubler, TVG, Einl.Rn.888; Plander, FS Kehrmann, S.295 (306).
639 So auch K. Molitor, FS Stahlhacke, S.343 f.
640 Plander, FS für Kehrmann, S.295 (306); so auch K. Molitor, FS Stahlhacke S.339 (344), der aber dennoch von einem unverbindlichen Richtlinienvertrag ausgeht (K.Molitor, FS Stahlhacke, S.339 (343).
641 Vgl. hierzu Plander, FS Kehrmann, S.295 (306).
642 Vgl. Plander, FS Kehrmann, S.295 (306).
643 Vgl. Plander, FS Kehrmann, S.295 (304,306).
644 Vgl. Däubler, TVG, Einl.Rn.874.

barte Sanktionen bei Verstößen und für die Regelung eines speziellen Verfahrens zur Klärung von Meinungsverschiedenheiten bei der Umsetzung der jeweiligen Übereinkunft. Andererseits ist bei Zweifeln, ob die Materie eines Abkommens vertraglich regelbar ist, davon auszugehen, dass statt eines verbindlichen Vertrages nur ein „abgestimmtes Verhalten“[645] vorliegt.

II. Einordnung der Koalitionsverträge sui generis nach den verschiedenen Intensitätsstufen

Koalitionsverträge können nach Löwisch[646] eine Durchsetzung ihrer Inhalte mit verschiedenen Intensitätsgraden vorsehen oder auf eine Durchsetzung verzichten. Die Tarifparteien haben dabei verschiedene Möglichkeiten der Einwirkung auf ihre Mitglieder. Eine solche Einteilung der Koalitionsverträge lehnt Karsten jedoch als überholt und inkonsequent ab[647], da das für die Durchsetzung von schuldrechtlichen Tarifverträgen entwickelte System „einfach auf außertarifliche schuldrechtliche Vereinbarungen übertragen“ werde, obwohl sich auch mit Tarifverträgen die entsprechenden Wirkungen erzielen ließen und die Inhalte einer außertariflichen Vereinbarung auch in Tarifverträgen geregelt werden könnten.

Die Anwendungsbereiche des Tarifvertrags und des außertariflichen Koalitionsvertrags überschnitten sich[648], sodass kein Bedarf für ein „Parallelsystem“ bestehe.

Löwischs System der verschiedenen Durchsetzungsmöglichkeiten eines Koalitionsvertrags ist indessen keineswegs überflüssig, auch wenn A. Hueck[649] dieses System bereits vor dem Inkrafttreten der TVVO entwickelt hat. Es ist nunmehr statt auf tarifliche Bereiche vielmehr auf außertarifliche Koalitionsverträge anzuwenden. So ist Löwischs System der Durchsetzung außertariflicher Koalitionsverträge auch konsequent, da nach seiner Auffassung außertarifliche Koalitionsverträge keine tariflichen Inhalte haben können, sodass die TVVO und das TVG das Durchsetzungssystem der außertariflichen Koalitionsverträge nicht verändert hätten. Dieser Auffassung ist zu folgen; es besteht kein Parallelsystem beider Vertragstypen, wie Karsten[650] annimmt. Karsten widerspricht sich denn auch, indem er einerseits ausführt, die Anwendungsbereiche von Tarifvertrag und

645 Blanke, S.89; Däubler, TVG, Einl.Rn.874.
646 Debler, NZA 1997, S.529 (529 f.); MünchArbR/Löwisch/Rieble, § 280 Rn.11 ff.
647 Karsten, S.286.
648 Karsten, S.287.
649 A. Hueck, Jherings JhJb, Bd.73, S.33,47.
650 Karsten, S.286.

außertariflichem Koalitionsvertrag überschnitten sich[651], sodann aber erklärt, beide Vertragstypen hätten „ein unterschiedliches Anwendungsspektrum[652]“. Die Auffassung, dass beide Vertragstypen unterschiedliche Regelungsbereiche abdecken, ist zutreffend; seine Annahme, die Unterscheidung zwischen Tarifverträgen und außertariflichen Koalitionsverträgen sei daher überflüssig, ist hingegen unzutreffend. Beide Vertragsarten haben unterschiedliche Anwendungsbereiche, sodass es beider Vertragsarten bedarf.

Insofern macht Löwischs Unterteilung der außertariflichen Koalitionsverträge in vier Intensitätsstufen Sinn, da die Tarifparteien im außertariflichen Regelungsbereich anders als im tariflichen Bereich verschiedene abgestufte Möglichkeiten der Umsetzung haben, Einwirkungspflichten auf die Mitglieder zu vereinbaren: Sie können die Form des Richtlinienvertrags (nachfolgend zu 1.), des schuldrechtlichen Normenvertrags (zu 2.), des berechtigenden Normenvertrags (zu 3.) oder der Festschreibung des Anspruches durch die Koalitionssatzung (zu 4.) wählen[653]. Die Koalitionen können stattdessen auch auf eine Einwirkung auf ihre Mitglieder oder eine Mitwirkung ihrer Mitglieder bei der Umsetzung verzichten und stattdessen nur wechselseitige Pflichten, wie etwa zur Zahlung einer bestimmten Summe, vereinbaren, indem sie sich auf einen schuldrechtlichen Verpflichtungsvertrag einigen (II.), der einen Zweck im Sinne des Art.9 Abs.3 GG verfolgt.

1. Richtlinienverträge

Richtlinienverträge legen Grundsätze fest, die den Betrieben Hilfestellungen zur Lösung von Fragen der Sozial- und Personalpolitik geben und ggf. zum Inhalt von Einzelarbeitsverträgen werden sollen[654]. Dabei entfalten Richtlinienverträge nur eine mittelbare Wirkung auf Koalitionsmitglieder.

Ob Richtlinienverträge notwendigerweise Einwirkungspflichten der Tarifparteien auf die Betriebsräte oder Arbeitgeber begründen[655] oder ob sie gerade das Fehlen solcher Pflichten auszeichnet, wird kontrovers beurteilt[656].

---

651 Karsten, S.287.

652 Karsten, S.287.

653 Debler, NZA 1997, S.529 (529 f.); MünchArbR/Löwisch/Rieble, § 280 Rn.11 ff.

654 Debler, NZA 1997, S.529 (529 ff.); Kämpgen, S.26; K.Molitor, FS Stahlhacke, S.339 (339 f.); ders. Sozialpartner-Forum, S.109,112; Schack, NZA 1996, S.923 (923 ff.).

655 K.Molitor, FS Stahlhacke, S.339 (343 f.); Plander, FS Kehrmann, S.295 (306) und Fn.58.

656 Debler, NZA 1997, S.529 (530); MünchArbR/Löwisch/Rieble, § 280 Rn.13; Schack, NZA 1996, S.923 (924).

Der Begriff Richtlinienvertrag enthält den Begriff „Richtlinie". Richtlinien sind als Modelle der Tarifparteien für Regelungen der Vertragsparteien des Einzelarbeitsvertrags gedacht, auf welche diese durch Bezugnahme im Arbeitsvertrag zurückgreifen können, wodurch ein individuelles Aushandeln überflüssig wird[657]. Es bedarf allerdings zunächst einmal einer solchen Bezugnahme, bevor der Richtlinienvertrag „Außenwirkung" zeigt. Durch den Richtlinienvertrag erhalten die Betriebsparteien und Arbeitsvertragsparteien die Möglichkeit, bei Bedarf auf die einvernehmlich von den Koalitionen erarbeiteten Lösungen von Zweifelsfragen und Problemen sowie auf deren gemeinsame Wertungen und Positionen zurückzugreifen[658]. Die Adressaten des Richtlinienvertrags können das Fachwissen, die Vertragsstärke und Fachkompetenz der jeweiligen Koalition für sich betriebsindividuell nutzbar machen[659], ohne hierzu verpflichtet zu sein. Um diesen Zweck zu erfüllen, muss ein Richtlinienvertrag so formuliert sein, dass er zwar konkrete Umsetzungsakte vorsieht, aber keine Pflichten der Vertragsparteien enthält, auf ihre Mitglieder entsprechend einzuwirken. Die Adressaten können sich nach dem Richtlinienvertrag richten, ohne dass jener Durchsetzungsmöglichkeiten vorsieht.

Würde der Richtlinienvertrag hingegen Einwirkungspflichten vorsehen, könnten diese eingeklagt werden; dies würde dem Sinn von Richtlinien widersprechen. Ein Richtlinienvertrag begründet also keine Einwirkungspflichten. Aus diesem Grund spricht Däubler von „Abkommen ohne eindeutige rechtliche Verbindlichkeit" [660].

Wie im Fall der Bezugnahme auf Tarifverträge in Arbeitsverträgen tariflich nicht gebundener Arbeitnehmer und Arbeitgeber unterliegen auch Richtlinienverträge bei einer solchen Bezugnahme einer Inhaltskontrolle. Sofern eine Vertragsparität zwischen den die Richtlinien aushandelnden Parteien besteht, beziehen die Einzelarbeitsvertragsparteien bei Bezugnahme zudem die Richtigkeitsgewähr einer solchen Richtlinie in ihren Vertrag mit ein[661].

Manche Autoren vertreten die Auffassung, dass Richtlinienverträge der Tarifvertragsparteien in solche zu unterteilen sind, die das „Ob" und „Wie" der Ausfüllung den Betrieben überlassen, und in solche, bei denen die Koalitionen den Betrieben bereits Umsetzungsakte vorschlagen[662]. Diese Unterteilung ist aus juristischer Sicht jedoch ohne Belang. Es handelt sich bei den Richtlinienverträgen

657 MünchArbR/Löwisch/Rieble, § 280 Rn.11.
658 Jahn, ArbG 1998, S.214 (215).
659 Schack, NZA 1996, S.923 (924).
660 Däubler, TVG, Einl.Rn.887.
661 BAG v.24.3.1988, AP Nr.1 zu § 241 BGB, unter II 2 b aa hinsichtlich Bezugnahme auf Tarifvertrag; MünchArbR/Löwisch/Rieble, § 280 Rn.11.
662 Debler, NZA 1997, S.529 (530).

stets um für die Koalitionen verbindliche Vereinbarungen, die für die Betriebsparteien, d.h. den Betriebsrat und die Arbeitnehmer sowie für die Einzelarbeitsvertragsparteien unverbindlich sind- unabhängig davon, ob die Koalitionen darin Vorschläge für Umsetzungsakte formulieren oder nicht. Die Richtlinienverträge unterscheiden sich lediglich in der inhaltlichen Ausgestaltung der Verträge, nicht aber in ihrer Verbindlichkeit: Während Verträge mit „Empfehlungen“ oder „Appellen“ Umsetzungsakte in den Betrieben vorschlagen[663], enthalten Richtlinienverträge mit sog. Grundsatzpositionen und Gemeinsamen Erklärungen keine Vorschläge für Umsetzungsakte. Sie alle sind aber „Richtlinienverträge“, d.h. verbindliche Übereinkommen, die allein die vertragsschließenden Parteien binden, nicht aber die Adressaten der Vereinbarung (Betriebsparteien oder Arbeitsvertragsparteien). Die Vertragsparteien sind nicht verpflichtet, auf die Betriebsparteien, d.h. den Betriebsrat und den Arbeitgeber, oder auf die Arbeitsvertragsparteien, d.h. die Arbeitnehmer und den Arbeitgeber, einzuwirken.

Als Richtlinienvertrag mit „Empfehlungen“ haben die Sozialpartner in der chemischen Industrie (IG Chemie-Papier-Keramik und der Verband der Chemischen Industrie sowie der Bundesarbeitgeberverband Chemie) das „Umweltschutzübereinkommen vom 20.8.1987[664]“ vereinbart, das sie als „erste Vereinbarung dieser Art zwischen Industrie und Gewerkschaft“ bezeichnet haben. Als verbindliche Elemente enthält dieses Übereinkommen die Verpflichtung, ein Kuratorium zu schaffen, das die Rangfolge der zu überprüfenden Stoffe behandelt. Die IG Chemie verpflichtet sich dabei, sich an diesem Kuratorium zu beteiligen. Als weitere Verpflichtung enthält das Übereinkommen die Pflicht, eine gemeinsame Einrichtung zur Information der Betriebsräte über den Umweltschutz (GIBUCI) zu schaffen, die mehrtägige Informationsveranstaltungen anbietet. Die Vertragsparteien verpflichten sich weiterhin, künftig Arbeitsschutzkonferenzen mitzuveranstalten. In Wirtschaftsausschüssen sollen Fragen des Umweltschutzes behandelt werden, um die Betriebsräte entsprechend zu informieren, diese in den betrieblichen Umweltschutz einzuschalten und u.a. mit Informations- und Konsultationsrechten auszustatten[665]. Insofern richtet sich die Empfehlung an die Betriebsparteien, wenngleich sie für diese nicht verbindlich ist. Diese Übereinkunft enthält Empfehlungen und stellt einen Richtlinienvertrag dar, auch wenn das Umweltschutzübereinkommen neben den verbindlichen auch unverbindliche Bestandteile enthält, wie beispielsweise die Erklärung der Sozialpartner, gemeinsam

663 Debler, NZA 1997, S.529 (530); K. Molitor, FS Stahlhacke, S.339 (342 f.); MünchArbR/Löwisch/Rieble, § 280 Rn.11.

664 Abgedruckt in: Umschau Nr.4/1987, S.12 f. sowie Bundesarbeitgeberverband Chemie e.V. (Hrsg.) Außertarifliche-Sozialpartner-Vereinbarungen 1997, S.39 ff.; BAVC, Außertarifliche Sozialpartner-Vereinbarungen, Stand 2000, S.53 ff.

665 Däubler, TVR, Rn.1627.

das Ziel zu verfolgen, die Überprüfung der umweltrelevanten Altstoffe zu intensivieren.

Da die im Umweltschutzübereinkommen aufgegriffenen Themen des Umweltschutzes über den Arbeitsschutz hinausgehen und das allgemeine umweltrelevante Verhalten der Unternehmen, wie u.a. Altstoffprüfungen und Altlastensanierungen regeln, betrifft das Übereinkommen eine über § 1 Abs. 1 TVG hinausgehende Materie, die sich nicht mittels Tarifvertrags regeln lässt[666]. Es handelt sich somit um einen Koalitionsvertrag sui generis.

Auch ohne Verbindlichkeit gegenüber den Betriebsparteien war die praktische Bedeutung dieser Übereinkunft erheblich[667]. So haben die Betriebe, ohne hierzu verpflichtet zu sein, zahlreiche Betriebsvereinbarungen zur Umsetzung der gemeinsamen Grundsätze geschlossen. Damit hat die Übereinkunft die Zusammenarbeit der Arbeitgeber mit den Betriebsräten auf dem Gebiet des Umweltschutzes erheblich gefördert[668], was dazu geführt hat, dass es einer gesetzlichen Regelung dieses Themas nicht mehr bedurft hat.

Entsprechend der in dem Umweltschutzübereinkommen von 1987 enthaltenen Übereinkunft der Sozialpartner, die Gespräche über den Umweltschutz fortzusetzen, fanden weitere Gespräche statt, die am 5.11.1999 in den Abschluss eines „responsible care[669]" mündeten. Das Bekenntnis zur „weltweit wichtigen Initiative der chemischen Industrie zur Verbesserung und Verdeutlichung der Leistung, wie eine Industrie ihre Arbeitnehmer, ihre Nachbarn, die Verbraucher und die Umwelt schützt", enthält rechtliche Verpflichtungen. So verpflichtet sich der Bundesarbeitgeberverband Chemie, die Unternehmen und die Arbeitnehmer über den Stand der Umsetzung zu unterrichten und diese in Aktivitäten einzubeziehen. Des Weiteren verpflichten sich die Sozialpartner zu gegenseitiger Information und zur Aufnahme und Führung weiterer Gespräche. Es handelt sich somit bei dem „responsible care", da Einwirkungspflichten der Verbände auf ihre Mitglieder fehlen, um einen Richtlinienvertrag und nicht etwa um einen schuldrechtlichen Normenvertrag. Da diese Vereinbarung Rahmenbedingungen für eine erfolgreiche Produktion und für kontinuierliche Verbesserungen auf dem Gebiet der Arbeitssicherheit sowie des Gesundheits- und Umweltschutzes vorsieht, berührt der Vertrag Arbeits- und Wirtschaftsbedingungen im Sinne des Art. 9

666 K.Molitor, FS Schlemmer, S.103 (113).

667 Froschauer, Arbeitsrecht und Umweltschutz, S.204 ff.

668 K. Molitor, in: FS Stahlhacke, S.339 (343).

669 Sämtliche Sozialpartner-Vereinbarungen der Chemieindustrie, die bis 1997 entstanden, sind in Bundesarbeitgeberverband Chemie e.V. (Hrsg.), Außertarifliche-Sozialpartner-Vereinbarungen Stand: Dezember 1997 abgedruckt. Responsible care findet sich hingegen in BAVC, Außertarifliche Sozialpartner-Vereinbarungen, Stand 2000, S.58 f.

Abs. 3 GG, die außerhalb der Materie des § 1 Abs. 1 TVG liegen. Mit dieser Vereinbarung liegt also ein Koalitionsvertrag sui generis in Form des Richtlinienvertrags vor.

Die Rechtsnatur der „Empfehlungen zur Standortsicherung und Beschäftigungsförderung" von 1994[670] und der „Initiative für Standortsicherung und Beschäftigung von 1996[671]" ist umstritten: Während Molitor[672] und Plander[673] die Übereinkunft von 1994 als an die Betriebsparteien gerichtete Richtlinienverträge mit darin enthaltenen Empfehlungen einstufen, die gewisse Pflichten für die Tarifparteien begründeten und also rechtlich verbindlich seien[674], meint Karsten[675], es handele sich mangels vereinbarter Rechte und Pflichten der Koalitionen um unverbindliche Übereinkommen.

In den Vereinbarungen zur Standortsicherung und Beschäftigungsförderung von 1994 und 1996 fordern die Sozialpartner die Betriebsparteien auf, gewisse neue Tarifregelungen über die Altersteilzeit, die in diesem Zusammenhang standen, umzusetzen und anzuwenden; sie weisen auch auf die tariflichen Bestimmungen im Manteltarifvertrag der Chemieindustrie sowie im Teilzeittarifvertrag hin und fordern die Betriebsparteien auf, die tarifvertraglichen Regelungen durch eigene Maßnahmen zu unterstützen. Die Vereinbarungen sind daher als Richtlinienverträge einzustufen, welche typischerweise die Pflichten der Vertragspartner enthalten, sich gegenüber den Adressaten der Erklärung werbend dafür einzusetzen, dass diese sich entsprechend der Erklärung verhalten und diese umsetzen. Die Vereinbarungen zur Standortsicherung und Beschäftigungsförderung sehen keine konkreten Einwirkungspflichten der Verbände mit den Mitteln der Verbandsmacht vor, da eine betriebsverfassungsrechtliche Verpflichtung der Betriebsräte nicht möglich war[676]. Die Übereinkünfte stellen daher keine schuldrechtlichen Tarifverträge dar, auch wenn Zachert[677] in der Annahme zuzustimmen ist, dass die Sozialpartner die nach der Empfehlung vorgesehenen Möglichkeiten der Übernahme von Auszubildenden auf ausbildungsfremden Arbeitsplätzen oder auf Teilzeitarbeitsplätzen auch in einem normativ wirkenden Tarifvertrag hätten vereinbaren können[678]. Die Empfehlungen sind somit als Koalitionsvertrag sui generis in Form des Richtlinienvertrages einzustufen.

---

670 BAVC, Außertarifliche Sozialpartner-Vereinbarungen, Stand 2000, S.47 ff.
671 BAVC, Außertarifliche Sozialpartner-Vereinbarungen, Stand 2000, S.50 ff.
672 K.Molitor, FS Stahlhacke, S.339 (343).
673 Plander, FS Kehrmann, S.294 (316 Fn.58).
674 K.Molitor, FS Stahlhacke, S.339 (344); Plander, FS Kehrmann, S.294 (306 Fn.58).
675 Karsten, S.310.
676 K.Molitor, FS Stahlhacke, S.339 (344).
677 Zachert, FS Hanau, S.137 (141).
678 So allgemein MünchArbR/Löwisch/Rieble, § 253 Rn.42.

Als weiteres Beispiel eines Richtlinienvertrages mit Empfehlungen ist die im September 2003 von der BAVC und der VAA geschlossene „Sozialpartnervereinbarung über die Qualifizierung der Beschäftigten[679]" zu nennen. Darin sprechen die Sozialpartner eine Empfehlung an die Unternehmen aus, für die Führungskräfte am Bedarf orientierte Instrumente der Personalentwicklung und -förderung einzusetzen, wobei keine Einwirkungspflichten auf die Mitglieder vorgesehen sind und eine Materie des Art. 9 Abs. 3 GG geregelt wird, die nicht unter § 1 Abs. 1 TVG fällt; es handelt sich daher um einen Koalitionsvertrag sui generis in Form eines Richtlinienvertrags.

Neben Richtlinienverträgen, die das „Ob" und „Wie" der Ausfüllung regeln, treffen Tarifvertragsparteien auf dem Gebiet des Art. 9 Abs. 3 GG auch Übereinkünfte, die den Betriebsparteien keine Umsetzungsakte vorschlagen[680]. Solche Erklärungen bezeichnen die Sozialpartner als Grundsatzpositionen oder Hinweise[681]. Solche Richtlinienverträge sind unter den Vertragsschließenden ebenfalls verbindlich, da sie die Zusage enthalten, die vereinbarten Inhalte bekannt zugeben und sich werbend dafür einzusetzen, dass sich die Adressaten danach richten[682].

Vereinbarungen dieser Art haben die Sozialpartner der Chemieindustrie als „Gemeinsame Grundsatzpositionen" insbesondere auf dem Gebiet der Frauenförderung getroffen („Gemeinsame Grundsatzpositionen zur Frauenförderung in der chemischen Industrie vom 24.2.1989[683]). Ob diese Grundsatzpositionen Empfehlungen enthalten[684] oder bloße Rahmenrichtlinien[685] darstellen, ist umstritten. Die Tarifvertragsparteien geben den Betriebsparteien in den „Gemeinsamen Grundsätzen" Maßnahmen zur Frauenförderung an die Hand und zeigen das zur Überprüfung der innerbetrieblichen Umsetzung Erforderliche auf, wobei sie den Betriebsparteien die Art und Weise der Umsetzung überlassen. Aus diesem Grund sieht Debler[686] in den Grundsatzpositionen Rahmenrichtlinien ohne Verpflichtung zur Umsetzung für die Betriebsparteien, während Schlaffke[687] sie als

679 VAA-Informationen, Broschüre des VAA „Sozialpartnervereinbarung Qualifizierung", S.1.

680 Eich, NZA 1995, S.149 (154); K.Molitor, FS Stahlhacke, S.339 (341); Zachert, FS Hanau, S.137 (138).

681 K.Molitor, FS Stahlhacke, S.339 (341).

682 Statt aller Plander, FS Kehrmann, S.295 (306); ebenso K. Molitor, FS Stahlhacke, S.339 (344).

683 BAVC, Außertarifliche Sozialpartner-Vereinbarungen, Stand 12/1996, S.17 ff.; BAVC, Außertarifliche Sozialpartner-Vereinbarungen, Stand 2000, S.19 ff.

684 Schlaffke, S.80.

685 Debler, NZA 1997, S.529 (530).

686 Debler, NZA 1997, S.529 (530).

687 Schlaffke, S.80.

„Empfehlungen zur Förderung der Chancengleichheit von Männern und Frauen“ einstuft. Rechtlich gesehen handelt es sich aber sowohl bei Verträgen, die Empfehlungen enthalten, als auch bei solchen, die Rahmenrichtlinien aufstellen, um Richtlinienverträge, sodass die Unterscheidung zwischen Empfehlungen und Rahmenrichtlinien überflüssig ist, sofern feststeht, dass es sich um einen Richtlinienvertrag handelt.

Die Sozialpartner der Grundsatzpositionen sind verpflichtet, den Willen der Betriebspartner, an die sie inhaltlich gerichtet sind, in einem bestimmten Sinne zu beeinflussen[688]; es handelt sich insofern um ein unter den Vertragsschließenden verbindliches Abkommen. Da die Grundsatzpositionen aber keine Einwirkungspflichten enthalten, handelt es sich weder um einen Tarifvertrag noch um einen schuldrechtlichen Normenvertrag, sondern vielmehr um einen Richtlinienvertrag[689]. Da die Grundsatzpositionen keine Umsetzungsvorschläge enthalten, sondern nur allgemeine Erklärungen über die Ziele der Frauenförderung, bedurfte es in der Folgezeit weiterer Übereinkünfte über die Umsetzung der Grundsatzpositionen. So wurden zahlreiche Programme von den Betriebsparteien entwickelt, die sich mit der Umsetzung dieser Thesen beschäftigten. Diese sahen Wiedereinstellungszusagen für die Zeit nach Beendigung der Kinderbetreuung, die Begründung von Wiedereinstellungsansprüchen bei Beendigung des Arbeitsverhältnisses und Hilfestellungen bei der Kinderbetreuung vor [690]; ferner richteten die Betriebsparteien Tagesmütterbüros und Spielzimmer ein und bildeten überbetriebliche Kindergärten. Diese Umsetzungsakte verdeutlichen, dass es sich bei den Grundsatzpositionen um keinen Normenvertrag, sondern um einen Richtlinienvertrag handelt.

Übrigens waren diese Grundsatzpositionen zur Frauenförderung auch ohne Tarifvertragsqualität so erfolgreich, dass der BAVC im Januar 1992 mit dem Verband der Angestellten Akademiker (VAA) ebenfalls eine „Gemeinsame Grundsatzposition über die Förderung der Chancengleichheit für weibliche Führungs- und Fachkräfte[691]“ abschloss, die sich an den Grundsatzpositionen des BAVC mit der IG Chemie von 1989 orientierte[692]. Die Grundsatzposition von 1992 sieht vor, dass bei Maßnahmen der Personalverwaltung auf Gleichberechtigung von Frauen zu achten ist – so müssen interne Stellenausschreibungen und externe Personalanzeigen geschlechtsneutral formuliert und materielle Arbeitsbe-

688 BGH NJW 1960, S.723 (723).

689 Paul, DB 1958, S.1319 (1319); Pinder, NJW 1958, S.579 (579).

690 Debler, NZA 1997, S.529 (530).

691 BAVC, Außertarifliche Sozialpartner-Vereinbarungen, Stand 12/1996, S.21 ff.; VAA-Informationen, Broschüre des VAA „Grundsätze für die Abgrenzung der leitenden Angestellten in der chemischen Industrie“, S.1 ff.

692 Debler, NZA 1997, S.529 (531).

dingungen geschlechtsneutral gestaltet sein. Frauen müssen in die Fortbildungsmaßnahmen gleichberechtigt einbezogen werden. Die Sozialpartner haben daraufhin Arbeitskreise zum Thema Chancengleichheit gebildet, die bei der Umsetzung der Vorschläge behilflich waren. Dies verdeutlicht, dass die Vereinbarung der weiteren Umsetzung bedurfte und somit den Charakter eines Richtlinienvertrags hat.

Die Sozialpartnervereinbarung zur Frauenförderung hat damit den Charakter einer Richtlinie für die Betriebsparteien, die diese als Richtschnur bei der Umsetzung heranziehen konnten. Auf diese Möglichkeit haben die Betriebsparteien auch tatsächlich zurückgegriffen und auf betrieblicher Ebene entsprechend der Vereinbarung auf eine Frauenquote verzichtet, ohne die Diskussion über deren Vor- und Nachteile zu wiederholen. Die Vorgaben der Grundsatzposition waren dabei nicht so eng gefasst, dass sich daneben keine betriebsspezifischen Ideen etablieren konnten. Dadurch hatten gerade kleinere und mittlere Unternehmen die Möglichkeit, einerseits auf die Hilfestellung der Sozialpartner zurückzugreifen, andererseits ihren eigenen Weg in der Frage der Frauenförderung zu finden.

Die Bedeutung sog. „Gemeinsamer Grundsätze“ verdeutlichen auch die „Grundsätze zur Abgrenzung der leitenden Angestellten in der chemischen Industrie“ [693] vom April 1989 (sog. Friedenspapier). Das Besondere dieser Übereinkunft liegt darin, dass neben den zwei Sozialpartnern auf Arbeitnehmerseite im Führungskräftebereich tätige Gewerkschaften beteiligt waren[694]. So waren neben der IG Chemie-Papier-Keramik und dem Bundesarbeitgeberverband Chemie (BAVC) auch der Verband Angestellter Akademiker und Leitender Angestellter in der chemischen Industrie (VAA) sowie die Deutsche Angestelltengewerkschaft (DAG) beteiligt. In der Übereinkunft ging es um die Abgrenzung der leitenden von den sonstigen Angestellten, welche für die Frage maßgeblich war, wen der Betriebsrat und wen der Sprecherausschuss vertritt. Die Abgrenzungsregelung betrifft ein Gebiet, das nicht zur „eigentlichen Tarifpolitik[695]“ gehört. Dieses sog. „Friedenspapier“ ist kein Tarifvertrag. Es stellt aber entgegen der Auffassung einiger Autoren[696] auch kein unverbindliches Übereinkommen, sondern einen Koalitionsvertrag sui generis in Form des Richtlinienvertrages dar. Die Sozialpartner wollten mit der Vereinbarung allen mit der Abgrenzung befassten Stellen –

693 BAVC, Außertarifliche Sozialpartner-Vereinbarungen, Stand 2000, S.39 ff., auch abgedruckt in NZA 1989, S.499 ff. sowie RdA 1989, S.283 f.

694 Dies waren der Verband Angestellter Akademiker und leitender Angestellter der chemischen Industrie sowie die Deutsche Angestellten-Gewerkschaft und die IG Chemie-Papier-Keramik.

695 Weinspach, FS Schlemmer, S.117 (127).

696 Karsten, S.309; K. Molitor, FS Schlemmer, S.103 (342); Weinspach, FS Schlemmer, S.117 (127).

Arbeitgeber, Betriebsräte, Wahlvorstände, Arbeitsgerichte- Orientierungs- und Interpretationshilfen bieten. Die Übereinkunft enthält zwar keine Vorschläge für eine Umsetzung[697]. Indem sich die Sozialpartner aber zur Bekanntgabe verpflichteten und dazu, sich werbend für die in dem sog. Friedenspapier enthaltenen Abgrenzungskriterien einzusetzen, haben sie einen Richtlinienvertrag geschlossen. Die Übereinkunft ist somit rechtlich verbindlich, auch wenn sie nicht die Wirkung eines „pactum de non petendo" [698] und weder verfahrens- noch materiellrechtliche Bedeutung hat und kein Ausfluss der Normsetzungsbefugnis der Sozialpartner ist. Die Betriebsparteien haben die Übereinkunft auch ihrerseits nicht als eine im Verhältnis der Sozialpartner zueinander unverbindliche Übereinkunft angesehen, was das erhebliche praktische Gewicht der „Grundsätze zur Abgrenzung" in den Betrieben verdeutlicht[699]. Die Wirkung der Übereinkunft in der Praxis der Betriebsparteien kam sogar einem normativ wirkenden Tarifvertrag gleich. So hat sich der Zweck der Vereinbarung – die Vermeidung von Streitigkeiten und Meinungsverschiedenheiten über die Abgrenzung der leitenden Angestellten- auch tatsächlich verwirklicht[700]; es kam im gesamten Zeitraum von 1989 bis 1994 und insbesondere bei den Betriebsrats- und Sprecherausschusswahlen im Frühjahr 1990 zu keinen Streitigkeiten und Statusverfahren gemäß § 5 III BetrVG über die Abgrenzung in irgendeinem Chemiebetrieb.

Ebenso wie Richtlinienverträge mit „Gemeinsamen Grundsatzpositionen" richten sich auch solche mit sog. „Hinweisen" an die Betriebsparteien[701]; sie enthalten aber keine Umsetzungsvorschläge.

Auf Übereinkünfte mit Hinweisen einigten sich der Bundesarbeitgeberverband Chemie und die IG Chemie-Papier-Keramik zum Thema der Betriebsratskontakte auf europäischer Ebene am 31.8.1990[702]. Damit gewährten die Sozialpartner den Betrieben noch weit vor der EU-Richtlinie über europäische Betriebsräte[703] und dem Gesetz über Europäische Betriebsräte (EBRG)[704] prakti-

---

697 Weinspach, FS Schlemmer, S.117 (127).

698 Weinspach, FS Schlemmer, S.117 (126).

699 K.Molitor, FS Schlemmer, S.103 (113).

700 Weinspach, FS Schlemmer, S.117 (125).

701 K.Molitor, FS für Stahlhacke, S.339 (341).

702 Abgedruckt in Goos, FS Arbeitsgerichtsbarkeit, S.85 (87 f.); zugleich Außertarifliche Sozialpartnervereinbarungen (Hrsg. BAVC), Stand Mai 2000, S.31 f.

703 Richtlinie über die Einsetzung eines Europäischen Betriebsrats oder die Schaffung eines Verfahrens zur Unterrichtung und Anhörung der Arbeitnehmer in gemeinschaftsweit operierenden Unternehmen und Unternehmensgruppen vom 22.September 1994, Richtlinie des Rates 94/45/EG vom 22.September 1994, ABl.EG 1994, Nr.L 254 vom 30.9.1994, S.64-72.

704 BGBl. I vom 31.10.1996, S.1548-1557.

sche Gestaltungshilfen für freiwillige Unternehmensregelungen[705], gaben damit eine Hilfestellung zu Fragen der Sozial- und Personalpolitik[706] und erteilten Hinweise für den Fall der Kontaktaufnahme eines Unternehmens oder seines Betriebsrats mit Betriebsräten von Tochtergesellschaften in anderen europäischen Ländern. Sie empfahlen u.a., zwei bis drei Vertreter mit der Wahrnehmung solcher Kontakte zu beauftragen und die Kontakte (nur) einmal jährlich stattfinden zu lassen. Die Inhalte dieser „Gemeinsamen Hinweise" betreffen mit den Betriebsratskontakten keine Materie des § 1 Abs. 1 TVG, wohl aber der Arbeits- und Wirtschaftsbedingungen im Sinne des Art. 9 Abs. 3 GG, sodass es sich um keinen Tarifvertrag handelt. Sie sind aber erkennbar auf eine Bekanntgabe an die Betriebsräte angelegt, sodass es sich um einen Koalitionsvertrag in Form eines Richtlinienvertrags handelt, der zwar Vorschläge enthält, die eine Richtung weisen für die entsprechenden Umsetzungsakte der Betriebsparteien, diesen aber das „Ob" der Umsetzung überlässt.

Einen weiteren Richtlinienvertrag mit dem Inhalt eines Hinweises vereinbarten der Bundesarbeitgeberverband Chemie und die IG BCE am 8.7.1996 zum Thema „Gruppenarbeit in der chemischen Industrie[707]". Auch diese Vereinbarung begründet weder Ansprüche noch Verpflichtungen der Arbeitsvertrags- und Betriebsparteien, sondern nur der Sozialpartner[708]. Die Vereinbarung enthält Hinweise zur Einführung arbeitsbezogener Organisationen sowie zur Gruppenorganisation. Ihre Wirkung entfaltet die Übereinkunft, wenn die Betriebe die Inhalte der Richtlinie zu Bestandteilen von Individual- oder Kollektivvereinbarungen machen[709], wozu sie aber nicht verpflichtet sind. Es handelt sich insofern um keinen Normenvertrag, sondern um einen Richtlinienvertrag.

Als weiteres Beispiel für einen Richtlinienvertrag sind die sog. „Gemeinsamen Hinweise" vom 24.2.2000[710] zu den Anforderungen an die Führungskräfte in der chemischen Industrie zu nennen. Als Anforderungen sind darin Eigenverantwortung, Mobilität, Interdisziplinarität und Internationalität, lebenslanges Lernen, soziale Kompetenz, Kommunikationsfähigkeit sowie Kundenorientierung genannt. Danach wollen die Sozialpartner die ehrenamtliche Betätigung der

---

705 K.Molitor, FS Stahlhacke, S.339 (341).

706 Debler, NZA 1997, S.529 (529 ff.); Molitor, FS Stahlhacke, S.339 (339 f.); ders. Sozialpartner-Forum, S.109,112; Schack, NZA 1996, S.923 (923 ff.).

707 Abgedruckt BAVC, Außertarifliche Sozialpartner- Vereinbarungen, Stand 2000, S.35 ff. sowie bei Schack, NZA 1996, S.923 (925).

708 Jahn, Arbeitgeber 1998, S.214 (215); Schack, NZA 1996, S.923 (924).

709 Schack, NZA 1996, S.923 (924).

710 Broschüre des VAA, VAA-Informationen 2004, Blatt Führungskräfte in der chemischen Industrie, Gemeinsame Hinweise des BAVC und des Verbandes angestellter Akademiker und leitender Angestellter der chemischen Industrie.

Führungskräfte ebenso wie den Abschluss von Zielvereinbarungen fördern. Es handelt sich bei dieser Übereinkunft um zwischen den Beteiligten verbindliche Regelungen, da diese Hinweise den Betrieben bekannt zu machen sind und sich die Sozialpartner dem Zweck der Hinweise nach auch werbend für eine Umsetzung der Übereinkunft einsetzen müssen.

2. *Einfache schuldrechtliche Normenverträge*

Der schuldrechtliche Normenvertrag ist im Arbeitsrecht zu „einer festen Einrichtung unseres Rechtslebens geworden“ [711]. Anders als der Richtlinienvertrag wirkt dieser Vertrag mittelbar auf das Einzelarbeitsverhältnis ein: Er beinhaltet die Verpflichtung der Koalitionsvertragsparteien, mit den Mitteln der Verbandsmacht auf die Einzelarbeitsvertragsparteien einzuwirken, damit diese sich den getroffenen Regelungen entsprechend verhalten und diese umsetzen[712]. Seine Wirkung auf das Einzelarbeitsverhältnis entfaltet der schuldrechtliche Normenvertrag dabei in der Weise, daß die Parteien des Arbeitsvertrags entweder auf ihn Bezug nehmen oder indem sie inhaltlich entsprechende Regelungen vereinbaren[713].

Die aus einem schuldrechtlichen Normenvertrag resultierenden Einwirkungspflichten entsprechen den Durchführungspflichten der Tarifvertragsparteien beim Tarifvertrag[714]. In beiden Fällen sind die Einwirkungsmittel der Koalitionen auf die verbandsrechtlichen Instrumente begrenzt[715]; diesen können sich die Mitglieder zudem durch Austritt aus der Koalition entziehen.

Im Unterschied zum – später[716] anzusprechenden – berechtigenden schuldrechtlichen Normenvertrag kann das einzelne Mitglied die Vorteile aus einem einfachen schuldrechtlichen Normenvertrag nur mit Hilfe seiner Koalition erlangen[717]. Das Mitglied muss sich hierzu an seine Koalition wenden, damit diese von der gegnerischen Koalition eine Einwirkung auf dessen Mitglied, den Einzelvertragspartner, verlangt. Einen Anspruch gegen seine Koalition darauf, dass diese von der gegnerischen Koalition Einwirkung auf deren Mitglied verlangt,

711 So bereits Raiser, FS 100 J.DJT, Bd.I, S.101 (111).

712 Debler, NZA 1997, S.529 (530); Löwisch, SprAuG, § 28 Rn.12; MünchArbR/Löwisch/Rieble, § 280 Rn.13; Raiser, FS 100 J.DJT, Bd.I, S.101 (111).

713 MünchArbR/Löwisch/Rieble, § 280 Rn.13.

714 MünchArbR/Löwisch/Rieble, §§ 280 Rn.13, 253 Rn.28.

715 MünchArbR/Löwisch/Rieble, § 280 Rn.15.

716 Vgl. unter G. II.3., S.166.

717 MünchArbR/Löwisch/Rieble, § 280 Rn.14.

hat der Einzelne nur, wenn die Koalitionssatzung einen solchen Anspruch begründet.

Als einfacher schuldrechtlicher Normenvertrag könnte die älteste Sozialpartnervereinbarung der Chemieindustrie vom Januar 1983 mit der Bezeichnung „Grundsätze über gewerkschaftliche Vertrauensleute" zu qualifizieren sein[718]. Zachert[719] und Karsten[720] stufen diese Vereinbarung freilich als schuldrechtliche Tarifvereinbarung ein, und Däubler[721] meint, sie enthalte lediglich eine Empfehlung.

Die in Rede stehenden Grundsätze enthalten verbindliche Regelungen zur Wahl, zur Funktion sowie zur rechtlichen Stellung der gewerkschaftlichen Vertrauensleute. Der BAVC verpflichtet sich in Ziffer 2, den Betrieben die Wahl von gewerkschaftlichen Vertrauensleuten außerhalb der Arbeitszeit zu empfehlen[722] und auf seine Mitglieder entsprechend einzuwirken. Ein Tarifvertrag läge nur vor, wenn die Vereinbarung eine Materie des § 1 Abs. 1 TVG beträfe. Da die Regelung zu der Betätigung der gewerkschaftlichen Vertrauensleute aber nicht die Arbeitsverhältnisse im Sinne des § 1 Abs. 1 TVG betrifft, sondern die Arbeit der Gewerkschaften und damit einen Bereich, der unter die Koalitionsbetätigung im Sinne des Art. 9 Abs. 3 GG fällt[723], handelt es sich um keinen schuldrechtlichen Tarifvertrag, sondern um einen Koalitionsvertrag. Da die Vereinbarung über die Wahl gewerkschaftlicher Vertrauensleute Einwirkungspflichten wie die Pflicht des BAVC nach Ziffer 2 beinhaltet, auf die Verbandsmitglieder einzuwirken, um den Interessen der IG BCE zu entsprechen, sowie in Ziffer 3 die Erklärung, dass beide Seiten „davon ausgehen", dass die Arbeitnehmer in Zukunft in Betrieben, in denen sie betriebliche Vertrauensleute wählen, auch gewerkschaftliche Vertrauensleute wählen[724], handelt es sich um einen Koalitionsvertrag in Form des schuldrechtlichen Normenvertrages.

In der Praxis der Tarifvertragsparteien kommen schuldrechtliche Normenverträge auch in Form von Gesellschaftsverträgen und Verträgen über die Gründung

---

718 Abgedruckt: BAVC, Außertarifliche Sozialpartner-Vereinbarungen, Stand Dezember 1997, S.57 f.; vgl. K.Molitor, FS Schlemmer, S.103 (113).

719 Zachert, FS Hanau, S.137 (141): Die Bedenken , die Plander gegen diese Art des Tarifvertrags hegt, teilt Zachert nicht. Zachert führt aus, dass schuldrechtliche Tarifvereinbarungen eine lange Tradition haben und als solches ein klassisches Vehikel tariflicher Rechtsfortbildung seien (ebenso Kempen/Zachert, § 1 Rn.363; Kraft/Konzen, S.61 als Argument für Art. 2 I GG als Grenze der Vereinbarungsbefugnis; Wiedemann, RdA 1968, S.420 (423); a.A.: Beuthien, ZfA 1983, S.161 (161).

720 Vgl. Karsten, S.306.

721 Däubler, TVR Rn.1626.

722 Vgl. Ziff.2 der Vereinbarung.

723 Vgl. statt aller: Zachert, BB 1976, S.514 (518).

724 Däubler, TVR Rn.1626

von Stiftungen vor[725]: Als solche haben die Sozialpartner der Chemieindustrie am 13.4.1987 die „Vereinbarung über den paritätischen Berufsbildungsrat[726]“, am 21.01.1993 die „Rahmenvereinbarung zur Errichtung einer Stiftung zur Förderung der Weiterbildung in der chemischen Industrie“ [727] und am 17.12.1987 den „GIBUCI- Gesellschaftsvertrag[728]“ geschlossen.

Karsten[729] geht bei „Gemeinsamen Einrichtungen“ allerdings davon aus, dass es sich bei den diesen zugrunde liegenden Verträgen um Tarifverträge handeln müsse, da die Vereinbarungen Rechte und Pflichten enthielten, die den Schutzbereich des Art. 9 Abs. 3 GG beträfen. Die Verträge über die Errichtung derartiger Einrichtungen betreffen zwar die Materie des Art. 9 Abs. 3 GG, aber keine nach § 1 Abs. 1 TVG und sind somit keine Tarifverträge. Karsten[730] vertritt demgegenüber die Auffassung, es handele sich um gemeinsame Einrichtungen im Sinne des § 4 Abs. 2 TVG und diesen müsse folglich ein Tarifvertrag zugrunde liegen.

Die Ansicht, dass einer Gemeinsamen Einrichtung stets ein Tarifvertrag zugrunde liegt, vertreten auch Autoren[731], die meinen, eine „gemeinsame Einrichtung“ setze voraus, dass deren Zweck und Organisationsstruktur durch einen Tarifvertrag festgelegt würden. Ein solches Erfordernis lässt sich der Norm des § 4 Abs. 2 TVG indessen nicht entnehmen. Nach § 4 Abs. 2 TVG gelten vielmehr für den Fall, dass in einem Tarifvertrag gemeinsame Einrichtungen vorgesehen und geregelt sind, die darin enthaltenen Regelungen unmittelbar und zwingend für die Satzung der Einrichtung und das Verhältnis der Einrichtung zu den tarifgebundenen Arbeitgebern und Arbeitnehmern. Die Verwendung der Worte „Sind im Tarifvertrag (...)“ lässt den Schluss zu, dass es auch außerhalb des Tarifvertrags „gemeinsame Einrichtungen“ geben kann.

§ 4 Abs.2 TVG ist daher dahin auszulegen, dass Regelungen über gemeinsame Einrichtungen nur dann unmittelbar und zwingend gelten, „wenn“ diese Vereinbarung einen Tarifvertrag darstellt. Dass gemeinsame Einrichtungen auch außerhalb eines Tarifvertrags begründet werden können, ergibt sich zudem aus dem Umstand, dass es „Gemeinsame Einrichtungen“ bereits gab, bevor durch das TVG eine ausdrückliche gesetzliche Normierung dieses Rechtsinstituts erfolg-

---

725 Debler, NZA 1997, S.529 (530).

726 BAVC, Außertarifliche Sozialpartnervereinbarungen, Stand Mai 2000, S.13 f.

727 Vgl. Rahmenvereinbarung des Bundesarbeitgeberverbandes Chemie e.V. und der IG Chemie-Papier-Keramik, Hauptvorstand zur Errichtung einer Stiftung zur Förderung der Weiterbildung in der chemischen Industrie v. 21.01.1993, abgedruckt: BAVC, Außertarifliche Sozialpartner-Vereinbarungen, Stand Mai 2000, S.63 ff.

728 BAVC, Außertarifliche Sozialpartnervereinbarungen, Stand Mai 2000, S.56 f.

729 Karsten, S.304.

730 Karsten, S.304.

731 BAG AP Nr.5 zu § 1 GesamthafenbetriebsG; Kempen/Zachert, § 4 Rn.123; Wiedemann/Stumpf, TVG, § 1 Rn.261.

te[732]. Es ist nicht davon auszugehen, dass der Gesetzgeber mit § 4 Abs. 2 TVG die Möglichkeiten der Tarifvertragsparteien, gemeinsame Einrichtungen nur auf schuldrechtlicher Grundlage beruhen zu lassen, einschränken wollte. Ist die erweiterte normative Wirkung nach § 4 Abs. 2 TVG weder für die Satzung noch für eine Drittbeziehung bedeutsam, so kann die Gründung einer gemeinsamen Einrichtung also auch mittels schuldrechtlicher Vereinbarung erfolgen[733].

Für die Rechtsnatur einer Vereinbarung, die einer gemeinsamen Einrichtung zugrunde liegt, ist vielmehr der Zweck, den die Einrichtung verfolgt, maßgeblich. Fallen Zweck und Aufgabe der „gemeinsamen Einrichtung" nicht unter die Tarifmacht, so ist der zugrunde liegende Vertrag nicht als Tarifvertrag, sondern als schuldrechtlicher Normenvertrag zu qualifizieren. Insofern richtet sich die Rechtsnatur einer Vereinbarung nach dem Zweck der gemeinsamen Einrichtung, sodass es u. a. ebenfalls möglich ist, über Fragen des Umweltschutzes, die über den Arbeitsschutz hinausgehen, eine „gemeinsame Einrichtung" zu gründen. Die Gründung erfolgt dann nicht aufgrund eines Tarifvertrags im Sinne des § 4 Abs. 2 TVG, sondern aufgrund einer außertariflichen Vereinbarung. Gleiches gilt für den Fall, dass die Vereinbarung allein die Errichtung und Organisationsform der Einrichtung betrifft und dass daran ausschließlich die Tarifvertragsparteien gebunden sind [734]. Hierbei handelt es sich um die Vereinbarung reiner Selbstpflichten, sodass die Vereinbarung keinen schuldrechtlichen Tarifvertrag[735], sondern einen Koalitionsvertrag sui generis darstellt.

Entsprechend der mit den Gemeinsamen Einrichtungen verfolgten Zwecke haben die Sozialpartner zur Regelung jener Einrichtungen verschiedene Vertrags- und Rechtsformen gewählt[736]. So wählten sie bei der „Vereinbarung über den paritätischen Berufsbildungsrat" der Chemieindustrie vom 13.4.1987 die Form der schuldrechtlichen „Grundsatzvereinbarung" mit gegenseitigen Rechten und Pflichten. Bei der GIBUCI vom 17. Dezember 1987 entschieden sie sich stattdessen für einen Gesellschaftsvertrag nach bürgerlichem Recht und bei der „Stiftung zur Förderung der Weiterbildung in der chemischen Industrie" vom 21.01.1993[737] für die Vertragsform des Gründungsvertrags einer Stiftung. Entge-

732 Kempen/Zachert, § 4 Rn.139; K. Molitor, FS Stahlhacke, S.339 (346).

733 Löwisch/Rieble, § 1 Rn.260; K.Molitor, FS Stahlhacke, S.339 (346); Zöllner, BB 1968, S.597 (597).

734 Schelp, FS Nipperdey, S.579 (588).

735 So aber Hueck/Nipperdey-Stahlhacke, TVG, § 1 Rn.89.

736 K. Molitor, FS Stahlhacke, S.339 (346).

737 Vgl.Rahmenvereinbarung des Bundesarbeitgeberverbandes Chemie e.V. und der IG Chemie- Papier-Keramik, Hauptvorstand, zur Errichtung einer Stiftung zur Förderung der Weiterbildung in der chemischen Industrie v.21.01.1993.

gen Karstens Ansicht[738] handelt es sich bei diesen Verträgen nicht um Tarifverträge, sondern um schuldrechtliche Normenverträge. Mangels bestehender Ansprüche der tarifgebundenen Arbeitnehmer und Arbeitgeber sind diese aber keine Verträge zugunsten Dritter und somit keine berechtigenden Normenverträge[739].

Beim GIBUCI- Gesellschaftsvertrag[740] wählten die Sozialpartner statt der Vertragsform des Tarifvertrags einen „Gesellschaftsvertrag" für eine Gesellschaft des bürgerlichen Rechts und gründeten auf diese Weise die „Gesellschaft zur Information von Betriebsräten über Umweltschutz in der chemischen Industrie" (GIBUCI)[741], in welcher beide Koalitionen (IG Chemie und BAVC) Gesellschafter sind, was ihr Bekenntnis zur Sozialpartnerschaft zum Ausdruck brachte[742]. Der gemeinsame Zweck der Gesellschaft besteht dabei gemäß § 2 des GIBUCI- Vertrags darin, Betriebsräten der chemischen Industrie unabhängig von ihrer Organisationszugehörigkeit Informationen über den Umweltschutz in der chemischen Industrie zu vermitteln[743]. Diese Informationen betreffen eine außerhalb des § 1 Abs. 1 TVG liegende Materie, die aber zu den Arbeits- und Wirtschaftsbedingungen im Sinne des Art. 9 Abs. 3 GG zählt. Die GIBUCI- Vereinbarung ist also kein schuldrechtlicher Tarifvertrag, sondern ein Koalitionsvertrag sui generis in Form des schuldrechtlichen Normenvertrags.

Auch mit der „Sozialpartnervereinbarung zum GIBUCI vom September 2001" haben der Bundesarbeitgeberverband Chemie und die IG BCE die Form des schuldrechtlichen Normenvertrags gewählt. Die Verpflichtung der Sozialpartner, die Kosten der Teilnahme an den Seminaren zu tragen und die Betriebsräte hierfür freizustellen, verdeutlicht dabei den sozialpartnerschaftlichen statt tarifvertraglichen Charakter der Informationsveranstaltungen des Seminarkonzepts von GIBUCI und begründet eine Verpflichtung, sodass es sich bei der Sozialpartnervereinbarung zum GIBUCI vom September 2001 um einen schuldrechtlichen Normenvertrag handelt.

Unzweifelhaft ist auch der aufgrund einer schuldrechtlichen „Grundsatzvereinbarung" errichtete paritätisch besetzte Berufsbildungsrat der chemischen Industrie von 1987 eine „gemeinsame Einrichtung"; eine solche liegt vor, wenn die Tarifparteien eine Einrichtung paritätisch errichten, diese paritätisch verwal-

738 Karsten, S.305.

739 Schlaffke, S.210; Zachert, FS Hanau, S.137 (142).

740 Abgedruckt in: Bundesarbeitgeberverband Chemie e.V. (Hrsg.) Außertarifliche-Sozialpartner-Vereinbarungen 1997, S. 39 ff. sowie BAVC, Außertarifliche Sozialpartnervereinbarungen, Stand Mai 2000, S.56 f.

741 Vgl. K.Molitor, FS Stahlhacke, S.339 (345 f.).

742 So K.Molitor, FS Schlemmer, S.103 (113).

743 K. Molitor, FS Stahlhacke, S.339 (345).

ten und die Kosten paritätisch tragen[744]. Diese Grundsatzvereinbarung, die gegenseitige Rechte und Pflichten enthält, ist ein schuldrechtlicher Normenvertrag mit Inhalten des Art. 9 Abs. 3 GG und damit ein Koalitionsvertrag sui generis.

Als außertarifliche Sozialpartnervereinbarung wird auch die Rahmenvereinbarung der IG Chemie-Papier-Keramik und des Bundesarbeitgeberverbands Chemie vom 21.01.1993 zur Errichtung der gemeinnützigen „Stiftung zur Förderung der Weiterbildung in der chemischen Industrie[745]" verstanden. Darin haben die Sozialpartner die Rechtsform einer privatrechtlichen Stiftung nach § 80 ff. BGB gewählt[746]. Da die Parteien die Stiftung zu gleichen Teilen finanzieren und sie gemeinsam verwalten, liegen gegenseitige Pflichten und Rechte der Vertragsparteien vor, die über solche des Richtlinienvertrags hinausgehen. Die Rahmenvereinbarung begründet zudem Einwirkungspflichten[747], denn die Sozialpartner verpflichten sich, sich dafür einzusetzen, dass die Betriebsparteien von den Ergebnissen der Stiftungsarbeit in der Praxis Gebrauch machen Diese Einwirkungspflichten der Tarifparteien gehen über das Maß des für einen Richtlinienvertrag typischen „werbenden Einsatzes" hinaus. Die Stiftung gibt den Betriebsparteien auch konkrete Hilfestellung bei der Umsetzung, indem sie Unterrichtsmaterialien erstellt und bereitstellt und Lehrkräfte sowie Seminarleiter vermittelt. Damit sind konkrete Verpflichtungen der Sozialpartner und konkrete Umsetzungsmaßnahmen der Mitglieder vorgesehen, sodass der Vertrag über die Stiftungsgründung die Voraussetzungen eines schuldrechtlichen Normenvertrags erfüllt. Die Aufgabe der Stiftung besteht in der Analyse der Weiterbildungserfordernisse, der Entwicklung von Weiterbildungskonzepten, von planmäßigen beruflichen Fortbildungsmodellen, dem Erstellen von Unterrichtsmaterialien, der Vermittlung von Lehrkräften und Seminarleitern, der Beratung von Unternehmen und Betriebsräten sowie der Veröffentlichung von Publikationen. Dieser Inhalt erfasst zwar eine große Zahl von Arbeitnehmern, wie es für tarifliche Inhalte typisch ist. Er umfaßt laut Satzung aber ausschließlich die Förderung der berufsbezogenen Weiterbildung, soweit sie die Anforderungen in der chemischen Industrie bezüglich der Arbeitssicherheit, des Umweltschutzes und der technisch-naturwissenschaftlichen Fragen betrifft[748]. Fragen dieser Art betreffen aber nur außerhalb des § 1 Abs. 1 TVG liegende Arbeits- und Wirtschaftsbedingungen. Die Vereinbarung von 1993

744 K. Molitor, FS Stahlhacke, S.339 (347).

745 Vgl. Rahmenvereinbarung des Bundesarbeitgeberverbandes Chemie e.V. und der IG Chemie-Papier-Keramik, Hauptvorstand, zur Errichtung einer Stiftung zur Förderung der Weiterbildung in der chemischen Industrie v. 21.01.1993, abgedruckt: BAVC, Außertarifliche Sozialpartner-Vereinbarungen, Stand Mai 2000, S.63 ff.

746 Schlaffke, S.210.

747 Eich, NZA 1995, S.149 (155).

748 Schlaffke, S.211.

ist somit als Koalitionsvertrag sui generis in Form des schuldrechtlichen Normenvertrags zu qualifizieren.

Schwierigkeiten der Qualifizierung bereitet auch die sog. „Tarifvereinbarung Bildungswerk für die Cigarettenindustrie vom 02.12.1988[749]" über die Finanzierung eines Bildungswerks. Die Vereinbarung zwischen der Gewerkschaft Genuss- und Nahrungsmittel (NGG) und der Arbeitgeberseite betrifft dabei nicht die Gründung des Bildungswerks, da die Gewerkschaft NGG den gemeinnützigen Verein Bildungswerk e.V. allein gegründet hat, sondern nur dessen finanzielle Unterstützung durch die Arbeitgeberseite. Das Bildungswerk erfüllt nicht die Voraussetzungen einer gemeinsamen Einrichtung im Sinne des § 4 Abs. 2 TVG, da der Inhalt dieser Vereinbarung keinem der sachlich-gegenständlichen Bereiche des TVG zuzuordnen ist[750]. Er kann nämlich nicht Inhalt eines Einzelarbeitsverhältnisses sein und berührt auch keine betrieblichen oder betriebsverfassungsrechtlichen Fragen.

Die sog. Tarifvereinbarung betrifft daher keine Materie des § 1 Abs. 1 TVG[751]. Da es sich bei der Finanzierung des Bildungswerks um Arbeits- und Wirtschaftsbedingungen im Sinne des Art. 9 Abs. 3 GG handelt, stellt die sog. Tarifvereinbarung einen Koalitionsvertrag sui generis dar.

Da der Arbeitgeberverband nach der „Tarifvereinbarung" zudem auf seine Mitglieder einwirken muss, damit diese den darin vereinbarten Zahlungspflichten nachkommen[752], handelt es sich um einen Koalitionsvertrag sui generis in Form des schuldrechtlichen Normenvertrags.

Die „Vereinbarung der regelmäßigen Durchführung von Wettbewerben für Ausbilder unter der Regie des paritätisch besetzten Chemie-Berufsbildungsrates von 1988[753]" ist ebenfalls als schuldrechtlicher Normenvertrag einzustufen. Diese Vereinbarung regelt u.a. die Verwaltung und Verrechnung von Geldprämien[754]. Wegen dieser Pflichten handelt es sich um einen schuldrechtlichen Normenvertrag. Themen des Wettbewerbs sind neben der Arbeitssicherheit in der Ausbildung, neuer Techniken, Frauenförderung in der Aus- und Weiterbildung und der Förderung von Jugendlichen mit Lernproblemen auch der Umweltschutz

---

749 Verlängerte Gültigkeit bis zum 31.12.1995 durch eine Vereinbarung vom 02.05.1994 (zitiert nach: Schlaffke, S.209).

750 Schlaffke, S.217.

751 Vgl hierzu Schlaffke, S.217.

752 Schlaffke, S.217.

753 Abgedruckt: BAVC, Außertarifliche Sozialpartner-Vereinbarungen, Stand Mai 2000, S. 13 f., vgl. zum Inhalt: K.Molitor, FS Schlemmer, S.103 (113).

754 Laut Löwisch/Rieble, § 4 Rn.100 ist die Errichtung der Verrechnungsstelle als „gemeinsame Einrichtung" zu qualifizieren.

in der Ausbildung[755]. Mit diesen Themen betrifft die Vereinbarung Arbeits- und Wirtschaftsbedingungen im Sinne des Art. 9 Abs. 3 GG, die außerhalb des § 1 Abs. 1 TVG liegen; folglich handelt es sich entgegen Karstens Ansicht[756] um keinen Tarifvertrag, sondern wiederum um einen Koalitionsvertrag sui generis.

Die Bezeichnung „Sozialpartnervereinbarung“ trägt ebenfalls die „Vereinbarung des Bundesarbeitgeberverbandes Chemie und des Verbandes der angestellten Akademiker und leitender Angestellter der chemischen Industrie e.V. vom Januar 2002“, welche die Altersvorsorge der Führungskräfte in der chemischen Industrie regelt[757]. Diese enthält in § 4 die Empfehlung an die Unternehmen, den Aufbau einer zusätzlichen Altersvorsorge für Führungskräfte auf dem Weg der Entgeltumwandlung zu ermöglichen. Hierdurch entstehen Einwirkungspflichten auf die Mitglieder, eine Altersvorsorge einzuführen. Weiterhin verpflichten sich die Sozialpartner in § 5, die gemeinsamen Bewertungen und Empfehlungen bei der Beratung ihrer Mitglieder zu berücksichtigen. Diese Verpflichtungen und Einwirkungspflichten erfüllen damit die Voraussetzungen eines schuldrechtlichen Normenvertrags auf dem Gebiet des Art. 9 Abs. 3 GG und somit eines Koalitionsvertrags sui generis.

Eine entsprechende rechtliche Einordnung ergibt sich bei der „Vier-Punkte-Vereinbarung der Chemie-Sozialpartner (IG Chemie-Papier-Keramik und BAVC) zur gesamtdeutschen Entwicklung vom März 1990[758]“. Diese enthält u. a. Verpflichtungen zur gegenseitigen Information über die jeweiligen Initiativen und Aktivitäten der Sozialpartner in der ehemaligen DDR, zur gegenseitigen Veranstaltungshilfe sowie zum Bekenntnis zu der ihnen eigenen Form der Partnerschaft, zur sozialen Marktwirtschaft und zu frei gewählten Betriebsräten gegenüber Vertretern der DDR sowie die Verpflichtung zur Einberufung kurzfristiger Zusammenkünfte im paritätischen kleinen Kreis, um Fragen von gemeinsamem Interesse zu besprechen. Die Sozialpartner sind nach dieser Vereinbarung weiterhin verpflichtet, bei Bedarf Vertreter in Arbeitskreise zu entsenden, damit diese an der Lösung der Probleme mitwirken. Aufgrund dieser zahlreichen in der Vier-Punkte-Vereinbarung enthaltenen Verpflichtungen, welche die Arbeits- und Wirtschaftsbedingungen im Sinne des Art. 9 Abs. 3 GG betreffen, handelt es sich bei dieser um einen Koalitionsvertrag sui generis in Form des schuldrechtlichen Normenvertrags.

Ein weiteres Beispiel eines schuldrechtlichen Normenvertrages stellt die „Rahmenvereinbarung der Gewerkschaften, Arbeitgeberverbände und der Treu-

---

755 K.Molitor, FS Stahlhacke, S.339 (345).

756 Karsten, S.305.

757 VAA- Informationen, Broschüre des VAA von 2002 „Sozialpartnervereinbarung zur Förderung der Altersvorsorge der Führungskräfte in der chemischen Industrie“.

758 BAVC, Außertarifliche Sozialpartnervereinbarungen, Stand Mai 2000, S.33.

handandstalt sowie der ostdeutschen Länder vom 17.7.1991 zur Bildung von Gesellschaften zur Arbeitsförderung, Beschäftigung und Strukturentwicklung (ABS)[759]“ dar. Die Unternehmen sind danach verpflichtet, darauf hinwirken, dass eine Übernahme von Arbeitnehmern in eine ABS oder Trägergesellschaft erfolgt. Die Arbeitgeber sind zudem gehalten, Kündigungen in einer Form auszusprechen, die einen nahtlosen Übergang in eine solche Gesellschaft ermöglichen[760]. Da diese Vereinbarung ebenfalls Einwirkungspflichten enthält, hat auch sie die Rechtsnatur eines schuldrechtlichen Normenvertrags.

3. Berechtigende schuldrechtliche Normenverträge

Auf dem Gebiet der Arbeits- und Wirtschaftsbedingungen können die Tarifparteien, wie bereits dargelegt[761], auch berechtigende schuldrechtliche Normenverträge schließen, die gemäß § 328 BGB Rechte für den einzelnen Arbeitgeber oder Arbeitnehmer begründen[762]; diese können hierbei selbst von dem gegnerischen Verband verlangen, daß er auf seine Mitglieder mit dem Ziel einwirkt, die Inhalte des Normenvertrags einzelvertraglich zu übernehmen. Die Koalitionsmitglieder brauchen sich dafür also nicht zunächst an den eigenen Verband zu wenden[763]. Ist nicht ein Verband, sondern ein einzelner Arbeitgeber auf der Arbeitgeberseite Partner des Normenvertrags, so hat das einzelne Mitglied der Gewerkschaft sogar einen eigenen Umsetzungsanspruch gegen diesen[764].

Ob im Einzelfall ein berechtigender Normenvertrag vorliegt, ist ggf. durch Auslegung.zu klären. Gemäß § 328 Abs. 2, 1.Teilsatz BGB ist dabei auf die Umstände des Falles abzustellen. In der Regel werden Koalitionen nicht auf ihr Recht verzichten wollen, die Durchsetzung ihres Vertrags selbst zu kontrollieren. Im Zweifel ist daher nur von einem einfachen schuldrechtlichen Normenvertrag auszugehen. Sollte die Auslegung hingegen ergeben, dass ein Vertrag zulasten Dritter vorliegt, so wird i. d. R. davon auszugehen sein, dass sich die Koalitionen

---

759 Zitiert nach: Hanau, in Hommelhoff, S.101 (115).

760 Hanau, in Hommelhoff, S.101 (115).

761 Vgl. oben unter G. II. 2., S.158.

762 MünchArbR/Löwisch/Rieble, § 280 Rn.16; Hueck , Normenverträge, Bd. 73, S.33 (47) nennt freilich als einzigen Fall eines Vertrags zugunsten Dritter den Normenvertrag zwischen einer Partei des Einzelvertrags oder deren Verband mit einem Außenstehenden. Dieser sei ein Unterfall des zweiseitigen Normenvertrags und kein Tarifvertrag im engeren Sinne.

762 Debler, NZA 1997, S.529 (530); MünchArbR/Löwisch/Rieble, § 280 Rn.13 ff.

763 MünchArbR/Löwisch/Rieble, § 280 Rn.16.

764 BAG EzA § 1 TVG Nr.17; BAG GS, EzA Art.9 GG Nr.3; MünchArbR-Löwisch/Rieble, § 280 Rn.23; Zachert, FS Hanau, S.137 (142).

jedenfalls die Abänderung dieses Rechts nach § 328 Abs. 2, 3. Teilsatz BGB vorbehalten wollen.

Ebenso wie vom einfachen schuldrechtlichen Normenvertrag können die Einzelarbeitsvertragsparteien auch vom berechtigenden schuldrechtlichen Normenvertrag mittels Individualvereinbarung abweichen[765]. In einer solchen abweichenden Vereinbarung liegt in der Regel eine Zurückweisung nach § 333 BGB. Das einzelne Mitglied kann sich im Übrigen wie beim einfachen Normenvertrag auch beim berechtigenden schuldrechtlichen Normenvertrag der Einwirkungsmöglichkeit seines Verbandes durch Austritt aus der Koalition entziehen.

Fraglich ist, ob sich in einem berechtigenden Normenvertrag der Anspruch des begünstigten Dritten an von diesem zu erbringende Mitwirkungspflichten knüpfen lässt, oder ob dann ein unzulässiger Vertrag zulasten Dritter vorliegt. Beim Vertrag zugunsten Dritter entsteht infolge des Vollzugsverhältnisses ein vertragsähnliches Vertrauensverhältnis zwischen dem Versprechenden und dem Dritten, das für die Beteiligten Pflichten auslöst[766]. Dennoch führt dies noch nicht zu einem Vertrag zulasten Dritter. Dem Dritten obliegen zwar die vertraglichen Nebenpflichten eines Gläubigers[767]. Verletzt er diese, so hat der Versprechende gegen ihn auch einen Schadensersatzanspruch[768]. Diese Rechte entstehen aber kraft Gesetzes. Anders wäre es freilich, wenn die Vertragsparteien vereinbarten, dass der Dritte zur Vornahme einer Mitwirkungshandlung verpflichtet sein solle.

Ein Beispiel eines berechtigenden Normenvertrages ist die „Gemeinsame Erklärung über die Bemessung von Sozialplanleistungen von Treuhandanstalt (im Folgenden: THA) und DGB sowie DAG vom 13.4.1991“[769]. Über deren Rechtsnatur finden sich in Literatur und Rechtsprechung keine klaren Aussagen[770].

Bei dieser Erklärung haben die Parteien unzweifelhaft mit Rechtsbindungswillen gehandelt[771]. In den Abschnitten II und III sind Verpflichtungen der Treuhandanstalt begründet worden, Beschäftigungsmöglichkeiten zu sichern sowie Arbeitnehmer zu qualifizieren[772]. Die Treuhand verpflichtet sich weiterhin, Beiträge zu leisten, soweit ein Abbau von Arbeitsplätzen unvermeidbar ist, und geeignete Grundstücke und Gebäude für Beschäftigungs- und Qualifizierungsgesellschaften bereitzustellen. In Abschnitt IV.2 ist eine Finanzierungspflicht der

765 MünchArbR/Löwisch/Rieble, § 280 Rn.18.
766 Palandt/Heinrichs, BGB, § 328 Rn.7.
767 BGH Z 9, S.318; Palandt/Heinrichs, BGB, Einf. v.§ 328 Rn.5; § 328 Rn.19.
768 Palandt/Heinrichs, BGB § 328 Rn.7.
769 Abgedruckt in: ZIP 1991, S.690.
770 Däubler, TVR Rn.1825; ders. AiB 1991, S.179 (180); Hanau: in Hommelhoff, S.101 f.
771 Däubler, TVR, Rn.1822 ff. (1825); Plander, FS Kehrmann, S.295 (304 Fn.51).
772 Däubler, AiB 1991, S.179 (180).

Treuhandanstalt geregelt[773]. Danach stellt die Treuhandanstalt Mittel zur Verfügung, wenn ein Unternehmen wegen fehlender Leistungsfähigkeit keinen Sozialplan abschließen kann. Es handelt sich aber trotz übernommener Pflichten um keinen schuldrechtlichen Tarifvertrag, da die „Gemeinsame Erklärung“ keine Einwirkungspflichten enthält, durch welche die Sozialpartner Einfluss auf die einzelnen Arbeitsverhältnisse nehmen könnten. Zum Abschluss eines entsprechenden Tarifvertrags wäre der DGB auch nicht ermächtigt gewesen[774], weshalb Däubler die Tarifvertragsqualität der Gemeinsamen Erklärung verneint[775]. Diese Argumentation ist jedoch abzulehnen, da die verbandsrechtliche Befugnis der Tarifparteien zum Abschluss eines Tarifvertrages nicht über die Rechtsnatur des Vertrages, sondern allenfalls über dessen Wirksamkeit entscheidet. Däubler ist jedoch dahingehend zuzustimmen, dass die „Gemeinsame Erklärung“ umfassende Einwirkungspflichten beider Seiten enthält, die über jene einer Empfehlung hinausgehen[776]. Da es in dieser „Gemeinsamen Erklärung“ um die Schaffung einer verbindlichen Richtschnur ging, handelt es sich auch nach Däubler[777] um keine Empfehlung, sondern um einen schuldrechtlichen Vertrag, der die Sozialpartner verpflichtet hat. Es handelt sich folglich bei der „Gemeinsamen Erklärung“ um keinen Richtlinienvertrag, da bereits konkrete Pflichten wie die Leistungspflicht enthalten sind, die über Pflichten einer Bekanntgabe und eines werbenden Einsatzes hinausgehen. Die Treuhandanstalt hat sich in der Gemeinsamen Erklärung zudem bereits verpflichtet, Mittel zur Verfügung zu stellen, wenn der Sozialplan nicht den Volumenkriterien entspricht[778]. Damit enthält die Erklärung Pflichten der Vertragsparteien, die über jene eines Richtlinienvertrages hinausgehen. Die einzige Pflicht, die als Einwirkungspflicht enthalten ist, ist die Pflicht, „gemeinsam auf den Abschluss von (...) Sozialplänen hinzuwirken, um dieses Instrument in die (...) Zielsetzung einzubinden[779]“. Es handelt sich somit um einen schuldrechtlichen Normenvertrag, welcher Einwirkungspflichten voraussetzt. Es entstehen auch Ansprüche gegen die Treuhandanstalt auf Bereitstellung der Mittel, auch wenn den Betriebsparteien, d.h. dem Betriebsrat und der Geschäftsleitung, die Verteilung des Sozialplanvolumens überlassen wird[780]. Darüberhinaus enthält die „Gemeinsame Erklärung von 1991“ nur Grundsätze, die einer näheren

773 Däubler, AiB 1991, S.179 (197).
774 Däubler, AiB 1991, S.179 (180); ders., TVR, Rn.1825.
775 Däubler, AiB 1991, S.179 (180).
776 Däubler, TVR, Rn.1825.
777 Däubler, TVR, Rn.1825
778 Hanau, in: Hommelhoff, S.101 (111).
779 A.IV. der Gemeinsamen Erklärung vom 13.4.1991, abgedruckt: ZIP 1991, S.690 (691).
780 Däubler, AiB 1991, S.179 (197).

Konkretisierung durch eine Richtlinie erfordern[781]. So bedurfte es noch der Richtlinie für Sozialpläne vom Juni 1991, welche an die Grundsätze der Gemeinsamen Erklärung vom 13.4.1991 angeknüpft[782] und den von der Treuhandanstalt zu finanzierenden Sozialplanteil genau bemessen hat[783]. Da die Gemeinsame Erklärung Inhalte des Art. 9 Abs. 3 GG betrifft, handelt es sich um einen Koalitionsvertrags sui generis in Form des berechtigenden Normenvertrags. Däubler[784] vergleicht die Rechtsnatur dieser Gemeinsamen Erklärung mit der Rechtsnatur der „Beschlüsse im Rahmen der Konzertierten Aktion[785]".

4. Rechte aus der Koalitionssatzung

Durch Vertrag zugunsten Dritter können zwar Einwirkungsansprüche von Verbandsmitgliedern gegen den gegnerischen Verband, nicht aber auch Ansprüche gegen dessen Mitglieder begründet werden. Ansprüche gegen Mitglieder kann ihnen aber ggf. die Satzung dieses Verbands einräumen. Diese kann auf Einhaltung der in einem Koalitionsvertrag geregelten Arbeitsbedingungen gerichtet sein[786]. So ist es möglich, das einzelne Mitglied zu verpflichten, die in einem Koalitionsvertrag geregelten Arbeitsbedingungen einzuhalten[787]. Löwisch führt dafür an, ein Verein könne auch Ansprüche aus dem Mitgliedschaftsverhältnis, wie beispielsweise die Beitragsforderung, an Dritte abtreten. Daher müsse es auch möglich sein, dass ein Verein in der Satzung festlegt, Ansprüche, die aus dem Mitgliedschaftsverhältnis gegen das Mitglied herrühren, sollten nicht dem Verein, sondern Dritten – hier: den Mitgliedern der gegnerischen Koalition – zustehen[788]. Dabei sei es unschädlich, dass die Ansprüche des Arbeitsvertragspartners gegen das Mitglied nicht selbst in der Satzung aufgeführt seien. Nach §§ 317 ff. BGB sei es nämlich möglich, dass die Mitglieder den Koalitionen die nähere Ausgestaltung ihrer Mitgliedspflichten übertragen[789]. Auf diesem Weg könnten Koalitionsverträge unmittelbar auf die Individualarbeitsverhältnisse einwirken. Dem ist zuzustimmen.

---

781 Hanau, in: Hommelhoff, S.101 (103).
782 Hanau, in: Hommelhoff, S.101 (103).
783 Hanau, in: Hommelhoff, S.101 (109).
784 Vgl. Däubler, AiB 1991, S.179 (180).
785 Vgl. zu diesem Rechtsinstitut: Biedenkopf, BB 1968, S.1005 (1009).
786 MünchArbR/Löwisch/Rieble, § 280 Rn.19
787 MünchArbR/Löwisch/Rieble, § 280 Rn.19.
788 MünchArbR/Löwisch/Rieble, § 280 Rn.20.
789 So Bötticher, Gestaltungsrecht, S.18 ff.

Eine den normativen Tarifvertragsbestimmungen vergleichbare zwingende Wirkung ist auf diesem Weg allerdings nicht zu erreichen. Anders als bei einem Tarifvertrag, bei dem sich das Koalitionsmitglied seinen Verpflichtungen gemäß § 3 Abs. 3 TVG nicht ohne weiteres entziehen kann, besteht für das einzelne Mitglied bei Verpflichtungen auf Grund einer Koalitionssatzung die Möglichkeit, sich den Ansprüchen seines Arbeitsvertragspartners durch Austritt zu entziehen[790]. Im Übrigen ist es lediglich die über § 1 Abs. 1 TVG hinausgehende Materie, die den Koalitionsvertrag sui generis in seiner hier in Rede stehenden Variante vom Tarifvertrag unterscheidet[791].

790 MünchArbR/Löwisch/Rieble, § 280 Rn.22.
791 Vgl. dazu bereits eingehend oben zu E. I., S.97 ff.

H. Schlussbetrachtungen zum Koalitionsvertrag sui generis und seiner Abgrenzung vom schuldrechtlichen Tarifvertrag

Zusammenfassend ist festzuhalten: Die Tarifvertragsparteien haben im Laufe ihrer Zusammenarbeit erkannt, dass sich nicht alle Fragen der Arbeitswelt mittels Tarifvertrags behandeln lassen[792]. Die von den Koalitionen gemäß Art. 9 Abs. 3 GG zu gestaltenden Arbeits- und Wirtschaftsbedingungen lassen sich aber auch mittels außertariflicher Verträge regeln. Mit ihnen bekennen sich die Tarifvertragsparteien zur Sozialpartnerschaft, mit deren Hilfe sie zu gemeinsamen Lösungen der Sozialpolitik finden, die nicht zu den Themenfeldern eines Tarifvertrags gehören. Im Unterschied dazu gleichen Tarifverträge gegensätzliche Interessen aus, was in der Natur der Inhalte des § 1 Abs. 1 TVG liegt, die von konträren Interessen der Arbeitgeber- und der Arbeitnehmerseite geprägt sind.

Koalitionsverträge sui generis beruhen auf dem Sachverstand und den weitreichenden Erfahrungen der Tarifvertragsparteien. Die Betriebsparteien können beides im außertariflichen Bereich nutzen; sie können auf die Fachkompetenz der Sozialpartner zurückgreifen, indem sie deren in Koalitionsverträgen unterbreitete Vorschläge bei der Behandlung sozialpolitischer Themen nach Bedarf und Wunsch umsetzen, ohne hierzu verpflichtet zu sein[793]. Koalitionsverträge haben so eine Beratungs- und Service-Funktion[794]. Durch die Bezugnahme auf die Modellvorlagen können sich die Arbeitsvertragsparteien zudem das individuelle Aushandeln ersparen[795]. Auch bleibt den einzelnen Unternehmen bei Koalitionsverträgen sui generis ein größerer Spielraum bei der betrieblichen Umsetzung als bei schuldrechtlichen Tarifverträgen[796]. Koalitionsverträge sui generis haben somit eine andere Funktion als Tarifverträge.

Die Bedeutung des Gestaltungsinstruments der außertariflichen Koalitionsvereinbarung wird in Zukunft wohl noch weiter an Bedeutung gewinnen. In der Personalpolitik sind wegen veränderter Bedingungen in der Arbeits- und Wirtschaftswelt neue Lösungen zu erproben. Diese müssen nach verbreiteter Ansicht in erster Linie die Betriebsparteien finden[797]. Diese sind hierbei aber auf Lösungshilfen der Sozialpartner angewiesen. Mit einem Rückgriff auf die in den

---

792 K.Molitor, FS Schlemmer, S.103 (112).
793 Debler, NZA 1997, S.529 (529); Schack, NZA 1996, S.923 (924).
794 K. Molitor, FS Stahlhacke, S.339 (341).
795 Debler, NZA 1997, S.529 (530).
796 Debler, NZA 1997, S.529 (529); Heinze, DB 1996, S.729 (734).
797 K. Molitor, FS Stahlhacke, S.339 (340).

Koalitionsverträgen zum Ausdruck kommen Erfahrungen der Koalitionen verringern die Betriebsparteien die Gefahr, Fehler zu machen.

I. Zusammenfassung der wesentlichen Ergebnisse

Die wesentlichen Ergebnisse der vorstehenden Untersuchung lassen sich wie folgt zusammenfassen:

I. Tarifvertragsabschlüsse sind nicht die einzige Möglichkeit für tariffähige Koalitionen, Verträge mit anderen Koalitionen zu schließen. Sie können auch außertarifliche Koalitionsverträge sui generis auf dem Gebiet der Arbeits- und Wirtschaftsbedingungen i.S. des Art. 9 Abs. 3 GG schließen.

II. Betrifft eine Vereinbarung der Tarifvertragsparteien die in § 1 Abs. 1 TVG angesprochenen Inhalte und gilt sie normativ oder sieht sie Pflichten zur Einwirkung auf die Koalitionsmitglieder vor, so handelt es sich um einen Tarifvertrag. Außertarifliche Koalitionsverträge sind nur außerhalb der in § 1 Abs. 1 TVG bezeichneten Inhalte auf dem Gebiet der Arbeits- und Wirtschaftsbedingungen möglich. Daneben können die Tarifvertragsparteien, ebenso wie andere Vereinigungen, gemäß Art. 2 Abs. 1 GG auch außerhalb des Anwendungsbereichs des Art. 9 Abs. 3 GG liegende Verträge schließen.

III. Die Abgrenzung des Tarifvertrags, des Koalitionsvertrags sui generis und des allgemeinen Schuldvertrags hat der juristischen Methodenlehre zu folgen, nach welcher Vertragstypen dem Zweck der sie betreffenden Gesetze und der damit verbundenen Rechtsfolgen entsprechend abzugrenzen sind. Da der Tarifvertrag in seinem schuldrechtlichen Teil einen Schuldvertrag darstellt und der Koalitionsvertrag sui generis ausschließlich schuldrechtliche Inhalte hat, besteht eine Parallele zur Abgrenzung der Schuldvertragstypen des BGB bei der Abgrenzung des Tarifvertrags vom Koalitionsvertrag sui generis. Wie im BGB ist beim Tarifvertrag für dessen Abgrenzung von anderen Verträgen der Koalitionen auf die Zwecke derjenigen Gesetzesbestimmungen abzustellen, in denen sich Regelungen zum Tarifvertrag befinden. Für die Bestimmung des Tarifvertragsbegriffs sind mithin die Zwecke des Tarifvertrags in Gesetzen wie dem TVG, dem BetrVG und dem ArbGG maßgeblich. Dabei ist zu beachten, dass der Tarifvertragsbegriff in den verschiedenen Gesetzen eine unterschiedliche Bedeutung haben kann.

IV. Zur Bestimmung des Tarifvertragsbegriffs des TVG bedarf es der grammatischen, historischen und teleologischen Auslegung des Tarifvertragsbegriffs der einzelnen Vorschriften des TVG, indem deren ratio ermittelt wird. Dabei wird deutlich, dass der Tarifvertragsbegriff des TVG sowohl normativ wirkende als auch rein schuldrechtliche Vereinbarungen erfasst, sofern diese arbeitsrechtliche Inhalte im Sinne des § 1 Abs. 1 TVG zum Inhalt haben und entweder normativ gelten oder aber Einwirkungspflichten der Koalitionen auf ihre Mitglieder vorsehen.

1. Das Schriftformerfordernis des § 1 Abs. 2 TVG erfasst neben normativ wirkenden auch drittbezogene schuldrechtliche Bestimmungen der Tarifvertragsparteien, die sich auf Arbeitsverhältnisse im Sinne des § 1 Abs. 1 TVG beziehen.

a. Betriebsvereinbarungen haben zum Ziel, Mitbestimmungs- und Mitwirkungsrechte des Betriebsrats zu gewähren. Tarifverträge dienen demgegenüber der Entfaltung der Tarifautonomie und regeln die Arbeitsbedingungen im Sinne des § 1 Abs. 1 TVG. Bei Betriebsvereinbarungen sind die Betriebsräte zudem finanziell vom Arbeitgeber abhängig, wohingegen die Gewerkschaften von den Arbeitgebern und Arbeitgeberverbänden bei Tarifverträgen unabhängig sind. Diese Unabhängigkeit unterscheidet Betriebsvereinbarungen und Tarifverträge.

b. Tarifvertragsparteien handeln bei schuldrechtlichen Bestimmungen mit Inhalten nach § 1 Abs. 1 TVG ebenso wie bei normativ wirkenden Bestimmungen dieses Inhalts im Interesse ihrer Mitglieder. Sie haben dabei die Möglichkeit, mit Verbandsgewalt auf ihre Mitglieder einzuwirken. Zudem können schuldrechtliche Vereinbarungen der Koalitionen Ansprüche der Mitglieder begründen. Aus diesen Gesichtspunkten bedürfen schuldrechtliche Bestimmungen mit Drittbezug der Schriftform des § 1 Abs. 2 TVG.

c. Für schuldrechtliche Abreden der Tarifvertragsparteien, die reine Selbstpflichten der Koalitionen enthalten, ist die Schriftform des § 1 Abs. 2 TVG hingegen mangels Drittschutzerfordernisses entbehrlich. Eine andere Beurteilung ist allerdings angezeigt, wenn die Eigenpflichten einen Bezug zu Bestimmungen haben, die eine Materie des § 1 Abs. 1 TVG betreffen.

2. Das Günstigkeitsprinzip des § 4 Abs. 3 TVG gilt auch für schuldrechtliche Vereinbarungen der Tarifvertragsparteien, die sich im Sinne des § 1 Abs. 1 TVG auf die Arbeitsverhältnisse der Mitglieder beziehen.

3. Der Begriff der „tariflichen Rechte“ erfasst nach teleologischer Auslegung des § 4 Abs. 4 TVG sowohl normativ als auch schuldrechtlich wirkende Vereinbarungen der Tarifvertragsparteien, die sich auf die Arbeitsverhältnisse im Sinne des § 1 Abs. 1 TVG beziehen.

4. Schuldrechtliche Verträge der tariffähigen Koalitionen mit den Inhalten nach § 1 Abs. 1 TVG sind nach § 6 TVG auch dann ins Tarifregister einzutragen und nach § 8 TVG bekannt zu geben, wenn sie von den Tarifvertragsparteien mittels Einwirkungspflicht umzusetzen sind, denn nach den Zwecken der §§ 6 und 8 TVG sollen die von der Regelung betroffenen Arbeitnehmer die Möglichkeit erhalten, sich über ihre Arbeitsverhältnisse betreffende Vereinbarungen zu informieren und ihre Rechte wahrzunehmen.

5. Der Zweck des § 9 TVG erfasst auch rein schuldrechtliche Abreden mit Inhalten nach § 1 Abs. 1 TVG, da andernfalls divergierende Entscheidungen der Gerichte die mittels schuldrechtlicher Vereinbarungen geschaffene kollektive Ordnung entwerten könnten.

V. Die Auslegung der Vorschriften des TVG ergibt, dass der Gesetzgeber zwischen dem Begriff „Rechtsnorm“ und dem des „Tarifvertrags“ unterscheidet. Diejenigen Vorschriften, welche von Rechtsnormen statt Tarifverträgen sprechen (§§ 4 Abs. 1 TVG, 4 Abs. 5 TVG und 5 Abs. 4 TVG), gelten allein für normativ wirkende Vereinbarungen der Tarifvertragsparteien. Diejenigen Vorschriften, die stattdessen vom Tarifvertrag sprechen, betreffen auch rein schuldrechtliche Vereinbarungen der Tarifvertragsparteien mit drittbezogenem Inhalt im Sinne des § 1 Abs. 1 TVG.

VI. Die Rechtsfolgen des Tarifvertrags nach dem TVG bezwecken den Schutz der Arbeitnehmer vor der Macht des Arbeitgebers im Einzelvertragsverhältnis. Zudem schützen sie aber zugleich vor der Drittwirkung der in ihrem Interesse geschlossenen Verträge der Tarifvertragsparteien. Dieses Schutzes bedarf es auch bei schuldrechtlichen Vereinbarungen der Tarifvertragsparteien auf dem Gebiet des § 1 Abs. 1 TVG, sofern diese Einwirkungspflichten vorsehen.

VII. Das TVG stellt mit seinen Rechtsfolgen statt auf die normative Wirkung für das Einzelarbeitsverhältnis auf den Charakter des Tarifvertrages als eines arbeitsrechtlichen Normenvertrags mit Inhalten nach § 1 Abs. 1 TVG ab, d.h. auf die drittbezogenen arbeitsrechtlichen Inhalte. Merkmal eines Normenvertrags ist die Aufstellung von Regeln für am Vertragsschluss nicht beteiligte Personen. Dabei kann die Beeinflussung Dritter mittelbar oder unmittelbar erfolgen, sodass der Tarifvertrag in den normativ wirkenden und den rein schuldrechtlich wirkenden Normenvertrag zu unterteilen ist.

VIII. Des Arbeitnehmerschutzes durch das TVG bedarf es nicht bei rein schuldrechtlichen Verträgen ohne Normenvertragscharakter, d.h. bei Verträgen mit reinen Eigenpflichten der Vertragsschließenden, sodass diese nicht als Tarifverträge zu qualifizieren sind und die Vorschriften des TVG diese nicht erfassen.

IX. Der Tarifvertragsbegriff des ArbGG erfasst in § 2 Abs. 1 Nr. 1 ArbGG sowohl normativ wirkende als auch rein schuldrechtliche Vereinbarungen mit drittbezogenem arbeitsrechtlichem Inhalt. Dies gilt insbesondere für § 72 a Abs. 1 Nr. 1 ArbGG; diese Vorschrift erfasst Rechtstreitigkeiten, die für eine Vielzahl von vergleichbaren Lebenssachverhalten Bedeutung haben. Dies trifft auch auf schuldrechtliche drittbezogene Vereinbarungen arbeitsrechtlichen Inhalts zu, die sich über die Einwirkungspflicht der Verbände auf die betroffenen Arbeitnehmer auswirken. Insgesamt gelten die arbeitsgerichtlichen Rechtsbehelfe nach §§ 64 Abs. 3 Nr. 2 lit. a und b, 72 a Abs. 1 Nr. 1 und Nr. 2, 76 Abs. 2 Nr. 1 und Nr. 2 ArbGG sowohl für normativ wirkende als auch für schuldrechtlich wirkende Verträge der Tarifvertragsparteien mit Inhalten nach § 1 Abs. 1 TVG.

X. Ebenso wie das TVG und das ArbGG erfasst das BetrVG mit seinem Tarifvertragsbegriff in dem Tarifvorbehalt nach §§ 77 Abs. 3 Satz 1, 87 Abs. 1 Einleitungssatz BetrVG auch schuldrechtliche drittbezogene Vereinbarungen der Tarifvertragsparteien mit arbeitsrechtlichem Inhalt, da diese ebenso wie normativ wirkende Vereinbarungen Ausdruck der Tarifautonomie sind und auch bei ihnen die Gefahr besteht, dass Spannungen zwischen Betriebsräten und Gewerkschaften entstehen, wenn Betriebsvereinbarungen gegen schuldrechtliche Abreden der Tarifvertragsparteien verstoßen.

XI. Für Tarifverträge gelten gewisse Abweichungen von Bestimmungen des BGB. Diese Abweichungen sind wiederum auch für die hier interessierenden schuldrechtlichen Vereinbarungen der Tarifvertragsparteien mit Inhalten nach § 1 Abs. 1 TVG maßgeblich.

1. Das „Verbot" einer rückwirkenden Nichtigkeit bei einer Anfechtung oder einem Rücktritt beim Tarifvertrag gilt für sämtliche Vereinbarungen der Tarifvertragsparteien, die ein bestimmtes Verhalten ihrer Mitglieder vorsehen. Eine rückwirkende Auflösung verbietet sich bei allen Verträgen der Tarifvertragsparteien, die sich auf Arbeitsverhältnisse Dritter auswirken.

2. Der Schutz der Kontinuität und Sicherheit der kollektiven Ordnung erfordert eine Abweichung von der in § 139 BGB vorgesehenen Regelung bei normativ wirkenden sowie bei schuldrechtlichen Vereinbarungen der Tarifvertragsparteien, sofern diese arbeitsrechtliche Regelungen Dritter im Sinne des § 1 Abs. 1 TVG betreffen.

3. Schuldrechtliche Bestimmungen begründen ein Dauerschuldverhältnis zwischen den Dritten und einer Tarifpartei und zählen nach Auflösung der anderen Tarifpartei zu den „laufenden Geschäften" im Sinne des § 49 Abs. 1 BGB. Nach Auflösung einer Tarifpartei bestehen daher schuldrechtliche arbeitsrechtliche Regelungen für Dritte im Sinne des § 1 Abs. 1 TVG ebenso fort wie normativ wirkende Vereinbarungen der Tarifvertragsparteien.

XII. Die Auslegung drittbezogener schuldrechtlicher Tarifverträge folgt wie die Auslegung normativ wirkender Tarifverträge im Interesse betroffener Dritter den Grundsätzen der Gesetzesauslegung, insbesondere der objektiven Auslegungsmethode. Verträge, die lediglich Selbstpflichten der Tarifvertragsparteien begründen, sind hingegen nach den für BGB-Verträge geltenden Grundsätzen auszulegen.

XIII. Für die Qualifizierung eines Vertrages kommt es ausschließlich auf den Inhalt der Vereinbarung. Gehört dieser zur tariflich regelbaren

Materie des § 1 Abs.1 TVG, so kann der Wille der Tarifvertragsparteien, dem Vertrag eine andere Qualifizierung zu geben für die Rechtsnatur der getroffenen Vereinbarung nicht ausschlaggebend sein. Der Parteiwille ist vielmehr nur dafür maßgeblich, welchen Inhalt die Vereinbarung haben soll und ob sie rechtlich verbindlich sein soll.

XIV. Für die Qualifizierung eines Vertrages als Tarifvertrag und somit für dessen Abgrenzung vom Koalitionsvertrag sui generis ist mithin allein die in der Vereinbarung geregelte Materie maßgeblich. Der Tarifvertrag ist als Regelungsinstrument im TVG einfachgesetzlich konkretisiert und betrifft, unabhängig davon, ob seine Bestimmungen normative oder rein schuldrechtliche Wirkung entfalten, allein die in § 1 Abs. 1 TVG abschließend aufgezählten Materien. Die dort aufgeführten Inhalte zeichnen sich dadurch aus, dass sie sich auf die Einzelarbeitsverhältnisse der Arbeitnehmer auswirken; sie ordnen den Inhalt, den Abschluss oder die Beendigung der Arbeitsverhältnisse oder betriebliche oder betriebsverfassungsrechtliche Fragen. Diese Materien können ausschließlich mittels Tarifvertrags geregelt werden.

XV. Liegt eine Vereinbarung der Tarifvertragsparteien vor, die inhaltlich auf dem Gebiet der Arbeits- und Wirtschaftsbedingungen liegt, aber eine über § 1 Abs. 1 TVG hinausgehende Materie betrifft, so handelt es sich um einen Koalitionsvertrag sui generis.

XVI. Der Koalitionsvertrag sui generis ist ein schuldrechtlicher Vertrag, der Arbeits- und Wirtschaftsbedingungen i. S. des Art. 9 Abs. 3 GG betrifft, welche die Bestimmung des § 1 Abs. 1 TVG nicht erfasst und deren Regelung im gemeinsamen Interesse der beteiligten Koalitionen liegt. Auch wenn der Koalitionsvertrag nicht den einfachgesetzlichen Schutz des TVG genießt, steht er unter dem besonderen Schutz des Art. 9 Abs. 3 GG. Diese Norm gewährleistet, dass der Staat den Koalitionen diesen Regelungsbereich zur autonomen Regelung überlässt.

XVII. Der Koalitionsvertrag sui generis kann in unterschiedlicher Intensität auf die Rechtsverhältnisse der Mitglieder einwirken. Er kann als Richtlinienvertrag, einfacher schuldrechtlicher Normenvertrag, berechtigender Normenvertrag oder in Verbindung mit bestimmten Rechten der Koalitionssatzung auf die einzelnen Mitglieder einwirken.

XVIII. Vereinbaren die Koalitionen Verträge in Form des einfachen schuldrechtlichen Normenvertrages, so verpflichten sie sich, auf die Arbeitsvertragsparteien mit den Mitteln der Verbandsgewalt einzuwirken, um ein bestimmtes Verhalten ihrer jeweiligen Mitglieder zu erreichen. Diese erhalten dabei keine eigenen Ansprüche. Zur Durchsetzung müssen sie sich an ihre Koalition wenden.

XIX. Der Koalitionsvertrag sui generis kann vorsehen, dass dem einzelnen Koalitionsmitglied ein Anspruch gegen die Koalition des Vertragsgegners auf Einwirkung zusteht. In einem solchen Fall handelt es sich um einen (berechtigenden) schuldrechtlichen Normenvertrag zugunsten Dritter i.S. des § 328 Abs. 1 BGB.

XX. Koalitionen haben zudem die Möglichkeit, in ihren Satzungen zu bestimmen, dass in einem Koalitionsvertrag bezeichnete Dritte Ansprüche gegen ihre Mitglieder erwerben. Im Zusammenspiel mit solchen Satzungsbestimmungen können Koalitionsverträge Rechte von Mitgliedern der einen Koalition gegen Mitglieder der anderen Koalition begründen.

XXI. Außerhalb der Regelungsbefugnisse nach Art. 9 Abs. 3 GG steht den Koalitionen wie jedem anderen Verein das gesamte Handlungsspektrum der Privatautonomie nach § 311 BGB zur Verfügung.

XXII. In der Chemie-Industrie haben die Koalitionen mehrere sog. Sozialpartnervereinbarungen getroffen.

Folgende Vereinbarungen sind als Koalitionsvertrag sui generis in Form des Richtlinienvertrags zu qualifizieren:

- Umweltschutzübereinkommen vom 20.08.1987
- Grundsätze zur Abgrenzung der leitenden Angestellten in der chemischen Industrie“ vom April 1989
- Gemeinsame Grundsatzpositionen zur Frauenförderung in der chemischen Industrie von 1989 und die ihr folgende Grundsatzposition des BAVC mit dem VAA aus dem Jahr 1992
- Gemeinsame Hinweise“ des BAVC und der IG Chemie-Papier-Keramik zu Betriebsratskontakten auf europäischer Ebene von 1990
- Gemeinsame Grundsatzposition über die Förderung der Chancengleichheit für weibliche Führungs- und Fachkräfte vom Januar 1992

- Empfehlungen zur Standortsicherung und Beschäftigungsförderung von 1994 und die Initiative für Standortsicherung und Beschäftigung von 1996
- Vereinbarung zur Gruppenarbeit in der chemischen Industrie von 1996
- Übereinkunft „responsible care“ vom 05.11.1999
- Gemeinsamen Hinweise vom 24.2.2000, welche die Anforderungen an Führungskräfte in der chemischen Industrie betreffen
- Sozialpartnerschaftsvereinbarung über die Qualifizierung der Beschäftigten vom September 2003

XXIII. Die Sozialpartner wählten in folgenden Fällen einen Koalitionsvertrag in Form des einfachen schuldrechtlichen Normenvertrages:

- Vereinbarung des BAVC und der IG Chemie-Papier-Keramik über die Wahl gewerkschaftlicher Vertrauensleute vom Januar 1983
- Vereinbarung der regelmäßigen Durchführung von Wettbewerben für Ausbilder von 1988
- Vier-Punkte-Vereinbarung der Chemie- Sozialpartner zur gesamtdeutschen Entwicklung aus dem Jahr 1990
- Vereinbarung des BAV und des VAA über die Altersvorsorge der Führungskräfte in der chemischen Industrie vom Januar 2002
- Die den von den Koalitionen der Chemie-Industrie gegründeten Einrichtungen zugrunde liegenden Vereinbarungen des paritätischen Berufsbildungsrat der Chemieindustrie vom 13.4.1987, der Weiterbildungsstiftung und die GIBUCI

XXIV. Einen Koalitionsvertrag in Form eines berechtigenden schuldrechtlichen Normenvertrags wählten die Sozialpartner bei der Gemeinsamen Erklärung der THA, des DGB und des DAG über die Bemessung von Sozialplanleistungen am 13.4.1991.

Kolibri 360 GmbH
Ferdinand-Jühlke-Straße 7
99095 Erfurt, Deutschland
produktsicherheit@kolibri360.de

Druck:
CPI Druckdienstleistungen GmbH
im Auftrag der
Kolibri 360 GmbH
Ferdinand-Jühlke-Str. 7
99095 Erfurt